国家文化产业资金支持媒体融合重大项目
21世纪高职高专精品教材・财经类专业平台课

管理学基础

理论、实务、案例、实训

（第二版）

汝　玲　邓银银　主　编
马玥姣　袁　泉　副主编

东北财经大学出版社
Dongbei University of Finance & Economics Press
大连

图书在版编目（CIP）数据

管理学基础——理论、实务、案例、实训 / 汝玲，邓银银主编．—2版．—大连：东北财经大学出版社，2019.8（2021.1重印）
（21世纪高职高专精品教材·财经类专业平台课）
ISBN 978-7-5654-3586-7

Ⅰ．管…　Ⅱ．①汝…②邓…　Ⅲ．管理学-高等职业教育-教材　Ⅳ．C93

中国版本图书馆CIP数据核字（2019）第140369号

东北财经大学出版社出版
（大连市黑石礁尖山街217号　邮政编码　116025）
网　　址：http：//www.dufep.cn
读者信箱：dufep@dufe.edu.cn
大连雪莲彩印有限公司印刷　　东北财经大学出版社发行
幅面尺寸：185mm×260mm　　字数：349千字　　印张：15.25
2019年8月第2版　　2021年1月第5次印刷
责任编辑：张晓鹏　王　斌　宋雪凌　　责任校对：思　齐
封面设计：张智波　　版式设计：钟福建
定价：35.00元

教学支持　售后服务　　联系电话：（0411）84710309

如有印装质量问题，请联系营销部：（0411）84710711

第二版前言

《管理学基础：理论、实务、案例、实训》（第二版）依据《国务院关于印发国家教育事业发展“十三五”规划的通知》的精神，以及高等院校应用型人才培养目标和培养模式的要求，注重理论联系实际，学生应用能力、实践能力和创新能力的培养及提高，依照“原理先行、实务跟进、案例同步、实训到位”的原则，结合“以能力为本位、以就业为导向”的思想和理念，在注重培养学生管理业务实践应用能力的同时，结合最新管理实践修订而成，做到了与时俱进，使得教材更便于实际应用。

教材涵盖3篇内容：管理基础篇、管理职能篇、管理创新篇，共10个项目。在结构安排上，以基于管理的具体工作过程为导向构建教材体系，采用“项目引领、任务驱动”的编写方式，力求结构严谨、层次分明；在表述安排上，力求语言平实凝练、通俗易懂；在内容安排上，尽可能考虑到不同专业、不同层次的不同需求，每一个项目都设有“知识目标”“技能目标”“素质目标”“案例赏析”。每一个项目后都编排了“应知考核”和“应会考核”。其中，“应知考核”包括单项选择题、多项选择题、判断题、简答题；“应会考核”包括案例分析和项目实训，项目实训的内容包括实训项目、实训目标、实训内容、实训要求。项目后的“应知应会”结合每个项目的实际工作技能要求编写而成，以使读者在学习每一项目的内容时做到有的放矢，增强学习效果。

本教材具有以下特色：

1.内容全面，体系规范。教材对管理学的基本内容进行了深入细致的阐释，图文并茂，并利用二维码呈现相关解析及参考答案，使教材的形式更加活泼、载体更加丰富，具备了“富媒体”的特色。教材以工作过程为导向，对实践应用的具体方法做了系统而全面的介绍，以便读者进行比较、分析，增强其分析问题、解决问题的能力。

2.结构新颖，栏目丰富。为便于读者学习，本教材力求在结构设计和栏目设计上有所突破，激发读者的学习兴趣和学习热情，每一项目的开篇有清晰的“知识目标”“技能目标”“素质目标”；正文中有“案例赏析”“做中学”；课后针对管理技能与管理思维编排了单项选择题、多项选择题、判断题、简答题、案例分析、项目实训等，以呼应本教材实践性、应用性的特色，更好地满足信息化条件下课堂的教改创新需要。

3.与时俱进，紧跟政策。为了让广大读者了解到管理学最新的研究成果和实践中的热点问题，经过较长时间的准备，对教材初版进行了调整和修订。本次修订立足于内容新颖、理论前沿和创新，引入了管理学的最新研究成果和研究方法，突出了学术性、实用性和可操作性，相关内容更新、调整截至2019年1月。

4.学练结合，学以致用。鉴于管理学课程具有实践应用性较强的特点，为了便于及时复习所学的知识内容、提高学习效率，本教材在课后安排了应知考核、应会考核、项目实训等，主要引导学生“学中做”和“做中学”，一边学理论，一边将其加以应用，充分体现应用型人才培养目标，即“以应用为目的，以够用为原则”，实现理论和实训一体化。

5.教辅资源，配备齐全。为方便教师教学，本教材还配有教学大纲、电子教学课件、习题参考答案、模拟试卷；同时，提供管理学相关课外阅读资料与案例，读者可登录东北财经大学出版社“财道书院”（www.idufep.com）查阅。

本教材由汝玲、邓银银担任主编，马玥姣、袁泉担任副主编。其中，汝玲撰写项目一至项目三、邓银银撰写项目四至项目五、马玥姣撰写项目六至项目八、袁泉撰写项目九至项目十。赵昂、李明明、李虹、美荣、李林海、王玉春、李洪福7人负责全书教学资源包的制作以及写作过程中的资料收集、整理。本教材适用于应用型、技能型高等职业教育院校国际经济与贸易、人力资源管理、旅游管理、物流管理、商务英语、国际商务、市场营销、工商管理、财务管理、会计学、金融管理、电子商务等专业方向的学生使用，同时也可作为企业管理人员培训的辅助教材。

在本教材的修订编写过程中，编者参阅了大量的教材、专著、网站资料，同时，得到了出版单位的大力支持，在此向相关作者及各位编辑表示衷心的感谢！

由于编写时间仓促，加之编者水平有限，本教材难免存在一些不足之处，恳请专家、学者批评指正，以便我们不断地更新、改进与完善。

编者

2019年4月于上海

目 录

模块一

管理基础篇

项目一　管理概述

知识目标

理解管理学的研究对象、研究内容，学习管理学的重要意义；熟知管理者的类型与职责、管理者角色与管理者应具备的技能及素质；掌握管理的概念、特征与职能，管理学的学科性质，学习管理学的方法。

技能目标

学生能够结合有关管理的理论方法以及具体情况，分析和解决现实中的管理问题。

素质目标

通过本项目的学习，能够培养学生学习管理学的兴趣，增强对学习管理学重要性的认识，并提高学生自身的管理素质和管理意识。

知识精讲

任务一　管　理

一、管理的概念和特征

1）管理的概念

长期以来，对于什么是管理，人们的认识有很大的不同。从字面意义上来讲，“管”在古代是指中空贯通的长条物体，后指锁钥，引申为“规范”“准则”“规则”“主宰”“主管”“管辖”“管制”等，体现着权力的归属；“理”在古代有整理土地、雕玉琢器等意思，后引申为整治、处理。“管”“理”二字合二为一使用，即在权力的范围内，对人或事物进行管辖和处理。

管理（Management）作为人类社会协作劳动和共同生活的产物，其实践活动和人类历史一样悠久。自从人们开始形成群体去实现个人无法达到的目标以来，管理工作就成为协调个体努力必不可少的因素。随着生产力的发展和人类社会的进步，生产和社会分工的细化和协作程度不断加深，社会政治结构日益复杂，管理活动逐步趋向于专业化、科学化，并广泛渗透到社会生活的各个领域。尽管管理活动由来已久，但关于管理的定义，至今仍未得到公认和统一。长期以来，许多中外学者从不同的研究角度出发，对管理做出了不同的解释。其中，具有代表性的有以下四种：

(1) 强调工作任务的人提出：管理就是由一个或者更多的人来协调他人的活动，以便收到个人单独活动所不能收到的效果而开展的活动。该观点认为：管理是通过协调他人的活动达到组织目标的活动。该观点的出发点是：在社会中，人们之所以形成各式各样的组织和集团，是由于集体劳动所能取得的效果是个人劳动无法取得的，或者仅能在很小的规模、很长的时间内取得。中国的长城、埃及的金字塔、美国的阿波罗登月计划等，无一不是成千上万人协作劳动的杰作。

（2）强调管理者个人领导艺术的人提出：管理就是领导。该观点认为：任何组织都有一定的结构，而在该结构的各个关键点上是不同的职位，占据这些职位的是一些具有特殊才能或品质的人，这些人被称为领导者。组织中一切有目的的活动都是在不同层次领导者的领导之下进行的，组织活动是否有效，取决于这些领导者个人领导活动的有效性。所以，管理就是领导。

（3）美国管理学家赫伯特·西蒙（Herbert A.Simon）提出：管理就是决策。该观点认为：决策贯穿于管理的全过程和所有方面；组织是由一些决策者所构成的系统；任何工作都必须经过一系列的决策才能完成。如果决策错误，执行得越好，所造成的危害就越大。因此，任何一项组织工作的成败归根结底都取决于决策的好坏。所以，管理就是决策。

（4）现代管理理论的创始人法国实业家法约尔（HenryFayol）于1916年提出：管理就是为了特定的目的而实行的计划、组织、指挥、协调和控制。这种观点以管理的职能为基础定义了管理。

"管理"一词还有许多定义，为了能够较为全面地概括管理的概念，综合上述定义，本书将管理定义为：一定组织中的管理者，通过实施计划、组织、领导、控制等职能来协调组织所拥有的资源，以期更好地达成组织目标的过程。

2）管理的特征

（1）管理的主体是管理者。管理者是在管理中指挥和领导他人活动的人，他们构成了管理活动的主体。在现代社会，管理主体呈现出多样性的特点，包括国家的统治者、政府的领导者、生产资料的所有者以及由他们以各种形式委托的代理人，也包括各种非政府的公共组织的领导者。管理主体既可以是以个人形式存在的领导者，也可以是以集体形式出现的决策者和领导者。

（2）管理活动是在特定的组织内外部环境的约束下进行的。任何组织都存在于一定的内外部环境中，并受到环境的约束。所谓外部环境，主要是管理者所管理的组织面对的自然和社会环境。其中，自然环境如生产力水平、自然资源状况、气候和地理状况等；社会环境则包括特定的社会文化、制度、法律和政策等。所谓内部环境，是管理者所管理的组织内部的状况，包括组织性质、组织制度、人员状况、组织水平等。

（3）管理采用的措施包括计划、组织、领导和控制这四项基本活动，又被称为管理的四大基本职能。所谓职能，是指人、事物或机构应有的作用。管理的职能是管理者在管理过程中的各种基本活动及其功能。每个管理者工作时都是在执行这些职能中的一个或几个。

（4）管理是为实现组织目标服务的。管理活动具有目标性，即实现组织的目标。管理目标是管理的出发点和归宿，因此管理活动都是围绕着管理目标而展开的。尽管具体的管理活动会有不同的目标，但为了实现特定的目标却是一切管理活动的共性。

（5）管理需要有效地协调和配置组织资源。特定管理目标的实现，需要有效资源的支撑，这就要求管理者在可能的范围内协调和配置组织资源，以保证管理目标的实现。管理者需要和配置的组织资源，既包括人力、物力、财力、组织等方面的资源，也包括机会、时间、信息等方面的资源。

（6）管理是一个包含多阶段、多项工作的综合过程。管理以其目标为出发点和终点，以有效配置组织资源为实现管理目标的支撑，以四大基本职能为实现管理目标的措施。因此，管理是在特定的目标引导下，由计划、组织、领导和控制这样一系列相互关联、连续进行的活动构成的过程。

（7）管理的核心是处理人与人之间的关系。管理活动是一项社会活动，不是个人活动，它需要推动他人和自己一起去实现组织目标。管理者在进行管理的过程中需要处理许多事务，实际上，处理事务就是处理人际关系，因为这些事务是由人来解决和处理的。美国著名的管理学家彼得·F.德鲁克（Peter F.Drucker）在1955年提出了“管理者的角色”的概念，他认为管理者扮演着三种角色：第一个角色是管理一个组织；第二个角色是管理管理者；第三个角色是管理工作和工人。其中，有两个角色都提到了人，这表明管理者的工作和职责的很大一部分都是与人打交道。

二、管理的性质

1）管理的两重性

根据马克思主义经济哲学原理，企业生产过程是生产力和生产关系的统一体。对这个统一体的管理必然要同时体现构成统一体的两个方面的要求，既有由一定的生产力状态所决定的自然属性，又有由一定的生产关系所决定的社会属性。也就是说，一方面，管理是人类社会生产分工和协作的产物，在许多个人以社会结合和协作形态进行的生产过程中，生产活动的联系、协作和有效进行，必然需要一个整体性的统一指挥的意志，需要遵从这一意志的统一管理和支配；另一方面，作为一种社会活动，管理都是在特定的社会经济、政治关系中进行的，因此管理的社会历史性质无疑是由不同社会中占统治地位的社会经济、政治关系决定的。所以，在学习西方管理理论时应有原则性，必须能够正确评价资本主义的管理理论、技术和方法，去其糟粕，取其精华。

2）管理的科学性与艺术性

管理实践是一门艺术，而指导这种实践活动的有条理的知识，可以被称为科学。管理的科学性，也就是说管理学是一门科学。这是因为管理学具有客观性、实践性、理论系统性、真理性及发展性等科学的特点。其客观性体现在，管理学的研究对象是人类社会中各种组织的管理活动，它从客观实际出发，揭示管理活动的各种规律，这些规律是客观存在的，违背这些规律就必然遭受惩罚。其实践性体现在，管理学是在实践中产生并发展起来的一门科学，它所包含的知识都是人们多年来实践经验的总结，它的直接目的就是有效地去指导实践。管理学已形成一整套理论，它的许多原则都是经过反复的检验才抽象出来的，这便是管理学的理论系统性与真理性。

管理的艺术性就是强调其实践性，没有实践则无所谓艺术。这就是说，仅凭停留在书本上的管理理论，或背诵原理和公式来进行管理活动是不能保证其成功的。管理人员必须在管理实践中发挥积极性、主动性和创造性，因地制宜地将管理知识与具体管理活动相结合，这样才能进行有效的管理。所以，管理的艺术性，就是强调管理活动除了要掌握一定的理论和方法外，还要有灵活运用这些知识和技能的技巧和诀窍。

【案例赏析1-1】管理的理论流派

某大学管理学教授在讲授古典管理理论时，竭力推崇科学管理的创始人泰罗的历史功勋，鼓吹泰罗所主张的“有必要用严密的科学知识代替老的单凭经验或个人知识行事”的观点，并且宣传法约尔的14条管理原则。后来，在介绍经验主义学派的理论时，这位教授又强调学习企业管理理论要从实际经验出发，而不应该从一般原则出发来进行管理和研究。他还说，欧内斯特·戴尔（Ernest Dale）在其著作中故意不用“原则”一词，断然反对有任何关于组织和管理的“普遍原则”。在介绍权变理论学派的观点时，这位教授又鼓吹在企业管理中要根据企业所处的内外条件随机应变，没有什么一成不变、普遍适用的“最好的”管理理论和方法。不少学生认为这位教授的讲课前后矛盾，胸无定见，要求教授予以解答。教授却笑而不答，反倒要求学生自己去思考，得出自己的结论。

案例精析1-1

请根据上述资料分析下列问题：

（1）你是否认为教授的上述观点是前后矛盾的？为什么？

（2）在企业管理中，有无可能将管理原理、原则与实践正确地结合起来？

（3）管理学究竟是一门科学还是一门艺术？

三、管理的职能

管理过程的阶段划分及其功能设计是众多理论工作者和实际工作者共同关心和探讨的问题。

1）管理职能的概念

管理职能就是管理者为了有效地管理必须具备的功能，或者说管理者在执行其职务时应该做些什么工作。管理职能是人们对管理及其规律性的认识程度的表象。实际上，它是一种管理思想、管理文化，随着人们对不确定性的管理理论和方法的认识与研究而不断发展。考察管理职能的目的有两个：要回答管理是要做什么的问题；要回答管理的既定目标如何达到的问题。

2）管理职能的划分

管理职能就是管理者实施管理行为所体现出来的具体功能和实施过程。管理学家对管理职能的认识、看法不一，不同学派有不同见解。最常见的是“三职能”论，即“计划”、“组织”和“控制”。20世纪初期，现代管理理论的创始人亨利·法约尔提出，所有的管理者都应履行以下五种管理职能：计划、组织、指挥、协调、控制。美国的古利克在20世纪30年代提出了管理的七项职能，包括计划、组织、指挥、控制、协调、人事、沟通。50年代，美国管理学家哈罗德·孔茨（Harold Koontz）和西里尔·奥唐奈（Cyril O’Donnell）提出了计划、组织、人事、领导、控制五项管理职能。由于不同时期、不同学者对管理职能研究的侧重点不同，形成了对管理职能多种不同的理解。有的学者重视管理中人的主动性和创造性，因此在管理职能中加入了激励和人事职能；有的学者强调决策对于管理的意义，在管理职能中单列了决策职能；也有的学者看重管理的创新，并把它作为管理的基本职能之一。概括起来，有关管理职能的划分，不同管理学家持不同的观点，见表1-1。

表1-1　**不同管理学家对管理职能的划分的认识**

年份 \ 管理学家 \ 职能		计划	组织	指挥	协调	控制	激励	人事	整合资源	沟通
1916	法约尔	√	√	√	√	√				
1925	梅　奥						√	√		√
1934	戴维斯	√	√			√				
1937	古利克	√	√	√	√	√		√		√
1947	布　朗	√	√	√		√			√	
1949	芭威克	√	√			√				
1951	纽曼	√	√	√		√		√		
1955	孔茨与奥唐奈	√	√	√		√		√		
1964	梅西	√	√			√		√		
1970	海曼与斯科特	√	√				√	√		
1972	特　里	√	√		√	√				

说明："√"表示各管理学家对管理职能划分的认识。

现阶段关于管理职能比较流行的观点是将其简化为四个基本职能：计划、组织、领导、控制，如图1-1所示。

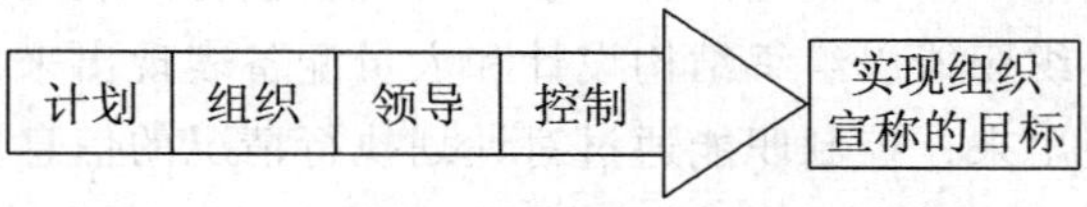

图1-1　管理职能

3）管理的基本职能

（1）计划（Planning）。由于组织的存在是为了实现某些目标，因此就需要有人来制定组织目标和实现目标的方案，这就是管理的计划职能应做的工作。计划是管理的首要职能，管理活动从计划工作开始。具体来说，计划工作主要包括评估机会和确定目标，分析条件、环境和资源，制订实现目标的备选行动方案，比较分析不同的行动方案，选择方案，根据实际情况调整计划等。

（2）组织（Organizing）。计划的实施要靠与其他人的合作。组织工作正是从人类对合作的需要中产生的。组织是由两个或两个以上的个人为了实现共同的目标组合而成的有机整体。组织成员只有按照一定的方式相互合作，共同努力，组织才能形成整体力量，完成单独个人力量的简单合计所不能完成的各项活动，实现不同于个人目标的组织总体目标。而要使一个组织完成这一使命，管理者就应根据工作要求和人员特点设计岗位，通过授权与分工，将适当的人安排在适当的岗位上，用制度规定每位成员的职责和上下左右的相互关系，形成一个有机的组织结构，使整个组织协调运转。这就是管理的组织职能。组织目标决定着组织结构的具体形式和特点。组织职能是管理活动的根本职能，是其他一切管理活动的保证和依托。组织职能也是一个动态的过程，随着管理条件和环境的变化，组织结构必须相应地进行变革和调整。

(3) 领导（Leading）。计划与组织工作做好以后，如果没有人来领导组织内的成员，也很难完成组织目标。这是因为配备在组织机构各岗位上的人员，由于各自的目标、需求、偏好、性格、素质、价值观及工作职责和掌握的信息量等存在很大差异，在相互合作中必然会产生各种矛盾和冲突，而组织目标的实现要依靠全体成员的努力，因此必须有领导者来指导和协调组织成员的思想与行为，激励每个成员自觉为实现组织目标共同努力。这就是管理的领导职能。领导职能的基本内容包括激励、沟通、协调、奖励、处罚、示范等。

领导职能是一门非常奥妙的艺术，它贯穿于整个管理过程中。它是管理过程中活的灵魂，是管理者素质和管理能力的集中体现，是实现管理效率和效果的关键，因此领导职能常被人们认为是管理的核心环节。

(4) 控制（Controlling）。人们在执行计划的过程中，常常由于受到各种因素的干扰，使实践活动偏离原来的计划。为了保证组织目标及为此而制订的计划得以实现，管理者必须根据由计划衍生而来的控制标准对组织各项实践活动的进展情况进行检查，发现偏差后，分析原因，并及时采取有效的纠偏措施，这就是管理的控制职能。控制职能是管理过程的监视器和调节器，控制不仅是对以前组织活动情况的检查和总结，而且可能要求某时点以后对组织业务活动进行局部甚至全局的调整。因此，控制是整个管理过程的重要链条，对管理过程的顺利进行具有重要的保证作用。

以上是管理的四种基本职能，它们分别重点回答了一个组织要做什么、怎么做、靠什么做以及做得怎么样的基本问题。这四种职能都有自己独特的表现形式：计划职能通过计划的形式表现出来；组织职能以组织结构设计和人员配备表现出来；领导职能通过领导者与被领导者的关系体现出来；控制职能通过对计划执行情况的信息反馈与纠偏措施表现出来。从理论上来说，这些职能是按一定的时间顺序发生的，即先计划，后组织，再领导，最后控制。然而，在实践中，这种先后的工作逻辑并不绝对。这些管理职能不是截然分开的独立活动，它们往往相互融合，同时进行。

没有计划便无法控制，没有控制也就无法积累制订计划的经验。人们往往在进行控制工作的同时，又编制新的计划或对原计划进行修改。同样，没有组织架构便无法实施领导，而在实施领导的过程中，又可能反过来对组织进行调整。但就总体而言，每一项管理工作一般都是从计划开始的，经过组织、领导，到控制结束。管理是一个各职能活动周而复始的循环过程。

任务二　管理者

一、管理者的类型与职责

管理者是一种概括性的称谓，从厂长到车间主任，从小生意人到跨国企业集团总裁都包括在内。不同的管理者侧重于不同的管理活动，表现出不同的风格。造成这种差异的原因可能与管理者所受的培训、个性、背景等有关。处于组织的不同层次，对职能和技能的要求也不同，从而形成不同类型的管理者：高层、中层和基层，如图1-2所示。

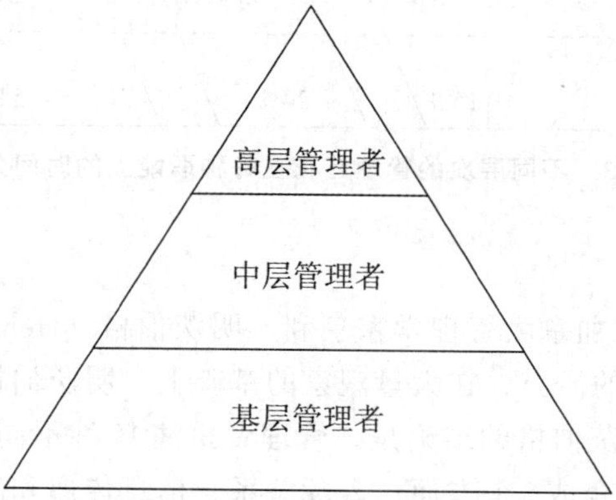

图1-2　管理者的类型

（1）高层管理者。他是一个组织的高级执行者并负责全面的管理。一般高层管理者指的是战略管理者，关注长期问题并侧重于组织的生存、成长和总体有效性。

高层管理者不仅把组织看作一个整体，还要将组织与外部环境联系起来。这种联系常常要求管理者与外部人员和组织密切合作。首席执行官（CEO）是大组织中的一种高层管理者类型，是企业的首席战略管理者。首席运营总监（COO）、公司总裁、副总裁和高级执行委员会的成员以及高校的校长、副校长和其他处于或接近组织最高层位置的管理人员也属于高层管理者。

（2）中层管理者。顾名思义，中层管理者位于高层管理者和基层管理者之间，有时被称为战术管理者，负责将战略管理者制定的总目标和计划转化为更具体的目标和活动。其主要职责是贯彻执行高层管理者所制定的重大决策，监督和协调基层管理者的工作。中层管理者通常的头衔是部门或办事处主管、科室主管、地区经理、产品事业部经理或分公司经理等。与高层管理者相比，中层管理者更注意日常的管理事务，在组织中起承上启下的作用。

（3）基层管理者。其又称运作管理者，是监督组织运作的低层管理者。他们通常的头衔是工长或销售经理，直接面对组织内非管理性的员工，实施中层管理者制订的具体计划。这个角色在组织内是非常关键的，因为运作管理者是管理者与非管理性员工之间的联系纽带。

所有管理者，不论他在组织中的哪一层次上承担管理职责，其工作性质和内容基本上是一样的，都包括计划、组织、领导和控制四个方面。不同层次管理者工作上的差别，不是职能本身不同，而在于各项管理职能履行的程度和重点不同。

如图1-3所示，高层管理者花在计划、组织和控制职能上的时间要比基层管理者多，而基层管理者花在领导职能上的时间要比高层管理者多。即便就同一管理职能来说，不同层次的管理者所从事的具体管理工作的内涵也并不完全相同。例如，就计划工作而言，高层管理者关心的是组织整体的长期战略规划，中层管理者偏重的是中期、内部的管理性计划，基层管理者则更侧重于短期的业务和作业计划。

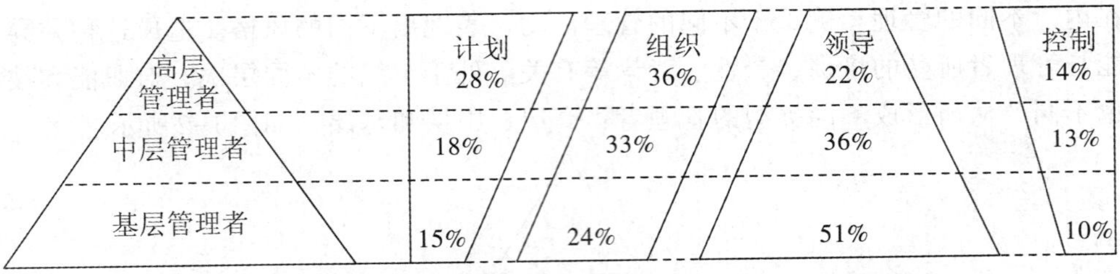

图 1-3　不同层次的管理者花在每种职能上的时间分布

二、管理者角色

20世纪60年代末期，加拿大管理学家亨利·明茨伯格（Henry Mintzberg）对5位总经理的工作进行了一项仔细的研究，在大量观察的基础上，明茨伯格提出了一个管理者究竟在做什么的分类纲要。明茨伯格的结论是，管理者扮演10种不同但却是高度相关的角色。这10种角色可以进一步组合成3个方面：人际关系、信息传递和决策制定（见表1-2）。

表 1-2　明茨伯格的管理者角色理论

角色	描述	特征活动
	人际关系方面	
1.挂名首脑	象征性的首脑，必须履行许多法律性或社会性的例行义务	迎接来访者，签署法律文件
2.领导者	负责激励和动员下属、人员配备、培训和交往等	实际上从事所有有下级参与的活动
3.联络者	维护自行发展起来的外部接触和联系网络，向人们提供恩惠和信息	发感谢信，从事外部委员会工作以及其他有外部人员参加的活动
	信息传递方面	
4.监听者	寻求和获取各种特定的信息（其中许多是即时的），以便透彻地了解组织与环境；作为组织内部和外部信息的神经中枢	阅读期刊和报告，保持私人接触
5.传播者	将从外部人员和下级那里获得的信息传递给组织的其他成员——有些是关于事实的信息，有些是解释和综合组织中有影响力的人物的各种有价值的观点	举行信息交流会，用打电话的方式传达信息
6.发言人	向外界发布组织的计划、政策、行动、结果等信息；作为组织所在产业方面的专家	举行董事会议，向媒体发布信息
	决策制定方面	
7.企业家	寻求组织和环境中的机会，制订“改进方案”以发起变革，监督某些方案的策划	制定战略，检查会议决定执行情况，开发新项目
8.混乱驾驭者	当组织面临重大、意外的混乱时，负责采取补救措施	制定战略，检查陷入混乱和危机时期采取的措施
9.资源分配者	负责分配组织的各种资源——事实上是批准所有重要的组织决策	调度、询问、授权，从事涉及预算的各种活动和安排下级的工作
10.谈判者	在主要的谈判中作为组织的代表	参与工作会，进行合同谈判

（1）人际关系角色（Interpersonal Roles）。它指所有的管理者都要履行礼仪性和象征性的义务。当学院的院长在毕业典礼上颁发毕业文凭时，或者工厂领班带领一群高中学生参观工厂时，他们都在扮演挂名首脑的角色。此外，所有的管理者都具有领导者的角色，这个角色包括雇用、培训、激励、惩戒雇员。管理者扮演的第三种角色是在人群中间充当联络员。明茨伯格把这种角色描述成与提供信息的来源接触，这些来源可能是组织内部或外部的个人或团体。销售经理从人事经理那里获得信息属于内部联络关系；当这位销售经理通过市场营销协会与其他公司的销售经理接触时，他就有了外部联络关系。

（2）信息角色（Information Roles）。它指所有的管理者在某种程度上都会从外部的组织或机构接受和收集信息。典型的情况是，通过阅读杂志和与他人谈话来了解公众趣味的变化、竞争对手可能打算做什么等，明茨伯格称此为监听者角色。此外，管理者还起着向组织成员传递信息的通道作用，即扮演着传播者的角色；当他们代表组织向外界表态时，管理者是在扮演发言人的角色。

（3）决策角色（Decision Roles）。明茨伯格围绕决策制定又确定了四种角色：①作为企业家，管理者发起和监督那些将改进组织绩效的新项目；②作为混乱驾驭者，管理者采取纠正行动，应对那些未预料到的问题；③作为资源分配者，管理者负有分配人力、物质和金融资源的责任；④当管理者为了自己组织的利益与其他团体议价和商定成交条件时，他们是在扮演谈判者的角色。

三、管理者应具备的技能

技能（Skill）是指一种并非天生、可以由后天学习而来的能力。管理技能能帮助管理者做好管理工作。也就是说，管理技能是为做好管理工作准备的，它与管理者做哪些工作直接相关。由前面的管理者角色理论可知，管理者所做的工作可归纳为10种角色，组合成3个方面就是人际关系、信息传递和决策制定。相应的，管理者应具备的技能有人际和沟通技能、概念和决策技能。同时，任一组织的存在，都有其服务的专业领域，因此作为管理者，还应具备一定的技术技能，以便与他所主管的组织内的专业技术人员进行有效的沟通，并对其管辖的业务范围内的各项管理工作进行具体指导。因此，要使管理者的管理工作卓有成效，管理者必须具备以下三方面的技能：

（1）技术技能。它是指在某一特定领域内，使用有关知识、方法、技术和程序完成具体任务的能力。例如，工程师、会计师、市场研究员、计算机程序设计员、钢琴演奏家等，都具备相应领域内的技术技能，而且这些技能均具体可见，并可以由学校教育或在职培训而获得。技术技能不仅能帮助你得到一个岗位，从而获得进入某一组织的机会，而且能帮助你成为管理者。例如，基本的会计和财务课程可以帮助你拥有管理和理解组织财务资源所需的技术技能。

（2）概念和决策技能。它是指认识复杂动态问题，发现影响问题的许多冲突因素并为组织和相关者的利益去解决问题的能力。对管理者而言，他所处的管理层次越高，所面对的问题越复杂，应具备的概念和决策技能也就越高。具体来说，概念和决策技能应包含以下三种能力：了解整个组织及其外部环境的能力、了解组织内各部门彼此协作关系的能力和判断各种不同形态的管理问题的能力。

（3）人际沟通技能。它是指与人友好合作的能力，更确切地说，是指领导、激励、处理冲突以及与他人一同工作的能力。技术技能强调的是如何处理“事”，而人际沟通技能强调的是如何处理“人”。由于“人”是组织中最重要的资源，因此对所有管理者而言，不管其位于何种管理层次（从总裁到工头），也不管其职务为何（生产、营销或财务），都应该具备人际沟通技能。由于管理者必须与其他人接触，所以他们必须开发领导、激励和与周围人有效沟通的能力。对成功的管理者而言，与不同类型的人愉快相处并交换信息的能力是不可缺少的。

上述三种技能是各个层次的管理者都需要具备的，只是不同层次的管理者对这三种技能的要求程度有所区别。如图1-4所示，对基层管理者来说，具备技术技能是最为重要的，具备人际沟通技能在同下属的频繁交往中也非常有用，而概念和决策技能通常对基层主管们而言显得不那么重要。在中层管理者中，对技术技能的要求下降，而对概念和决策技能的要求上升，同时具备人际沟通技能仍然很重要。而对高层管理者而言，概念和决策技能、人际沟通技能都特别重要，而对技术技能的要求相对来说很低。可以这样假设，在大公司里，总经理可以利用其下属们的技术技能；但是在小公司里，技术技能可能仍旧十分重要。

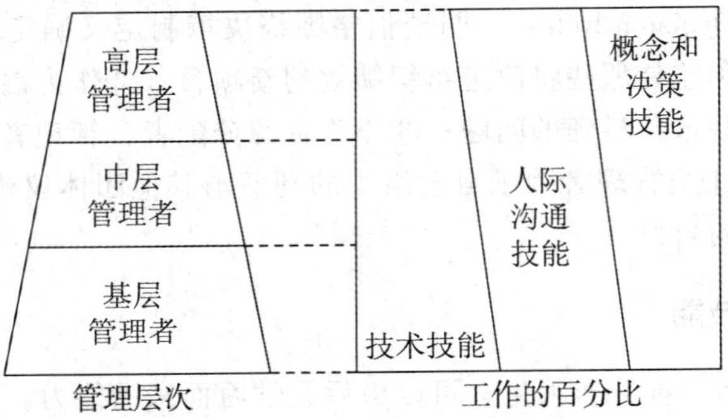

图1-4 管理层次与管理技能

四、管理者应具备的素质

管理者应具备的素质主要包括品德、知识、实际能力、身体、心理五个方面。

（1）品德。管理者应有的品德主要指思想品质、道德修养。管理者的品德不仅是管理者威信的重要决定因素，也是其知识、能力能否得到充分发挥的重要条件。管理者应当具备的基本品德包括：①强烈的事业心；②不断开拓和创新的精神；③有全局观念，不谋私利；④有良好的民主作风。

（2）知识。它是提高管理者管理水平的基础和源泉。管理工作涉及的知识面广。一般来说，管理者应掌握以下几个方面的知识：①政治、法律方面的知识；②经济学和管理学方面的知识；③人文、社会科学方面的知识；④科学技术方面的知识。

（3）实际能力。它是指管理者把管理理论与业务知识应用于实践，进行具体管理，解决实际问题的本领。能力与知识是相互联系、互相依赖的，理论与专业知识的不断积累和丰富，有助于潜能的开发与实际能力的提高，而实际能力的提高又能促进管理者对理论知识的学习、消化和具体运用。

（4）身体。管理活动既是一种脑力劳动，又是一种体力劳动，特别是处于纷繁复杂的环境中时，管理活动通常要耗费大量的脑力与体力，是一种很艰苦的实践活动。管理者应当身体健康、精力充沛，也就是说要有好的体力和脑力，这是保证做好管理工作的重要条件。健康是生活和工作持续之本，管理者要注意劳逸结合，锻炼身体，注意预防和及时检查、医治各种疾病，这样才能很好地应对繁重的管理工作。

（5）心理素质。它是指一个人的心理过程和个性方面表现出来的持久而稳定的基本特点。管理者除了要有强烈的事业心和责任感之外，还应该乐观、自信，有坚强的意志和宽广的胸怀。能够通过自我调节保持乐观的心态，对工作充满信心；遇到困难不气馁，取得成绩不自满；紧要关头沉着冷静，果敢坚决；尊重下属，工作上出了问题，敢于承担责任；要有宽容大度的胸怀，对反对自己意见甚至后来被实践证明是反对错了的同事，不计前嫌；不妒忌才能高于自己的人，敢于任用有才能的人。

【案例赏析 1-2】思科公司CEO钱伯斯

我通常在早上淋浴的时候安排一天的计划。这可能有点不同寻常，但我通过这种方式可以将所有事情想一遍，特别是当天要做的重要事情。我的工作安排一般是从早晨7：30左右到晚上7：00。这中间会有一些缓冲的时间，以便我进行调整。

我15年前到公司的时候，使用的是经典的交流方式。我会到处走动，与或大或小的团队交谈。我能知道晚上谁在公司。现在，我可以告诉你谁的车在停车场。电子邮件的确非常高效，它让我可以发信息给所有的人。但是，我是个喜欢用声音交流的人，只有这样我才能有感情地交流。同时，我也希望听到有感情的回应。对我来说，我更喜欢倾听重要客户向我介绍问题。我每天会在上下班路上留40～50通的电话留言。如今我主要的交流工具是随拍视频。我们楼下有间小录影室。一个季度我们大约能录10～15盘带子。这样，无论是员工还是客户都可以在需要的时候观看。

至于倾听员工的声音，我会每月主持一次生日早餐会。任何在那个月过生日的员工都可以来向我提问1小时15分钟。房间里没有导演或副总裁，这样我可以掌握怎样是可行的，怎样不可行。虽然这样不容易，却是我最享受的部分。

在获取信息方面，我喜欢读摘要。由于有阅读困难症，我几乎不读小说或是类似的东西。我喜欢读快餐式的文章。每次开会和讨论前，我都要仔细阅读总结好的活页封面，这里面包括我所需要的全部信息，如演讲的内容、要见的客人和他们的背景，等等。每个主题不过两三页纸，正是我所希望的。

我通常在我的太太爱琳娜之前结束一天的事情并且上床休息。我会浏览来自世界各地的重要报告，做一点儿总结。然后爱琳娜和我会进行睡前的闲聊。我和太太约会7年，结婚也已经33年。她对我的长处和短处可谓了如指掌。我们总是一起做决定。对我而言，我的家庭是最重要的。

资料来源　付征．管理学基础［M］．2版．上海：上海财经大学出版社，2019.

请问：（1）根据罗伯特·卡茨提出的管理者三大技能理论，你认为哪种管理技能对钱伯斯最重要？请说明你的理由。

（2）根据亨利·明茨伯格的管理者角色理论，分析案例中的钱伯斯在工作中分别扮演了哪些管理角色。

（3）试从管理职能的角度，分析案例中钱伯斯发挥了哪些管理职能。请说明你的观点。

案例精析 1–2

任务三 管理学

一、管理学的研究对象

管理学是一门系统地研究管理活动过程及其基本规律和一般方法的科学。管理学来源于人类社会的管理实践活动，是人类长期从事管理实践活动的科学总结，是人类智慧的结晶。管理的主体是管理者。管理的客体或对象是组织所拥有的资源。管理就是对组织所拥有的资源进行计划、组织、领导和控制的过程。如何开展计划、组织、领导和控制活动才能进行有效的管理，以实现组织目标，即管理学的研究对象。

管理学作为一门独立的学科正式形成于19世纪末20世纪初，其代表作是美国古典管理理论学家泰勒的《计件工资制》、《车间管理》和《科学管理原理》等著作。自此，管理学逐渐受到各国政府和企业界的高度重视，经过百余年的发展，已经形成了许多管理理论学派。虽然不同学派对管理的认识不同，但是只要谈到管理学，无论什么样的学派，都认同它是一门研究管理活动内在规律性的科学，将组织中的管理活动作为自己的研究对象，通过对管理活动的研究，以探讨内在的规律性，然后上升为理论，形成一个理论体系。管理学的理论体系是由一系列反映管理活动内在规律性的概念、原理、原则、制度、程序、方法等所组成的。

二、管理学的研究内容

管理总是在一定的社会生产方式下进行的，依据其与管理活动有关的生产力、生产关系、上层建筑等方面的关系，管理学的研究内容可以分为三个方面：

（1）研究生产力方面的问题。管理活动与生产力密切联系，在生产力方面，主要研究如何合理高效地协调和使用组织的人、财、物、信息等各种资源，以实现预期的管理目标，包括对各种资源在使用过程中的计划、组织、协调和控制等问题。

（2）研究生产关系方面的问题。管理活动也与生产关系密切联系，在生产关系方面，主要研究如何正确处理管理活动中人与人之间的关系，尤其是管理者与被管理者之间的关系等问题。与之相关的还有管理组织与其他组织之间的关系，组织与其成员之间的关系等。

（3）研究上层建筑方面的问题。管理活动还受到上层建筑的影响，这方面主要研究管理组织在追求经济效益的同时，如何注重社会效益，促进社会文明全面进步，促进组织的民主建设，使组织成员得到全面发展；研究如何根据国家的要求，建立合理的管理体制，制定完善的规章制度，促进组织系统的改革，培养和发展具有自身个性的组织文化等。

三、管理学的学科性质

管理学作为一门新兴、独立的学科，经过百余年的发展历程，在广泛吸收其他学科研究成果的基础上，建立了自己的学科体系，形成了自己的特点。

（1）普遍性。管理学是以管理活动中的基本规律和一般方法为研究对象的学科，是对人类管理经验和管理思想的科学总结。而管理经验和管理思想又来源于人类社会多种多样的管理实践活动。不同的社会组织具备不同的解决这些领域特殊问题的管理原理和方法，由此形成了各种不同门类的管理学。

虽然不同领域的管理工作可能有不同的特点，但是无论是哪个领域的管理工作，都要经历这样一个过程：管理者通过计划、组织、人员配备、领导、控制等职能，协调他人的活动，处理人与人之间的关系，合理分配各种社会资源，最终实现组织的既定目标。这些不同领域的管理学都包含着共同的、普遍的管理原理和管理方法，是具有普遍指导意义的，是从各种组织中概括、抽象、提炼出来的共同的东西，并形成一套系统理论。

（2）综合性。现代管理学不仅具有社会科学的属性，而且具有自然科学的属性。它既广泛地应用社会科学（如经济学、社会学、哲学等）方面的新成果，也应用自然科学尤其是技术科学方面的成果。从以上各学科在管理学中的应用可以看出，管理学融合了心理学、社会学、文化学、政治学、哲学、经济学、数学、计算机科学、工程学等多种学科的思想与理论，它已从单一性学科发展成为一门由多学科结合而成的实用性较强的新型交叉学科。

（3）时代性。在不同的时代，人类社会的生产活动由于各种因素的作用而具有阶段性的特征。与这种阶段性相适应，客观上要求管理活动不断变革和创新，于是就有了不同历史阶段的管理学，在思想、内容、性质、方法和手段等方面，都表现出鲜明的时代特点。因此，管理学只有紧跟时代的步伐，与时俱进，针对社会生产活动的方方面面，努力揭示管理规律，反映管理的未来发展趋势，构建具有鲜明时代特征的学科知识体系，才能适应社会发展的客观要求。

（4）应用性。管理学作为一门科学，具有其他学科所共有的基本特征。管理学具有特定的研究范围和研究对象，具有一系列较成熟的基本概念，具有经过实践证明有普遍指导意义的理论和方法，并有一套完整而严密的科学理论体系。

管理学不仅具有理论性，而且是一门应用性较强的学科。首先，管理学的理论知识来源于人类的管理实践，是人们对管理实践经验的概括和总结；其次，管理学知识存在的意义和目的就是必须运用到实践中去，提高管理效率，否则它将失去其应有的价值；最后，管理学的理论与方法要通过实践来检验其有效性和科学性。因此，管理学只有通过在管理实践中应用，才能带来实效，才能发挥其指导实践工作的作用，并在实践中逐步自我完善。

四、学习管理学的重要意义

（1）学习管理学有助于把握管理活动中的规律，提高人们在管理实践活动中的能力。任何客观事物都存在其变化和发展的内在规律，人类的不断追求就在于发挥自身的主观能动性，发现并认识这些规律，并运用这些规律提高实践活动的能力。作为人类社会实践活动的一种重要形式，管理也有自身的内在规律，如社会经济发展的规律、市场价值规律、收入分配规律、人力资源开发与管理规律等。

（2）学习管理学有助于优化生产力组合，大大推动生产力的发展。生产力是一个复杂的系统，它既有独立的实体要素，包括劳动者和生产资料，也有非独立的渗透性要素，包括科学技术等。在生产力系统中，根据社会需要确定生产目标，组织生产过程。离开了管理，也就无所谓生产力。分散的劳动者和生产资料要想形成现实的生产力，必须依赖于管理；生产力作用的充分发挥，必须依赖于管理人员对生产力要素的优化组合，而这种优化组合又是以管理理论的指导为前提的。因而，管理者运用管理理论的能力与水平决定着生产力的组织状况、生产目标是否合理、生产过程是否顺利和现实生产力能否真正形成。

（3）学习管理学有助于优秀管理人才的培养。学习、研究管理学是培养优秀管理人才的重要手段。管理者是管理的主体，在管理工作中发挥着主体作用，管理人员只有掌握了管理科学，才能更好地运用管理理论去指导管理实践，产生良好的管理效果。

（4）学习管理学有助于我们面向未来、面向世界，实现管理国际化和管理创新。当今社会是信息社会，人类已跨入知识经济时代，面临着诸多机遇和挑战。可以预测，随着社会的不断进步，管理学将进入一个新的历史发展时期，管理国际化和管理创新是管理学发展的必然趋势。

总之，作为一门指导管理实践活动的重要科学，管理学对人们把握管理活动的一般规律、优化组合生产要素、培养优秀的管理人才、实现管理国际化和管理创新、提高社会劳动生产率，具有深刻的现实意义。

五、学习管理学的方法

1）系统分析方法

要进行有效的管理，必须对影响管理过程的各种因素及其相互之间的关系进行总体、系统的分析研究，这样才能形成可行的基本管理理论和科学合理的决策。总体、系统的学习方法，就是用系统的观点来学习管理学的原理，分析、研究管理活动。所谓系统，是指由相互作用和相互依赖的若干组成部分结合而成的、具有特定功能的有机整体。系统本身又是它所从属的一个更大系统的组成部分。根据这个定义，管理过程是一个系统，管理的概念、理论和技术方法也是一个系统。这样，从管理的角度看，系统有两个含义：一是指一种实体；二是指一种方法或手段。二者既有区别，又有密切联系。对管理来说，系统分析方法是研究组织与管理问题的主要思维方法。它把组织视为有统一目标的相互联系的各部分的组合，以期在环境中获得生存和发展。

系统分析方法不仅把组织的各组成部分视为相互联系的，同样也把组织及其环境视为相互联系的。系统分析方法的一般步骤为：

（1）确定问题，收集资料。在进行系统分析之初，首先必须确定所要解决的问题的性质和范围，研究问题包含哪些主要因素，分析构成系统的要素之间的相互关系以及与外界环境之间的相互关系。只有这样划定问题的界限，确定的问题才会明白、切合实际。确定问题后，就应该开始收集资料、调查、实验、观察和记录各要素的情况、掌握环境情况等。这对于建立模型，对各种模型方案进行可行性研究、比较，是必不可少的。

（2）系统分析。对于同一特定的目标，实施的途径是多样的，每种途径的投资和效益也会有差别。系统分析在于拟订出尽可能多的行动方案，并进行试验比较，以寻求费用最低而效果最好的方案。分析时，应将复杂系统分解成若干较简单的子系统，再对分解的结果进行综合，进行整体分析。这样反复多次，才可能接近实际。

各种方案经过系统分析后，哪个好，哪个差，可行性如何，都有了可靠的依据。但这些方案是否可靠，引用的资料是否准确，还需要决策者再做判断，这是决策者运用智慧及经验的过程。各种数学和计量方法都无法取代决策者的智慧和经验。

（3）方案决策。它是指在两种或两种以上值得采用或进一步考虑的方案中选择，尽可能在备选方案中选择出满足系统要求的最佳方案。

（4）实施计划。根据最后选定的方案，按计划进行具体实施。如果实施比较顺利，或遇到的困难不大，略加修改即可顺利进行，那么整个步骤即告一段落；如果问题较多，就需要重新进行系统分析。

在管理实践中，系统分析方法存在的最大问题就是最优方案难以确定，因为任何方案都不可能从任何角度考虑都是最优的；对于同一个方案，如果选定的影响因素不同，最优与否的结论往往也是不同的。因此，方案的取舍要有一个明确的评价指标。

2）矛盾分析方法

“具体矛盾具体分析”，矛盾分析方法是研究和解决管理问题的重要方法。某些管理学派特别是古典学派中持统一论观点的学者认为，管理者只要找出放之四海而皆准的原理、原则，就可以解决管理中的一切问题。这种学术观点实质上是形而上学的方法论，是管理学中的教条主义。这种学术观点在20世纪40年代以前尚占有非常重要的地位，但到了50年代，人们已日益感觉一些管理原理、原则无法在不同条件下照搬照套，于是产生了哈佛学派——以“案例”研究管理问题的思想流派。这一学派对管理学的发展产生了积极的作用，但是，单纯的“案例”研究容易使人犯经验主义错误，不重视环境条件的变化，照搬过去的经验，也同教条主义一样是形而上学的思想方法，同样是有害的。正确的思想方法应是马克思主义的辩证法，按具体矛盾做具体分析。

3）一切从实际出发，理论联系实际

一切从实际出发，离不开我国的国情，从管理的角度来看，我国的经济、文化发展水平和民族文化传统是我们学习管理学的前提，我们自己在管理领域的经验与教训是我们研究管理学的基础。

4）具体学习方法

学好管理学对管理实践有着重要意义。如何学习管理学，怎样学好管理学，是学习者普遍关注的问题。这里介绍几种学习管理学的具体方法，供学习者参考与借鉴。

（1）案例分析法。它是通过对现实中发生的典型管理事例进行整理并展开系统分析，从中把握不同情况下处理管理问题的不同手段，以掌握管理理论、提高管理技能的一种方法。案例分析法中所用的案例都是典型案例，具有生动性、具体性，因而能够调动学习者的学习积极性，引导学习者独立思考，不失为一种好的学习方法。

（2）比较研究法。它是通过对不同管理理论或管理方法异同点的研究，比较其优劣以归纳出具有普遍指导意义的管理规律的方法。比如，对不同社会制度或不同管理体制下的管理理论及方法加以比较研究；对不同历史条件下、不同生产力水平下的管理理论及方法加以比较研究；对不同文化背景下的管理理论及方法加以比较研究等。

（3）历史研究法。它是对前人的管理实践、管理思想和管理理论予以总结概括，从中找出带有规律性的东西，实现古为今用的一种方法。这种研究方法运用的结果最终形成了人类管理思想产生与发展的历史。因此，研究管理思想产生与发展的历史，是一种很好的学习管理学的方法。

（4）定量分析法。它是运用自然科学知识尤其是数学知识，把握管理活动与管理现象内在的数量关系，寻求其数量规律，解决管理问题的一种方法。任何事物都兼有质与量的规定性，管理活动与管理现象也不例外。对管理问题进行定量分析，既是管理实践的客观要求，又是管理走向科学化的必经之路。

随堂测1

应知考核

一、单项选择题

1.管理学是一门软科学，人们对“管理”一词也有不同的理解。这里有两种不甚规范但耐人寻味的解释：一种是“管理就是你不管，下属就不理你”；另一种是“管理就是先理（梳理）然后才能管”。对于这两种解释，你的看法是（　　）。

A.前者代表了典型的集权倾向，后者反映出一种民主气氛

B.两种解释都片面地强调了管理工作中的控制职能，只是思考和表达角度不同而已

C.后一种更科学，因为强调了“理”，但也有不妥，似乎“理”好了，就不需要管了

D.前者可应用于基层管理，后者可应用于高层管理

2.对管理人员来说，一般需要具备多种技能，如概念技能、人际沟通技能、技术技能等。越是处于高层的管理人员，其对概念技能、人际沟通技能、技术技能的需要，就越是按以下顺序排列（　　）。

A.首先是概念技能，其次是技术技能，最后是人际沟通技能

B.首先是技术技能，其次是概念技能，最后是人际沟通技能

C.首先是概念技能，其次是人际沟通技能，最后是技术技能

D.首先是人际沟通技能，其次是技术技能，最后是概念技能

3.卡尔森以前只有宾馆管理经验而无航运业管理经验，但被聘为美国泛美航空公司的总裁后，短短3年时间就使这家企业扭亏为盈。你认为下述四种说法中明显有误的是（　　）。

A.最高管理者不需要专业知识，只要善于学习、勤于思考就够了

B.成功的管理经验具有一定的普遍性，所以可以成功移植

C.成功管理的关键是人，只要搞好人的管理，就可取得成功

D.这仅仅是一种巧合，只说明卡尔森有特别强的环境适应能力

4.在管理决策中，许多管理人员认为只要选取满意的方案即可，而无须刻意追求最优的方案。对于这种观点，你认为以下解释最有说服力的是（　　）。

A.现实中不存在所谓的最优方案，所以选中的都只是满意方案

B.现实管理决策中常常由于时间太紧而来不及寻找最优方案

C.由于管理者对什么是最优方案无法达成共识，只能退而求其次

D.刻意追求最优方案，常常会由于代价太高而最终得不偿失

5.机械加工车间刚刚换了车床，新车床的工作效率比原车床提高20%，车间技术组提出应该提高其工时定额。车工不同意，理由是：对新车床还不熟悉，很难达到额定效率。车间主任和副主任商量出以下四种解决方案，请你选择一项最合理的解决方案（　　）。

A.由全体车工开会讨论，决定新车床的工时定额

B.由车间主任决定是否采取新定额、定额是多少

C.由车间的员工代表开会讨论，决定新车床的工时定额

D.报工厂劳动科，由他们会同设备科，经过严格的测评来确定新车床的工时定额

6.假设你召集下属开会，研究落实领导布置的一项紧急任务，结果其中有位比较啰唆的人大讲特讲与主题无关的教条理论，耽误很长时间。你认为较好的处理方式是（　　）。

A.任其讲下去，让其他与会者群起而攻之

B.不客气地打断其讲话，让他人发言

C.有策略地打断其讲话，指出时间很宝贵

D.允许其畅所欲言，以体现广开言路

7.如果一个领导者的技术技能、人际沟通技能和概念技能的比例为18∶35∶47，则根据卡茨的理论，他应为（　　）领导。

A.低层　　B.中层　　C.高层　　D.无法判断

8.某技术专家原来从事专业工作，业务专精，绩效显著，近来被提拔为所在科室负责人。随着工作性质的转变，他今后应当注意把自己的工作重点调整到（　　）。

A.放弃技术工作，全力以赴，抓好管理和领导工作

B.仍以技术工作为主，以自身为榜样带动下级

C.以抓管理工作为主，同时参与部分技术工作，以加强与下级的沟通

D.在抓好技术工作的同时，做好管理工作

9.管理的职能也就是管理工作所包含的几类基本活动，这些基本活动（　　）。

A.彼此独立，分别由不同部门的人员开展

B.各不相同，分别由不同层次的人员开展

C.在空间和时间上彼此交融，每一个主管人员都要开展这些活动

D.形式不同，但本质相同

10.有人认为"一个繁忙的管理者往往不是一个好的管理者"，对于这种看法，你认为（　　）。

A.这种看法有一定的正确性，因为管理者的工作重点是让下属的积极性得到发挥，而不是自己繁忙

B.这种看法不对，管理者需要承担比下属更大的责任，当然应该繁忙

C.这种看法不对，管理者除了管理下属以外，也要处理千头万绪的事务性工作，当然很繁忙

D.这种看法正确，最高明的管理者就应该是"无为而治"的管理者

二、多项选择题

1.管理的两重性是指管理的（　　）。

A.科学性　　B.艺术性　　C.自然属性　　D.社会属性

2.管理学的研究内容包括（　　）。

A.生产力方面　　B.生产关系方面　　C.上层建筑方面　　D.管理实践

3.管理者的素质主要包括（　　）等方面。

A.品德　　B.知识　　C.实际能力　　D.身体和心理

4.管理学的具体学习方法有（　）。

A.案例分析法　　B.比较研究法　　C.历史研究法　　D.定量分析法

5.管理学的学科性质是具有（　）。

A.普遍性　　B.综合性　　C.时代性　　D.应用性

三、判断题

1.管理就是由一个或若干个人通过行使各种管理职能，使组织中以人为主体的各种要素合理配置，为实现组织目标而开展的活动。（　）

2.管理作为一项任务，就是设计和维持一种体系，使在这一体系中工作的人们有效率地去实现组织既定的目标。（　）

3.管理既是一门科学，又是一门艺术，是科学与艺术的有机结合体。（　）

4.管理之所以必要是由劳动的社会化所决定的。（　）

5.管理的目的是实现预期目标。（　）

四、简答题

1.简述对管理的解释以及管理的性质。

2.简述管理的两重性。

3.简述管理的职能。

4.简述管理者应具备哪些技能和素质。

5.简述管理学的研究对象、内容。

6.管理学的学科性质是什么？

7.学习管理学的方法有哪些？

应会考核

案例分析

【背景资料】

赵昂最近被一家生产机电产品的公司聘为总裁。在他准备接任此职位的前一天晚上，他浮想联翩，回忆起了他在该公司工作20多年的情景。他在大学时学的是工业管理，大学毕业后就到该公司工作，最初担任液压装配部的助理监督。他当时真不知道如何工作，因为他对液压装配所知甚少，在管理工作上也没有实际经验，他几乎每天都手忙脚乱。可是他非常认真好学，他一方面仔细查阅该单位制定的工作手册，并努力学习有关技术知识；另一方面监督长也对他的工作主动点拨，使他渐渐摆脱了困境，胜任了工作。经过半年多的努力工作，他已能胜任液压装配监督长的工作。可是，当时公司没有提拔他为监督长，而是直接提升他为装配部经理，负责包括液压装配在内的四个装配单位的领导工作。

在他当助理监督时，他主要关心的是每日的作业管理，技术性很强。而当他担任装配部经理时，他发现自己不能只关心当天的装配工作情况，还得做出此后数周乃至数月的规划、完成许多报告和参加许多会议，而没有多少时间去从事自己过去喜欢的技术工作。当上装配部经理后不久，他就发现原有的装配工作手册已基本过时，因为公司已安装了许多新的设备，采用了一些新的技术，这使他花了整整一年时间去修订工作手册，使之切合实际。在修订手册的过程中，他发现要让装配工作与整个公司的生产作业协调起来是很有讲究的。

赵昂还主动到几个工厂去拜访，学到了许多新的工作方法，他也把这些吸收到修订的工作手册中去。由于该公司的生产工艺频繁发生变化，工作手册也不得不经常修订，赵昂对此却完成得很出色。工作了几年后，他不但自己掌握了这些工作的要领，还学会了如何把这些工作交给助手去做，并教他们做好，这样，他可以腾出更多时间用于规划工作和指导他的下属，以及花更多的时间去参加会议、批阅报告和完成给上级的工作汇报。

当他担任装配部经理6年之后，正好该公司负责规划工作的副总裁跳槽到其他公司，赵昂便主动申请担任此职务。在同另外5名竞争者较量之后，赵昂被正式提升为副总裁。他自信拥有担任新职位的能力，但由于高级职务工作的复杂性，他在刚接任时还是遇到了不少麻烦。例如，他感到很难预测一年之后的产品需求量。可是一个新工厂的开工乃至一个新产品的投入生产，一般都需要在数年前就做准备。而且，在新的岗位上，他还要不断处理市场营销、财务、人事、生产等部门之间的关系，这些工作他过去都不熟悉。他在新岗位上越来越感觉到：越是职位上升，越难以仅仅按标准的工作程序去开展工作。但是，他还是渐渐适应了，做出了成绩，之后又被提升为负责生产工作的副总裁，而这一职位通常是由该公司资历最深、资格最老的副总裁担任的。现在，赵昂又被提升为总裁。他知道一个人当上公司最高主管时，应该自信自己有处理可能出现的任何情况的才能，但他也明白自己尚未达到这样的水平。因此，一想到自己明天就要上任了，今后数月的情况不知会怎样，他不免有些担忧。

【考核要求】

根据背景资料回答下列问题：

（1）什么是管理？管理的基本职能有哪些？

（2）你认为赵昂当上公司总裁后，他的管理责任与过去相比会有哪些变化？

（3）你认为赵昂要胜任公司总裁的工作，哪些管理技能是最重要的？你觉得他具有这些技能吗？试加以分析。

（4）如果你是赵昂，你认为当上公司总裁后自己应该补上哪些欠缺，才能使公司取得更好的绩效？

项目实训

【实训项目】

调研访问。

【实训目标】

使学生结合实际，加深对管理活动的感性认识与理解。

【实训内容】

学生自愿组成小组，每组5～8人，利用课余时间到一家中小企业进行调研访问。在调研访问之前，每组需根据所学知识经过讨论制定调研访问提纲，包括调研的主要问题与具体安排。调研内容包括以下两项：

1.重点访问一位企业管理者，了解其职位、工作职责以及该职位需要的技能等。

2.调查该企业的管理环境（主要是外部环境）。

【实训要求】

1.每人要写出调研报告，调研报告中应描述和分析上述两项内容。

2.调研后安排一次讨论，以小组为单位，每组派一名代表发言。

3.教师根据学生的调研报告与发言讨论的表现给出评价并打分，纳入学生的实训课考核中。

项目二　管理思想

知识目标

理解：中国管理思想的要点、西方管理理论的内容。

熟知：现代管理思想的发展和未来发展趋势。

掌握：西方古典管理理论的内容。

技能目标

学生能够把握各种管理理论和方法产生的原因和背景，从而更加理性而自觉地指导管理实践。

素质目标

通过本项目的学习，能够引导学生对本项目所提及的某些或某个典型人物产生认同，并由此产生想更多地了解其奋斗历程的愿望。

知识精讲

任务一　中国管理思想

5 000年的中国历史记载着中国文化，也承载着丰富的华夏民族的管理活动。中国历代都有着许多至今看来仍不失其价值的管理实践，且这些长期的管理实践产生了丰富的管理思想。中国是一个文化历史悠久的国家，这不仅表现在时间的跨度长，还表现在内涵的丰富多彩。从目前我们能够看到的历史遗留物品和典籍记载中，可以强烈地感受到这种文化内涵的震撼力。其中，管理活动及长期的管理实践所产生的管理思想尤为精彩。

一、中国古代管理思想

我们知道，管理活动是伴随着人类历史产生、发展而来的。任何一种管理思想都是根植于一定的社会文化土壤之中，而一定的社会文化又都割不断与历史的联系，并且总是在继承中发展，又在发展中继承。众所周知，中国是世界上历史最为悠久的文明古国之一，有着丰富的文化遗产。中国传统的管理思想精华，对历代社会经济发展都起到了促进作用，值得现代企业的经营管理者借鉴。因此，我们在研究现代管理思想时，对中国传统管理思想的研究尤为必要。但由于我国古代名著典籍浩如烟海，先哲先贤群星闪烁，我们只能取其部分精华，以期达到一斑窥豹之效。

（一）《孙子兵法》的管理思想

《孙子兵法》是世界上最早的一部完整、系统的古典军事理论著作，被誉为兵学圣典，由春秋末期孙子所著。很多西方管理者都将其视为企业商战、管理商战的法宝。

1.系统分析的管理思想

在《孙子兵法》的开局篇“计篇”中，他提出“兵者，国之大事”，因此未战之前，必须妙算决定胜负的“五事七计”，即经五事校七计。

经五事是指了解和分析以下五件事。

（1）道义。孙子认为“道者，令民与上同意也，故可以与之死，可以与之生，而不畏危”，强调了伐兵有道的重要性。企业经营管理之道，可以认为是企业的经营理念，企业的精神，企业对员工、对社区、对环境、对消费者、对社会承担的责任等。

（2）天时。天时是指“阴阳、寒暑、时制”等气候条件。由于服装产品的时令性较强，对服装企业而言，生产计划、营销计划很容易受到天时的影响，气象信息资源将是服装企业营销成败的一个关键因素。

（3）地利。地利是指“远近、险易、广狭、死生”等地理条件。对于企业而言，地利涉及厂址及市场区域的选择等，因地制宜是企业成功经营的关键。许多跨国集团为了发挥地利优势，往往采取本地化的经营策略。

（4）将才。孙子提出了将才的五个条件：一是要有运筹帷幄的智谋；二是要言而有信，赏罚分明；三是要爱护士卒；四是要勇敢果断，沉着应战；五是要纪律严明，铁面无私。即所谓的“智、信、仁、勇、严”，这五个条件也可以作为企业管理将才的基本标准。

（5）法治。孙子认为“法者，曲制、官道、主用也”，其中，法是指军队的编制、将帅的职责、物资供应管理制度等。在我国企业转轨建制的改革中，推崇的就是对企业的科学管理，其核心思想是以法治企。

校七计是指从以下七个方面与敌方进行实力的比较分析，“主孰有道，将孰有能，天地孰得，法令孰行，兵众孰强，士卒孰练，赏罚孰明”。现代企业在市场竞争中，也要经常性地与竞争对手进行实力的比较与分析，以便利用自己的优势，采取避实就虚的竞争策略。

经五事校七计体现了系统分析与经营谋划的管理思想，是《孙子兵法》的思想精髓。

2.量力而行的管理思想

在《孙子兵法》的“作战篇”中，他指出任何一场战争，都需要对作战所需要的各种资源进行预算，只有战争所需要的资源准备充分之后，方可开战；此外，还要善于“取敌之利”，达到“胜敌而益强”的目的。

3.信息管理的思想

在《孙子兵法》的“谋攻篇”中，他提出了“不战而屈人之兵”的用兵法则，要做到这一点，就必须善于用计谋战胜敌人，而成功的谋略要建立在全面了解自己与敌方实力的基础上，因此孙子提出了“知己知彼，百战不殆”的科学论断，强调信息的管理与利用在战争中的重要性。在现代企业管理中，信息作为企业经营的一个要素，其重要性及地位不断提高，且随着知识经济时代的到来，信息资源管理将成为企业经营管理的核心工作之一。

4.“择人而任势”的用人思想

在《孙子兵法》的“势篇”中，他提出了“择人而任势”的用人思想，意思是说，人才选拔与人才因势而用相辅相成，不可偏废；在“行军篇”中，他提出了“令之以文，齐之以武”的带兵之道，意思是说，对士兵要用道义进行教育，用法纪统一步调，恩威并济，这样才能让士兵心悦诚服，听从指挥；在“九地篇”中，他提出了“投之亡地然后存，陷之死地然后生”的危机管理思想，意思是说，只有让士兵产生危机感之后，才能提高士兵的士气，从而提高士兵的战斗力。这些思想对现代企业的人事管理具有重要的指导价值。

（二）儒家的管理思想

儒家思想是在春秋时期的“百家争鸣”中形成的，之后发展成为我国封建统治者管理国家和社会的基本指导思想，其代表人物有孔子、孟子和荀子。

1.孔子及其管理思想

孔子是先秦儒家学派的创始人，是我国历史上著名的思想家与教育家，其言论与行事被其门人整理为《论语》，古有“半部《论语》治天下”之说。

孔子的核心思想是礼治。他主张“为国以礼”，礼就是通常所说的社会行为规范与道德规范，意思是说，要治理好国家，首先要教诲人们学会相互谦让、用中庸的态度处理问题、和睦相处、重视情谊、讲究仁义。只有“道之以德，齐之以礼”，才能达到“有耻且格”的效果，如果“道之以政，齐之以利”，则只能达到“民免而无耻”的效果。

孔子已经具有运用教育手段进行管理的思想，这种管理思想现已被许多大型企业集团应用于人力资源管理与人力资源开发。

2.孟子及其管理思想

孟子是儒家学派的得力传人，其思想体系主要源于孔子，并以《孟子》一书留世。孟子的核心思想是布施仁政观，从道不从君，并创立了“性善说”。他认为“人皆有不忍人之心”，意思是说，人天生就有恻隐之心、羞恶之心、辞让之心、是非之心，即所谓的“仁、义、礼、智”，因此治理国家时，君主首先要布施仁政，推行富民政策，感化民众；其次要加强对民众的教化，挖掘人们善良的本性，形成“老吾老以及人之老，幼吾幼以及人之幼”的社会风气，即可达到“天下可运于掌”的结果。

孟子已经使用了人性的观念来探索治理国家的方法，这种管理思想与现代行为管理学派的理论不谋而合，但其出现的时间却比后者要早得多。

3.荀子及其管理思想

荀子是战国后期的儒家大师，他尊奉孔子，但批评孟子，并创立了与孟子相对立的“性恶说”，著有《荀子》。

他认为人的天性是恶的，每个人在生理上、生活上都有无限的欲求，这是人的本能，世事纷争是人的本能自由放任的结果。因此，他认为要治理好国家，就必须用后天圣人或贤人所创造的善道来改造人先天的恶性，形成尚贤从道的社会风气，同时要采取爱民富民的政策。

荀子的思想体系中有较重的“人治”成分，但他提出的用社会榜样来塑造人性的方法，已经成为许多企业进行员工思想教育的一种行之有效的方法。

（三）道家的管理思想

道家学派由春秋时期的老子所创，其思想涉及管理原则、管理方法、管理策略及管理者修养等方面，其中“无为而治”是其思想体系的核心，无为是指顺应自然规律。

他认为“天下万物生有，有生于无”，意思是说，宇宙万物虽然千姿百态，但都是由其自身发展演变的客观规律决定的，老子称这种规律为“道”，并认为道是万物之理，是万物之精华。由于道是无形的，与万物的有形而言，道体是虚无的，因此老子用“无”形容“道”不可言其状。他认为“有无相生”，但以“无为”为主，因此提出“道常无为而无不为，侯王若能守之，万物将自化”。

老子所宣扬的“无为而治”的思想，蕴涵了辨证的管理思想。从管理的角度看，就是要求企业管理人员在研究分析企业经营管理问题时，要善于由表及里，找到产生问题的根源及解决问题的规律。

（四）法家的管理思想

法家学派由春秋时期的子产所创，其核心思想是“法治”，后经韩非子进一步发展，成为秦统一六国的思想理论基础。

韩非子主张“为治者，不务德而务法”，意思是说，要治理好国家，必须重视制度而不是人情，强调尊奉法治的重要性，提出运用“法（是指政策、法令）、术（是指人事任免、考核、奖罚）、势（是指权力）”理论来治理国家的思想。为了实施法治，韩非子鼓吹君主高度集权的中央集权制度，君主权力至高无上，推行“明法”，将法令制度“著之于版图，布之于百姓”，实行“一法”，要“刑过不避大臣，赏善不遗匹夫”。

法家的这些管理思想在现代企业管理中仍然有着十分重要的意义。

二、中国现代管理思想

中国现代管理思想形成和发展的历史背景非常复杂。其形成在一定程度上既受中国古代管理思想的影响，又有其现代的特性。在中国近现代历史上，先后经历了洋务运动、辛亥革命、抗日战争、有计划的社会主义经济建设和社会主义经济体制改革等重要的历史事件和历史时期，在不同的社会经济发展条件下，形成了特定的管理思想。

近年来，中国实行的经济体制改革，很大程度上促进了现代管理思想的发展，而对外开放政策的实施，又为学习和借鉴国外的先进管理经验提供了机会。因此，在最近十余年中，中国现代管理思想发生了极为深刻的变化。从城市到农村、从学校到工厂……一切营利和非营利组织的管理都发生了前所未有的变化，几乎每一个中国人都能觉察到，并且都在适应着各方面管理的变化。各方面管理方式方法的变化，实质上是管理思想的变化。从众多变化的现象可以看出，中国现代管理思想主要有以下几方面的特征。

（1）经营和管理战略开始由封闭型转为开放型。长期高度集中的计划管理体制，使得企业成为政府的生产车间，只关心生产，重视生产任务指标，市场观念十分淡薄。国家从计划经济体制向社会主义市场经济体制转变的过程中，企业开始面对市场，打破封闭型管理，在经营活动中，注重市场研究，不断提高产品质量，加强市场营销管理，拓展市场空间，从而增强企业的活力。在现代企业管理中，市场、竞争和效益观念逐步增强。开放型的经营和管理战略成为社会主义市场经济建设所必需的战略。

（2）开始建立高效的管理机制。在平均主义管理思想指导下，不仅员工的工作效率低，积极性与创造性也不高，企业发展缺乏后劲。在新形势下，企业在转变经营机制的过程中，逐步建立有效的运行、激励和约束机制，以提高企业效益、调动职工积极性为目的，不断摸索新的、高效的管理机制。

（3）采用因地制宜的管理策略。现代企业在经营管理中，更加重视资金、技术等企业内部条件和外部资源环境问题的研究，针对企业自身的特性和发展目标，因企制宜、合理地配置有限的资源，使其发挥出最大的功效。从自身企业管理的实际出发，提高企业决策的科学性与时效性，不盲目照搬他人成功的管理模式。

（4）重视人的管理思想。现代管理思想中以人为本、重视人力资源的开发和利用已被众多的企业管理者实践在管理活动之中。管理者已从重视物的管理转向重视人力资源的开发，研究人的因素，加强人事、劳动和分配制度的改革，真正发挥人力资源的作用，以求在现代竞争中获得竞争优势。

（5）创新性的管理思维。管理方式和手段的变革，会给企业带来发展和变化。随着科学技术成果在管理领域的不断应用、先进管理经验的学习以及在管理实践中不断总结和摸索的有效管理方法的采用，极大地促进了企业管理的发展，企业管理也逐步从经验型向科学决策型转变。企业家阶层的逐步形成和专业化管理的实施，对未来发展至关重要。在企业如何可持续发展、保持活力方面，创新性的管理思维尤为重要。

任务二　西方管理思想

一、西方早期管理理论

西方早期管理理论萌芽于18世纪下半叶，从18世纪60年代产业革命开始到19世纪末，历经100多年。这一时期典型的代表人物如下。

（一）亚当·斯密

1.人物简介及代表作

亚当·斯密（Adam Smith，1723—1790）是一位对西方管理理论做出重要贡献的英国资产阶级古典经济学家，1776年发表了代表作《国富论》。该著作不但对经济和政治理论的发展有着突出的贡献，而且对管理思想的发展也有着重要的贡献。斯密在《国富论》中以制针业为例说明了劳动分工给制造业带来的变化，“如果一个工人没有受过专门的训练，恐怕工作一天也难以制造出一枚针来；但如果将制针程序分为若干项目，每个工人只分工负责其中的一项，这样平均一个工人每天可以生产48 000枚针，生产效率提高的幅度是相当惊人的。”

2.主要观点

斯密认为：劳动是创造财富的源泉，劳动生产力的改良和增进是国民财富增长的基本原因。这一观点，已经成为西方管理理论的一个重要论点。斯密特别强调了分工的作用并分析了劳动分工的经济效益，提出了“生产合理化”的概念。他的这些观点为西方管理理论提出了一条极其重要的原理。

同时，斯密还提出了“经济人”观点，后来成为整个资本主义管理的理论基础。所谓“经济人”观点，是斯密的一个根本论点。主要讲经济现象是具有利己主义的人们的活动所产生的，即人们在经济活动中追求个人利益，社会上每个人的利益总是受到他人利益的制约，每个人都需要兼顾他人的利益，由此而产生共同利益，进而形成总的社会利益，所以社会利益正是以个人利益为立足点的。此观点是资本主义生产关系的反映，这对西方管理理论的发展和在实践中的应用，都具有重要的影响。

【案例赏析 2-1】

亚当·斯密对制针行业的研究

马克思在《资本论》中曾提到："据亚当·斯密说，在他那个时候，10个男人分工合作每天能制针4 800多枚。"亚当·斯密对制针中的劳动分工及其经济效果作过如下描述：

"一个劳动者，如果对这种职业（针的制造由于分工而成为一种专门职业）没有受过相当训练，又不知怎样使用这种职业上的机械（使这样机械有发明的可能，恐怕也是分工的结果），那么纵使竭力工作，也许一天也制造不出一枚针，要做出20枚，当然是绝对不可能的。"

但按照现在的经营方法，不但这种作业全部已经成为专门职业，而且这种职业分成若干部门，其中有大多数也成为专门工作。

一个人扣铁丝，一个人拉直，一个人切截，一个人削尖铁丝的一端，一个人磨另一端，以便装上圆头。做圆头需要有种不同的操作，装圆头，涂白色，乃至包装，都是专门的工作。这样下来，针的制造一共分为18种操作。有些工厂，这18种操作分别由18个专人负责。当然，有时一个人也兼任两三种操作。我见过一个小工厂，只雇用10个工人，因此在这个工厂中，必然有几个工人同时担任两三种操作。像这样一个小工厂的工人，虽然很贫困，必要的机械设备也很简陋，但是他们如果勤勉努力，一日也能生产12磅成针。有了分工，付出同样的劳动，就能完成比过去多得多的工作量。

资料来源　孙善春，李春长．国富论［M］．北京：中国华侨出版社，2011．

案例精析 2-1

请问：这个案例反映了亚当·斯密什么样的管理思想？

（二）罗伯特·欧文

1.人物简介及代表作

罗伯特·欧文（Robert Owen，1771—1858）是英国的空想社会主义者，其著作有《有关新拉纳克机构的陈述》（1812）、《新社会观》（1813—1814）、《关于制造制度的效果的观察》（1815）、《对新拉纳克的演说》（1816）、关于《使国家摆脱目前所处困境的方案》的三篇演说（1817）、《对拉纳克郡的报告》（1821）等。

2.主要观点

欧文最早注意到人的因素对提高劳动生产率的重要性，反对将人视为机器，强调人和机器的根本区别在于人是有需要的有机体，因此要区别"有生机器"和"无生机器"。欧文的管理思想，集中体现在其对苏格兰新拉纳克工厂的改良措施中：①改善工厂的工作条件，使生产设备布局合理化，缩短劳动时间；②提高雇用童工的最低年龄限制；③提高工资，在厂内免费为工人提供膳食，开设工厂商店，设立幼儿园和模范学校，创办互助储金会和医院，发放抚恤金；④与工人接触，了解工人的生产、生活情况。欧文的改革设想，尽管在当时看来很不现实，但他最早注意到管理中人的因素，开始重视人的因素在工业中所起的重要作用，是人事管理的先驱者。他的理论和实践对以后的管理特别是人事管理具有相当大的影响。

(三) 查尔斯·巴贝奇

1.人物简介及代表作

在产业革命后期，英国人查尔斯·巴贝奇（Charles Babbage，1792—1871）是对管理思想贡献最大的人物。巴贝奇也是数学家、科学家和作家。他于1832年出版了《论机器和制造业的经济》，论述了专业分工、工作方法、机器与工具的使用和成本记录等，是管理学领域一本重要的文献。他在进行管理研究时曾走遍英国及其他欧洲国家，了解有关制造业方面的各种问题，并研究了经理人员解决这类问题的办法。巴贝奇以亲身经历，奉劝当时的经理人员尽量采用劳动分工。通过时间研究和成本分析，他进一步分析了劳动分工使生产率提高的原因，其解释比亚当·斯密更全面、更细致。

2.主要观点

巴贝奇进一步发展了亚当·斯密关于劳动分工的利益的思想，指出脑力劳动同体力劳动一样，也可以进行劳动分工的道理，提出了要提高效率必须细致研究工作方法和以专业技能作为工资与奖金基础的原理。巴贝奇还重视人的作用，鼓励工人提建议，主张实行有益的建议制度，重视运用管理技术等。由此可知，巴贝奇早在泰勒发表《科学管理原理》前80多年，就已经将科学方法应用于管理，并加以理论化。

在这一阶段，西方管理思想尚未形成系统的理论，主要特点在于管理主要凭个人经验，靠饥饿政策迫使工人工作。但是，在管理思想、生产管理、工资奖励、成本核算、人事管理、领导方式、组织结构等方面，特别是在劳动组织问题上，对于西方管理理论的发展有着重要的影响。

二、古典管理理论

管理的实践同人类的历史一样悠久，但系统的管理理论的形成，在西方却是在19世纪末20世纪初。当时，科学技术和社会经济都出现了巨大变化，对企业管理提出了新的要求，也为创新的管理理论提供了有利的条件。伴随着第二次工业革命，石油、电力等新能源和化学等新技术在工业上的广泛应用，资本主义经济的迅速发展，推动了资本的积累和集中，逐步出现了各种垄断组织。资本主义由自由竞争时期进入了垄断时期。但是，此时的管理还相当落后，并且一般是建立在经验和主观臆断的基础上，缺乏科学的依据。因此，当时科学技术的成就和生产力发展的可能，远没有被充分利用。为了进一步发展生产，必须在管理方面有一个较大的突破，而以往管理经验的积累、管理思想的种种萌芽，也为创建新的管理方法和管理理论提供了有利条件。管理理论正是在这种情况下，在管理实践的基础上建立起来的。19世纪末20世纪初创建的管理理论，被人们称为“古典管理理论”，主要由泰勒的科学管理理论、法约尔的一般管理理论和韦伯的行政组织体系理论构成。

古典管理理论奠定了现代管理学的理论基础，也是现代管理学的一个重要组成部分，为探讨管理的性质与范畴提供了某些重要的见解。

(一) 泰勒的科学管理理论

1.弗雷德里克·W.泰勒及其代表作

科学管理的创始人是美国的弗雷德里克·W.泰勒（Frederick W.Taylor，1856—1915）。泰勒于1856年出生在美国费城的一个富裕家庭里，19岁时因故停学进入一家小机械厂当徒工。22岁进入费城米德维尔厂当机工并在夜校学习，获得工程学位后被提升为总工程师。1898年进入伯利恒钢铁公司继续从事管理方面的研究。1901年以后，他用大部分时间从事写作、讲演，宣传他的那套企业管理理论，即“科学管理——泰勒制”。

反映泰勒“科学管理”思想理论的主要著作有《计件工资制度》(1895)、《车间管理》(1903) 及《科学管理原理》(1911)。其代表作是《科学管理原理》，泰勒在该书中提出的理论奠定了科学管理的理论基础，标志着科学管理思想的正式形成，泰勒也因此被西方管理学界尊称为“科学管理之父”。

2.泰勒科学管理的主要内容

泰勒及其合作者、追随者所奠基的“科学管理”理论有三个基本出发点：一是谋求最高工作效率；二是用科学管理代替旧的、传统的管理以提高工作效率；三是要求管理人员和工人双方实行重大的精神变革。泰勒科学管理的内容概括起来主要有以下五个方面。

(1) 工作定额。泰勒认为，科学管理的中心问题是提高劳动生产率。为了发掘工人们劳动生产率的潜力，他采用时间研究（即研究工人在工作期间各种活动的时间构成）和动作研究（即研究工人干活时动作的合理性）的方法，制定出所谓标准的作业方法，并按照标准的作业方法和合理的组织与安排，确定工人一天必须完成的标准工作量。他将传统的知识和技艺归纳成规则、规律和公式，建立起一种科学的方法，以代替过去单凭工人经验进行作业的方法。

(2) 能力与工作相适应。泰勒认为，为了提高劳动生产率，必须为工作挑选第一流的工人。第一流的工人包括两个方面：一方面是该工人的能力最适合做这种工作；另一方面是该工人必须愿意做这种工作。因为人的天赋与才能不同，所适于每个人的工作也就不同，身强力壮的人干体力活可能是第一流的，而心灵手巧的人干精细活可能是第一流的，所以要根据人的能力和天赋将他们分配到相应的工作岗位，而且要对他们进行培训，教会他们科学的工作方法，激发他们的劳动热情。

(3) 标准化。它是指工人在工作时要采用标准的操作方法，而且工人所使用的工具、机器、材料等都应该标准化，以利于提高劳动生产率。

泰勒在这方面也做过一项实验。当时伯利恒钢铁公司的铲运工人每天上班时都拿着自己家的铲子，这些铲子大小各异，参差不齐。泰勒观察一段时间之后发现，这样做非常不合理，每天所铲运的物料是不一样的，有铁矿石、煤粉、焦炭等，在体积相同时，每铲重量相差很大。那么，铲上的载荷究竟多大才能使生产效率最高呢？泰勒选了几个第一流的工人，付给他们较高的报酬，让他们努力工作，几星期改变一次铲上的载荷。最后泰勒发现，对于第一流的铲运工人来说，铲上的载荷大约在21磅时生产效率最高。根据这项实验所得到的结论，泰勒依据不同的物料设计了不同的铲子，每铲的载荷都在21磅左右。以后工人上班时都不自带铲子，而是根据物料情况从公司领取特制的标准铲子，这种做法大大提高了生产效率。这也是工具标准化的一个典型例子。

(4) 差别计件付酬制。泰勒认为，原有的付酬制度不合理，并提出了自己全新的看法。他认为，要在科学地制定劳动定额的前提下，采用差别计件工资制来鼓励工人完成或超额完成定额。如果工人可超额完成定额，则按比正常单价高出25%计酬，不仅超额部分，而且定额内的部分计酬也按此单价计酬。如果工人完不成定额，则按比正常单价低20%计酬。泰勒指出，这种付酬制度会大大提高工人的劳动积极性，雇主的支出虽然有所增加，但由于利润提高的幅度大于工资提高的幅度，因此对雇主来说，也是有利的。

（5）计划和执行相分离。泰勒认为，应该用科学的工作方法取代经验工作方法。经验工作方法的特点是工人使用何种工具、采用何种操作方法都根据自己的经验来定，因此工作效率的高低取决于他们的操作方法与使用的工具是否合理，以及个人的熟练程度与努力程度。科学的工作方法就是在实验和研究的基础上确定标准的操作方法和采用标准的工具、设备。泰勒认为，工人仅凭经验很难找到科学的工作方法，而且他们也没有时间研究这方面的问题，因此应该将计划同执行分离开，计划由管理当局负责，执行由工长和工人负责，这样才有助于采用科学的工作方法。

泰勒认为科学管理的关键是工人和雇主都必须进行一场精神革命，要相互协作，努力提高生产效率。雇主关心的是降低成本，工人关心的是提高工资，关键是要使双方认识到提高劳动生产率对双方都是有利的。泰勒对此有这样的论述：劳资双方在科学管理中所发生的精神革命是，双方都不把盈余的分配看成头等大事，而把注意力转移到增加盈余的量上来，直到盈余大到这样的程度，以致不必为如何分配而进行争吵。他们共同努力所创造的盈余，足够给工人增加大量的工资，并同样给雇主增加大量的利润。这就是泰勒所说的精神革命。

3.对科学管理理论的评价

（1）泰勒科学管理的贡献。泰勒科学管理的最大贡献在于其所提倡的在管理中运用科学方法和其本人的科学实践精神。泰勒科学管理的精髓是用精确的调查研究和科学知识来代替个人的判断、意见和经验。他认为，管理部门和劳动者双方都必须承认，一切关于在组织中所进行的工作方面，用精确的调查研究和科学知识来代替个人的判断或意见（不论是工人还是上司）是必不可少的。由此可见，泰勒所强调的是一种与传统经验方法相区别的科学方法。

泰勒和他的同事创造和发展了一系列有助于提高生产效率的技术和方法，如时间与动作研究技术、差别计件工资制等。这些技术和方法不仅是过去，而且也是现在合理组织生产的基础。

（2）泰勒科学管理的弊端。泰勒对工人的看法是错误的。他把人看成为“经济人”，认为工人的主要动机是经济的，工人最关心的是提高自己的金钱收入；他还认为工人只有单独劳动才能好好干，集体的鼓励通常是无效的。

泰勒的科学管理只重视技术的因素，不重视人群社会的因素。他所主张的专业分工、管理与执行分离、作业科学化和严格的监督等，加剧了体力劳动与脑力劳动的分离，加剧了劳资之间、管理人员和工人之间的矛盾。

泰勒制仅解决了个别具体工作的作业效率问题，而没有解决企业作为一个整体该如何经营和管理的问题。

（二）法约尔的一般管理理论

1.亨利·法约尔及其代表作

以泰勒为代表的一些人在美国倡导科学管理时，欧洲也出现了一些古典管理理论及其代表人物，其中影响最大的要属法约尔及其一般管理理论。

亨利·法约尔（1841—1925），法国人，1860年从矿业学校毕业，1866年开始一直担任高级管理职务。他一生中著作很多，其内容包括采矿、地质、教育和管理等。特别是他在管理领域的贡献，使他受到后人的瞩目。由于法约尔和泰勒的经历不同，他一直从事领导工作，因此研究管理的着眼点与泰勒也不同，他是把企业作为一个整体来加以研究的。因此，可以说法约尔是现代管理理论的实际创始人，被誉为“现代经营管理理论之父”。法约尔的代表作是《工业管理与一般管理》。

2.法约尔一般管理理论的主要内容

（1）企业活动类别和人员能力结构。法约尔发现，无论一个企业是大是小、是简单还是复杂，其活动都可以划分为六类：①技术活动——生产、制造；②商业活动——采购、销售和交换；③财务活动——资金的筹集、控制和运用；④会计活动——盘点、会计、成本及统计；⑤安全活动——财产及人身的保护；⑥管理活动——计划、组织、指挥及协调。

法约尔指出，这些活动都存在于各种规模的企业里。通过对以上六类活动进行分析，可以发现对基层工人的主要要求是具有技术能力。随着组织层次中职位的提高，人员的技术能力相对重要性降低，而管理能力要求逐步提高；并且随着企业规模的扩大，管理能力显得更加重要，而技术能力的重要性随之降低。因此，法约尔更为重视一般性的管理工作和管理职能，即计划、组织、指挥、协调与控制。

（2）管理的一般原则。法约尔认为，管理原则是灵活的，不是绝对的；而且无论条件如何变化和特殊，它们都是适用的。在《工业管理与一般管理》一书中，法约尔提出了一般管理的14条原则。

第一，劳动分工。法约尔认为，分工不仅是技术性作业的分工，而且也包括管理工作的分工。现代企业生产流水线及组织结构正是这一原则的运用。

第二，职权与职责。法约尔认为，职权与职责是俱生俱灭的，职权可令其下属服从，职责则是对职权运用好坏的奖励或处罚。法约尔还指出，职权越大，其职责就越难以界定和控制，为了避免滥用职权及克服领导的人性弱点，必须提高高层管理人员的素质，尤其是道德素质。现代企业所推行的责权利相结合的制度就体现了这一原则。

此外，法约尔最先提出了法定职权和个人职权的概念，前者源于正式组织，依职位而定，后者则源于个人的智慧、能力、个性、品德等，为非正式的职权。优秀的管理人员，要善于运用后者补充前者，确立自己的管理权威。

第三，纪律。法约尔认为，纪律是统一企业行为的规章制度，为使企业的经营活动有序进行并保证企业顺利发展，完善的纪律制度是绝对必要的；同时他还指出，任何一项纪律都必须建立在企业与员工之间的服从与尊重的基础上，不能作为威胁员工工作的手段，每项制度都要严格执行，但领导首先要做出表率。

第四，统一指挥。每个员工都应该有且只能有一个上司，多头领导会导致责任不清、低士气、低效率。

第五，统一管理。法约尔认为，同一目标下的各项活动，应由一个管理者来计划和领导，只有这样才能使资源统一使用，使员工行为及目标统一，保证组织活动的一致性和连续性。

第六，个人利益服从组织利益。任何企业都不能将员工的利益放在整个组织利益的前面，但在制定企业的目标时，应充分考虑员工个人的目标，使员工个人的目标与企业的目标保持一致。当企业经营过程中遇到严重问题和困难时，员工是否能坚持这一原则对企业的前途具有重要的影响。

第七，报酬。法约尔认为，合理的工资制度应具备三个特点：一是公平；二是对绩效优良者奖励；三是奖励应有一定的限度。同时他还指出，良好的工资制度并不能取代管理的作用。

第八，集权化制度。企业权力分配有集权与分权两种形式，集权程度取决于上级允许下级参与决策的程度。法约尔认为，企业应根据管理人员和员工的素质及个人工作态度采取适当的集权模式，集权与分权并无好坏之分，而是要依其所处的环境确定最佳的集中度。

第九，组织等级。法约尔承认组织等级沟通是企业信息有序传递的保证，但为了防止组织系统指挥失灵，他又提出了另一种有效的沟通原则——斜向沟通，即跳板原则，也就是说，允许两个员工不按组织程序层层上转，而是直接联系办理，并将行动的结果报告给自己的上级。在生产管理实践中，跳板原则的运用是比较普遍的，但是有时会导致人为的矛盾或紧张。为了避免这种情况发生，在运用跳板原则进行沟通时，要遵循两个条件：一是上级主管许可；二是事后要及时将沟通结果报告给主管。

第十，秩序。法约尔认为，企业的人、财、物均有其位，且要各在其位，不能越位，只有这样才能建立有序的工作环境，避免相互扯皮。

第十一，公正。要求管理者对待下属和善、公平，不要因人而异。

第十二，员工稳定。法约尔认为，每个人的职位要相对稳定，并鼓励员工为企业长期服务，员工流失率过高不利于组织的稳定与有效运作。

第十三，首创精神。法约尔认为，管理人员应鼓励下属在尊重上级与遵守纪律的前提下，充分发挥工作主动性，不要怕出错，同时他还指出管理人员对出错员工要正确对待。通过培养员工的创新与进取精神，使企业与员工同时进步与发展。

第十四，团队精神。要求管理人员在工作中，创立企业员工之间的和谐关系，促进集体主义精神。法约尔建议领导对下属尽可能用口头交流代替书面指导，以减少领导和下属之间的距离，培养员工的团队精神。在对员工管理的过程中，切忌分而治之，影响员工之间的团结与协作。

（3）管理工作的五大要素。法约尔将管理要素看成是管理的各种职能——计划、组织、指挥、协调和控制，并对这五大管理要素进行了详细分析和讨论。法约尔认为，计划就是探索未来和制订行动方案；组织就是建立企业的物质和社会的双重结构；指挥就是使其人员发挥作用；协调就是连接、联合、调动所有的活动和力量；控制就是注意是否一切都按已制定的规章和下达的命令进行。他还认为，管理的这五大要素并不是企业经理或领导人个人的责任，而是一种分配于领导人与整个组织成员之间的职能。此外，法约尔还特别强调，不要将“管理”同“领导”相混淆，“领导”是寻求从企业拥有的所有资源中获得尽可能大的利润，引导企业达到目标，保证五大类工作顺利进行的高层次工作。

3.对法约尔一般管理理论的评价

（1）法约尔一般管理理论的贡献。法约尔的管理思想同泰勒的管理思想都是古典管理思想的代表，但法约尔管理思想的系统性和理论性更强，其对管理的五大要素的分析为管理科学提供了一套科学的理论构架。后人根据这样的构架，建立了管理学并将其引入了课堂。

法约尔是以大企业最高管理者的身份自上而下地研究管理的，虽然他是以企业为研究对象，但由于他强调管理的一般性，使得他的理论适用于许多领域。

法约尔提出的管理原则，经过多年的研究和实践证明，总的来说仍然是正确的。这些原则过去曾经给实际管理人员以巨大的帮助，现在仍然为许多人所推崇。

（2）法约尔一般管理理论的缺陷。法约尔一般管理理论的主要不足之处是：①管理原则过于僵硬，以至于有时实际管理工作者无法遵守；②忽视对“人性”的研究，仍将人视为“经济人”“机器人”；③过分强调企业内部的管理，忽视外界环境对管理的影响。

（三）韦伯的行政组织体系理论

1.马克斯·韦伯及其代表作

马克斯·韦伯（Max Weber，1864—1920）是德国的知识分子，与泰勒、法约尔是同一时期的人。韦伯通过对教会、政府、军队和企业进行分析，认为等级、职权和行政管理是全部社会组织的基础。他的代表作是《社会和经济组织理论》，他被誉为“组织理论之父”。

2.韦伯行政组织体系理论的主要内容

韦伯认为，任何组织都必须以某种形式的权力作为基础，如果没有某种形式的权力，任何组织都不能达到自己的目标。人类社会存在三种为社会所接受的权力：一是传统权力，通过传统惯例或世袭得来；二是超凡权力，来源于别人的崇拜与追随；三是法定权力，是理性的（法律规定的权力）。

有了适应于行政组织体系的权力基础，韦伯勾画出的理想的官僚组织模式具有系列特征：①组织中的人员应有固定和正式的职责并依法行使职权；②组织的结构是一层层控制的体系；③人与工作的关系；④成员的选用与保障；⑤专业分工与技术训练；⑥成员的工资及升迁。

韦伯认为，凡具有上述六项特征的组织，可使组织表现出高度的理性化，其成员的工作行为也能达到预期效果，组织目标也能顺利达成。韦伯对理想的官僚组织模式的描绘，为行政组织指明了一条制度化的组织准则，这是他在管理思想上的最大贡献。

三、行为科学理论

（一）行为科学的由来

行为科学理论的产生，一方面是工人的觉醒，工人反对资产阶级剥削压迫的斗争日益高涨；另一方面，经济的发展和周期性经济危机的加剧，使西方资产阶级感到再依靠传统的管理理论和方法已不可能有效地控制工人来达到提高劳动生产力的目的了。行为科学是一门研究人类行为规律的科学。

泰勒的“科学管理”理论把人看成“经济人”；而行为科学把人看成“社会人”，即影响工人生产效率的因素除了物质条件外，还有人的工作情绪。

（二）行为科学的早期理论——人群关系论（代表人：梅奥）

梅奥是原籍澳大利亚的美国管理学家，主持了著名的霍桑试验，是早期行为科学——人类关系学说的奠基人。1932年发表了《工业文明的人类问题》，1945年发表了《工业文明的社会问题》。

人群关系论观点如下：①企业的职工是“社会人”而不是“经济人”。②满足工人欲望、提高工人士气是提高生产效率的关键。③企业中实际存在一种“非正式组织”——企业职工在共同工作和共同生产中必然产生相互之间的人群关系，产生共同的感情，自然形成一种行为准则和惯例，要求个人服从。④企业应采用新型的领导方法。人群关系理论是行为科学管理学派的早期思想，它只强调要重视人的行为，而行为科学还要求进一步研究人的行为规律，找出产生不同行为的影响因素，探讨如何控制人的行为以达到预定目标。

（三）行为科学学派的主要理论

1.需求层次理论——马斯洛

1943年，美国人本主义心理学家亚伯拉罕·马斯洛（Abraham Harold Maslow，1908—1970）经过大量的研究，提出了需求层次理论，该理论的主要内容有以下几个方面。

（1）人是有需要的，需要是有层次的。需要有五个层次，由低到高分别是：①生理需要，即人类维持自身生存和发展而产生的需要，这是人最原始和最基本的物质性需要，包括对吃、穿、住、行等方面的需要；②安全需要，包括安全的社会环境、安全的住所、稳定的职业、较好的职业、较好的福利、劳动保护、社会保险等人身、职业安全的需要；③社交需要，又称为归属与爱的需要，是指人们希望归属于一定的群体，成为其中的一员，相互关心、相互支持，并希望通过自己付出情感得到别人的友谊和爱；④尊重需要，包括自我尊重和希望受到他人尊重的需要；⑤自我实现需要，是指人有充分发挥自己的潜在能力，越来越成为自己所期望的人物，完成与自己能力相称的工作的需要，这是在前面四个层次需要获得不同程度的满足之后，产生的最高层次的需要。

由于每个人各种需要的重要程度不同，因此形成了不同的需要层次结构，如图2-1所示。

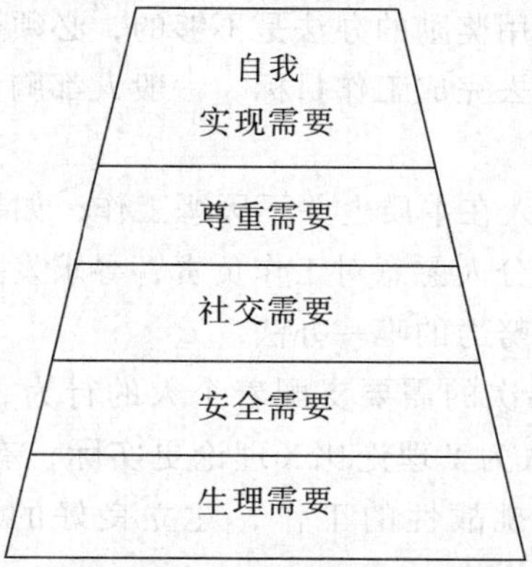

图2-1　马斯洛五个层次需要

（2）五个层次需要从低到高排列，需要的发展逐层递进。当较低层次的需要基本得到满足后，就会产生更高一级的需要。

（3）未满足的需要才具有激励作用。

（4）高层次需要和主导需要具有更重要的激励意义。

将需要作为专门的研究课题，研究其产生、发展的规律，马斯洛是第一人。这一学说成为行为科学重要的理论基础。

2.双因素理论——赫茨伯格

赫茨伯格抛弃了传统的观点：满意—（对立面）—不满意；提出了新观点：满意—（激励因素）—没有满意；不满意—（保健因素）—没有不满意。

调查认为：使职工感到满意的因素都是工作的性质和内容方面的，而使职工不满意的因素都是工作环境或者工作关系方面的。赫茨伯格把前面的因素称为激励因素，后者称为保健因素。

（1）激励因素。这类因素具备时可以起到明显的激励作用；但当这类因素不具备时，也不会造成职工的极大不满。激励因素的内容包括：工作上的成就感、受到重视、提升、工作本身的性质、个人发展的可能性、职责。

（2）保健因素。当这类因素得到改善时，职工的不满就会消除；但是，保健因素对职工起不到激励的积极作用。保健因素的内容包括：企业的政策与行政管理、监督、与上级的关系、与同事的关系、工作安全、个人生活、工作条件等。

结论：激励因素是以工作为中心的，即以对工作本身是否满意，工作中个人是否有成就、是否得到提升为中心的；而保健因素则与工作的外部环境有关，属于保证工作完成的基本条件。马斯洛的需要层次理论和赫茨伯格的双因素理论有很大的相似性，马斯洛的高需要层次即赫茨伯格的激励因素；而为了维持生活所必须满足的低层次需要相当于保健因素。

3.X—Y理论

（1）X理论和Y理论——麦格雷戈。道格拉斯·麦格雷戈（Douglas M.Mc Gregon，1906—1964）是美国著名的行为科学家，他在1957年11月的美国《管理评论》上发表了《企业的人性方面》一文，提出了“X—Y理论”。

X理论的主要观点：一般人都好逸恶劳，尽可能逃避工作。由于人有厌恶工作的特性，因此对大多数人来说，仅用奖励的办法是不够的，必须进行强制、监督、指挥、惩罚甚至威胁，才能使他们努力地去完成工作目标。一般人都胸无大志，通常满足于平平稳稳地完成工作。

Y理论的主要观点：一般人在本质上并不厌恶工作，如果给予适当机会，人们喜欢工作，并渴望发挥其才能，大部分人愿意对工作负责，寻求发挥能力的机会。能力的限制和惩罚不是使人去为组织目标而努力的唯一办法。

结论：X理论假设较低层次的需要支配着个人的行为，Y理论则假设高层次的需要支配着人的行为。麦格雷戈认为Y理论比X理论更实际、有效，因此他建议让员工参加工作决策，为员工提供富有挑战性的工作，建立良好的群体关系，实现组织的既定目标。

（2）超Y理论——乔伊·洛尔斯。超Y理论的主要观点：管理方式要由工作性质、成员素质等来决定。

不同的人对管理方式的要求不同，有人希望有正规化的组织与规章条例来要求自己的工作，而不愿意参与问题的决策并因此承担责任，这种人欢迎以X理论来指导工作；有的人则需要更多的自治责任和发挥个人创造性的机会，这种人欢迎用Y理论来指导工作。

4.Z理论——威廉·大内

Z理论的主要观点：认为企业管理当局与职工的利益是一致的，二者的积极性可融为一体。管理的主要内容如下：①企业对职工的雇用应是长期的而不是短期的；②上下结合制定决策，鼓励职工参与企业的管理工作；③实行个人责任制；④上下级之间的关系要融洽；⑤对职工要进行知识全面的培训，使职工有多方面工作的经验；⑥相对缓慢的评价和稳步提拔；⑦控制机制要较为含蓄而不正规，但检测手段要正规。

【案例赏析 2-2】回到管理学的第一个原则

纽曼公司的利润过去一年来一直在下降，尽管在同一时期，同行们的利润还在不断上升。公司总裁杰克先生非常关注这一问题。为了找出利润下降的原因，他花了几周的时间考察公司的各个方面。接着，他决定召开各部门经理人员会议，把他的调查结果和他得出的结论连同一些可能的解决方案告诉他们。

杰克说："我们的利润一直在下降，我们正在进行的工作大多数看来也是正确的。比方说，推销策略帮助公司保持住了在同行中应有的份额。我们的产品和竞争对手的一样好，我们的价格也不高，公司的推销工作看来是有成效的，我认为还没必要改进什么"。他继续评论道："公司有健全的组织结构、良好的产品研究和发展规划，公司的生产工艺在同行中也占领先地位。可以说，我们的处境良好。然而，我们公司却面临这样严重的问题。"

室内的每一个人都有所期待地倾听着。杰克开始讲到了劳工关系："像你们所知道的那样，几年前，在全国劳工关系局选举中工会没有取得谈判的权利。一个重要的原因是，我们支付的工资一直至少和工会提出的工资率一样高。从那以后，我们继续给员工提高工资。问题在于，没有维持相应的生产率。车间工人一直没有能生产足够的产量，可以把利润维持在原有的水平上。"杰克喝了点水，继续说道："我的意见是要回到第一个原则。近几年来，我们对工人的需求关注得太多，而对生产率的需求却关注得不够。我们公司是为股东创造财富的，不是工人的俱乐部。公司要生存下去，就必须要创造利润。有管理学教授发现，科学管理先驱们为获得更高的生产率，广泛采用了刺激性工资制度。在我看来，我们可以回到管理学的第一原则去，如果我们工人的工资取决于他们的生产率，那么工人的产出就会更多。管理学先辈们的理论在今天一样能够指导我们。"

思考：

1. 你认为杰克的解决方案怎么样？

2. 生产率低的原因还可能有哪些？

3. 你认为科学管理理论在当今的管理实践中应当怎样应用？

案例精析 2-2

任务三　现代管理思想

第二次世界大战以来，随着现代自然科学和技术的日新月异，生产和组织规模的急剧扩大，生产力的迅速发展，生产社会化程度的不断提高，管理理论引起了人们的普遍重视。许多学者和实际工作者在前人的理论与实践经验的基础上，结合自己的专业知识，开始研究现代管理问题。由于研究条件、掌握材料、观察角度以及研究方法等方面的不同，必然会产生不同的看法，形成不同的思路，从而形成了多个管理学派。不同的现代管理理论学派有着不同的理论观点，应当说各有所长，本节主要介绍以下几种现代与当代管理理论和学派。

一、现代管理理论的丛林

（一）管理科学学派

管理科学学派又称数理学派，是泰勒科学管理理论的继承和发展。其代表人物为美国的伯法（E.S.Buffa）等人。伯法的代表作为《现代生产管理》。管理科学学派有如下特点：

（1）力求减少决策的个人艺术成分。依靠建立一套决策程序和数学模型来增加决策的科学性。将众多方案中的各种变数或因素加以数量化，利用数学工具建立数量模型来研究各变数和因素之间的相互关系，寻求一个用数量表示的最优化答案。决策的过程就是建立和运用数学模型的过程。

（2）各种可行的方案均以经济效果作为评价依据。经济效果是管理者评价方案是否可行的重要标准，通常用成本、总收入和投资利润率等指标来评价。

（3）广泛地使用电子计算机。现代企业管理中，影响某一事物的因素错综复杂，建立模型后，计算任务极为繁重，依靠传统的计算方法获得结果往往需要若干年时间，致使计算结果无法用于企业管理。但是，电子计算机的出现大大提高了运算的速度，使数学模型应用于企业和组织成为可能。

管理科学理论重点研究的是操作方法和作业方面的管理问题。现代管理科学学派也有向组织更高层次发展的趋势，但目前完全采用管理科学的定量方法来解决复杂环境下的组织问题还面临着许多实际困难，有待于进一步研究，也有待于其他科学的发展。

有时人们把数理学派、决策学派和系统学派统称为管理科学学派，其特点是借助数学模型和计算机研究管理问题，而且偏于定量的研究。

（二）社会系统学派

社会系统学派最早的代表人物是美国的巴纳德（Barnard），其代表作为《经理的职能》。该学派认为，人的相互关系就是一个社会系统，是人们在意见、力量、愿望以及思想等方面的一种合作关系，管理人员的作用就是要围绕着物质的、生物的和社会的因素去适应总的合作系统。

（三）决策理论学派

决策理论学派是从社会系统学派发展而来的，代表人物是美国卡内基-梅隆大学的教授赫伯特·西蒙（Herbert Simon），其代表作为《管理决策新学科》。凭借在决策理论方面的贡献，西蒙荣获了1978年的诺贝尔经济学奖。

该学派认为管理的关键在于决策，因此管理必须采用一套制定决策的科学方法，要研究科学的决策方法以及合理的决策程序。有人认为西蒙的大部分思想是现代企业经济学和管理科学的基础。

决策理论学派的观点主要有以下几种。

（1）决策是一个复杂的过程。人们常常认为，决策是在一瞬间就能完成的一种活动，是在关键时刻做出的决定。而决策理论学派认为，这种看法过于狭隘，只注意了决策的最后片刻，而忽略了最后时刻之前复杂的了解、调查、分析过程以及在此之后的评价过程。决策的过程在大的方面至少应该分成四个阶段：①提出制定决策的理由；②尽可能找出所有可能的行动方案；③在诸多行动方案中进行抉择，选出最满意的方案；④对该方案进行评价。这四个阶段都含有丰富的内容，并且各个阶段有可能相互交错，因此决策是一个反复的过程。

（2）程序化决策与非程序化决策。西蒙认为，根据决策的性质不同可以将其分为程序化决策和非程序化决策。程序化决策是指反复出现和例行的决策。因为这种决策的问题已出现多次，所以人们自然就会制定出一套程序来专门解决这种问题，如为病假职工核定工资、排出生产作业计划等。非程序化决策是指那种从未出现过的，或者其确切的性质和结构还不是很清楚甚至相当复杂的决策。如某个企业要开发某种市场上急需而本厂又从未生产过的新产品。程序化决策与非程序化决策的划分并不是严格的，因为随着人们认识的深化，许多非程序化决策将转变为程序化决策。此外，解决这两类决策的方法一般也不相同。

（3）满意的行为准则。西蒙认为，由于组织处于不断变动的外界环境影响之下，搜集到决策所需要的全部资料是困难的，而要列举出所有可能的行动方案就更加困难，况且人的知识和能力也是有限的，因此在制定决策时，很难求得最佳方案。在实践中，即使能求出最佳方案，出于经济方面的考虑，人们也往往不去追求它，而是根据令人满意的准则进行决策。具体地说，就是制定出一套令人满意的标准，只要达到或超过了这个标准，就是可行方案。

（4）组织设计的任务就是建立一种制定决策的人-机系统。计算机的广泛应用，对管理工作和组织结构产生了重大影响，使得程序化决策的自动化程度越来越高，许多非程序化决策已逐步进入程序化决策的领域，从而导致企业中决策的重大改革。由于组织本身就是一个由决策者所组成的系统，现代组织又引入了自动化技术，于是就变成了一个由人与计算机共同组成的结合体。组织设计的任务就是要建立这种制定决策的人-机系统。

（四）人际关系学派

人际关系学派是从20世纪60年代的人类行为学派演变来的。该学派的基本出发点是：管理师通过人来完成某些事情的活动，因此研究管理必须着重于人与人之间的关系。该学派以个人心理学作为研究的理论基础，研究具有社会心理性质的个人行为的动机，并指出处理好组织中人与人之间的关系是组织中的管理者必须理解和掌握的一种技巧。

（五）经验主义学派

经验主义学派又称案例学派，其代表人物有德鲁克和戴尔。德鲁克的代表作为《有效的管理者》，戴尔的代表作为《伟大的组织者》。他们认为，有关企业管理的科学应该从企业管理的实际出发，以大企业的管理经验为主要研究对象，以便在一定的情况下将这些经验加以概括和理论化，但在更多的情况下，只是将这些经验传授给企业实际管理工作者，并提出一些实际的建议。也就是说，该学派主张通过分析经验（案例）来研究管理问题。其主要观点如下：

（1）管理有三项基本任务：一是取得经济效果（利润）；二是使工作具有生产性，并使工作人员有成就；三是承担企业对社会的责任。因此，管理者必须了解和掌握一些基本技能，如做出有效决策、在组织内部和外部进行信息联系、学会目标管理等。

（2）提倡实行目标管理。目标管理是管理人员和员工在工作中实行自我控制并达到工作目标的管理机能和管理制度。

（3）对高层管理问题给予高度重视。对高层管理的任务、结构、战略等进行深入研究。

经验主义学派也有其局限性，因为未来肯定不同于过去，过去的具体经验未必能用于解决未来的问题。对过去经验的研究，如果不是从根本上搞清楚事物的起因，那么就可能只是停留在经验、技巧、艺术的层次上，而难以上升为科学的理论，故其可靠性和普遍适用性就值得怀疑了。

（六）系统管理学派

系统管理学派盛行于20世纪60年代前后，由于当时系统科学和理论比较盛行，提倡系统管理的人士众多，因此对管理理论发展影响很大。系统管理学派管理思想的基础是一般系统理论。

系统管理学派对管理的定义是：用系统论的观点对组织或企业进行系统分析、系统管理的过程。系统管理学派认为，任何组织都是一个开放的系统，其与外部环境在不断地相互作用，具有系统输入、输出和反馈的功能。因此，一般系统论是系统管理学派的理论基础。

（七）权变管理学派

权变管理学派诞生于20世纪70年代，主要代表人物有卢桑斯、菲德勒和豪斯。代表作是卢桑斯的《管理导论——一种权变学说》。该学派认为，在企业管理中要根据企业所处的内外条件随机应变，没有什么一成不变、普遍适用的“最好的”管理理论与方法。该学派的基础是“超Y理论”。该理论认为人们怀着不同的需要加入工作组织，他们有不同的需要类型。有的人需要更正规的组织结构和规章制度，而不需要参与决策和承担责任；有的人却需要更多的自治责任和发挥个人创造性的机会。前者欢迎“X理论”的管理方式，后者欢迎“Y理论”的管理方式。因此，不同的人对管理方式的要求是不同的，组织的目标、工作的性质、员工的素质等对组织结构和管理方式都具有很大的影响。

在《管理导论——一种权变学说》一书中，卢桑斯将过去的管理理论划分为四种学说：过程学说、计量学说、行为学说和系统学说，并认为这几种学说都没有将管理与环境妥善地联系起来；同时，这些学说的代表人物都强调他们的学说具有普遍的适用性，在管理中必须重视环境对管理的作用。实际上，在环境与管理之间存在着一种函数关系，可以解释为“如果……就要……”的关系，即“如果”发生或存在某种环境情况，“就要”采用某种管理思想、管理方式来更好地达到组织目标。权变主要体现在计划、组织和领导方式等方面，包括计划要有弹性、组织结构要有弹性、领导方式应权宜应变。

但是，权变管理理论过于强调管理的特殊性，忽视管理的普遍原则与规律，这是该理论的最大缺陷。

【案例赏析2-3】威尼斯造船厂的管理经验

威尼斯为了保护它日益增长的海上贸易，在1436年建立了政府的造船厂（即兵工厂），以改变私人造船厂的状况。到16世纪时，威尼斯的兵工厂成为当时最大的工厂，占有陆地和水面面积60英亩，雇用工人2 000名左右。兵工厂设有一位正厂长和两位副厂长。威尼斯元老院除了有时直接过问兵工厂的事以外，还派了一名特派员作为与兵工厂的联系者。兵工厂内部分成多个巨大的作业部门，由工长和技术人员领导。正副厂长和特派员主要从事财务管理、采购等职能，生产和技术问题则由各作业部门的工长和技术人员负责。

在兵工厂的领导工作中，较好地体现了互相制约和平衡的原则。

兵工厂的任务不只是造船，还包括三重任务：制造军舰和武器装备；储存装备，以备急用；装备和整修储备中的船只。为了接到通知立即可以安装舰船，兵工厂必须储备必需的船具和索具。如仓库中必须经常备有以下部件：500块坐板，100个舵，100根桅杆，200根圆材，5 000副足带，500～1 500根桨，再加上相应的索具支架、沥青、铁制品等。把这些部件都编上号码，并储存在指定的地方，这样有助于实行装配线作业和精确计算存货。木料的储存初期没有次序，以致一个人需要一块木料时要在大堆木料中寻找，所花的费用达木料本身价值的3倍，所以后来就把木料加以分类并有次序地安放，因而提高了效率。

兵工厂在组装舰船时采用了类似于现代装配线生产的制度，各种部件和备品仓库都安排在运河的两岸，并按舰船的安装顺序排列。当舰船在运河中被拖引着经过各个仓库时，各种部件和武器等从各个仓库窗口传送出来进行装配。兵工厂中的职员也是按部件和装备的种类安排在各个部门的。第一个工长负责木器，第二个工长负责桅杆，第三个工长负责检查船缝，第四个工长负责装船，等等。

为了既能提高生产效率，又降低成本，兵工厂计划委员会发布的政策规定：所有的弓都应制造得使所有的箭都能适用；所有的船尾柱应按同一设计建造，以便每一个舵无须特别改装即可适于船尾柱；所有的索具和甲板用具应该统一，不允许每个工人按自己的设计生产，以免在制造中造成浪费并使舰只不统一。

西班牙的一位旅行者曾参观过兵工厂，并对其装配线生产作了如下描述："人们一走进大门就会看到一条运河。运河的两边都是从兵工厂的房子里开出的窗口。当舰只由一只船拖着经过这些窗口时，从一个窗口传出索具，一个窗口传出武器，又一个窗口传出空炮和臼炮。这样，以各个窗口中传出所需的各种东西，当舰只到达运河的另一端时，所有的水手连同木浆都已在舰上了，整个舰只便装备完毕。这样，在数小时内，就组装好了10条全副武装的舰船。"当法国的亨利三世于1574年参观兵工厂时，该兵工厂在一个小时内就安装并下水了一条全副武装的舰船。1570年1月得知土耳其人准备进攻塞浦路斯岛时，威尼斯元老院命令在3月中旬左右组装好100只舰船，结果在3月初就完成了。

资料来源　戴武堂，李静．管理学［M］．武汉：武汉大学出版社，2011．

请问：这个案例反映出哪些管理经验？

案例精析 2-3

西方现代管理理论的丛林除上述几个学派之外，还有群体行为学派、合作社会系统学派和社会技术系统学派等，在此不再详述。

二、当代管理理论的进展

20世纪80年代以后，世界政治和经济环境发生了重大变化，信息化和全球化席卷世界，知识经济出现端倪，市场竞争更为激烈。企业为了在这种环境下寻求生存和发展空间，管理者必须不断在实践中探索新方式，同时也引发了管理学者的深入思考和探索，管理理论研究也出现了一些新观点、新思想和新体系。

（一）企业战略管理

企业战略20世纪60年代出现在美国，是有关企业长远和企业全局发展的谋划和策略。尤其是在环境多变、市场竞争激烈的情况下，企业为了在竞争中取胜，必须对照竞争者的战略和市场需求，具体制定有关进攻、退守、渗透、成长、扩张的战略，以及相应的市场营销、生产技术、财务成本、研究开发等经营战略。20世纪70年代是企业战略的盛行时期，进入20世纪80年代，企业战略得到了进一步完善，企业管理进入了战略管理时期。

战略管理是根据对企业经营条件和外部环境的分析，确定企业总的经营宗旨和经营目标，并且制定一种或几种有效的战略，使企业达到经营宗旨和经营目标所采取的一系列管理决策和行动，其核心是对企业现在和未来的整体效益活动实行全局性的管理。也就是说，战略管理不仅仅是制定企业战略，还应当具有战略的实施、评价、控制、调整等功能。一般来讲，企业战略管理的内容包括从阐明企业战略的任务、目标、方针到战略实施的全过程，该过程一般由战略制定、战略实施和战略评价及控制等组成。

（二）企业文化理论

20世纪80年代初，日本经济持续多年的高速增长引起了全世界的瞩目，而支撑经济增长的关键被认为是企业的竞争力。日本企业的国际竞争力迅速提高，抢走了美国企业在本土的市场份额，为了迎接日本的挑战，美国企业界开始研究日本企业的管理方式，而企业文化理论就是该研究的一项重大成果。

企业文化作为一种理论最早出现于美国，是美国的一些管理学者在总结日本管理经验之后提出的。最早提出企业文化概念的是美国的管理学家威廉·大内，他于1881年出版了自己对日本企业的研究成果《Z理论——美国企业如何迎接日本的挑战》。在此书中，他指出：日本企业成功的关键因素是它们所具有的独特的企业文化。这一观点引起了管理学界的广泛重视，吸引了更多的人从事企业文化的研究。在随后的两年里，美国又连续出版了三部企业文化的专著：帕斯卡和阿索斯合著的《日本企业的管理艺术》，更深入地阐述了日本企业所特有的企业文化；特雷斯·迪尔与阿伦·肯尼迪合著的《企业文化》，以日本的经验为基础构建起了企业文化的理论框架；托马斯·彼得斯和罗伯特·沃特曼出版的《追求卓越》，运用企业文化的理论框架研究美国企业的成功经验。这三部著作连同威廉·大内的著作，并称为“企业文化的四重奏”。

企业文化理论的基点是“以人为本”，强调管理要以人为中心，充分尊重员工的价值，重视人的需求的多样性，运用共同的价值观、信念、和谐的人际关系、积极进取的企业精神等文化观念，来营造整体的企业人生，使管理从技术上升为艺术。

组织文化由三个层次的内容组成。一是器物文化，又称为行为文化，是最表层的文化，是组织文化的载体与外在化，是一种外显文化。器物文化主要包括组织特有的环境、建筑风格、形象以及声誉、产品与服务质量、公共关系等一切表征现象，如一个企业的厂容、厂貌、厂旗、厂歌、产品形象及职工风貌等。二是制度文化，又称规范文化，是中间层文化，包括组织的管理风格、宗旨、目标、礼仪、制度、行为习惯、传统及作风等。制度文化规定着组织内每个成员的行为规范，如一个企业的规章制度、管理方式和方法、组织体制等。三是心态文化，是核心层文化，是组织文化的核心，包括潜藏在管理者和员工内心深处及组织中的某些思想、意识、信仰、价值观念等，如海尔集团提出的“真诚到永远”、无锡小天鹅集团的“全心全意小天鹅”、麦当劳提出的“Q、S、C、V”（质量、服务、清洁、有价值），IBM的“IBM意味着服务”等企业理念。组织文化的三个层次是相互渗透、相互影响的，在不断的运动和升华过程中逐渐形成了具有特色的整体组织文化。三个层次的文化中，器物文化与制度文化较易变化，而心态文化则相对稳定。

（三）企业再造

20世纪80年代，美国的迈克尔·哈默和詹姆斯·钱皮在进行广泛深入的企业调研后，整理并出版了《企业再造——工商管理革命宣言》一书。该书阐述了这一理论：现代企业普遍存在着“大企业病”，应变能力极低；企业再造的首要任务是BPR——业务流程重组，它是企业重新获得竞争优势与生存活力的有效途径；BPR的实施又需要两大基础，即现代信息技术与高素质的人才，以BPR为起点的“企业再造”工程将创造出一个全新的工作世界。这本书的出版不仅在美国，而且在全世界都引起了巨大的反响。

“企业再造”就是重新设计和安排企业的整个生产、服务和经营过程，使之合理化。通过对企业原来生产经营过程的各个方面、每个环节进行全面的调查研究和细致分析，对其中不合理、不必要的环节进行彻底的变革。为了在衡量绩效指标上取得显著改善，就必须从根本上重新思考、彻底改造业务流程，其中，衡量绩效的关键指标包括产品和服务质量、顾客满意度、成本和员工工作效率等。

企业再造理论适用于以下三类企业：①问题丛生的企业；②目前业绩虽然很好，却潜伏着危机的企业；③正处于事业发展高峰阶段的企业。

企业再造的实施和其他管理理论的实践一样，是一个系统工程，其成功不仅需要有科学和有效的工作流程设计，同时还需要整个系统的协调运作加以保证。这种保证系统，同样是企业取得“企业再造”成功不可缺少的因素。

（四）波特的竞争战略研究

迈克尔·波特（Michael Porter）是哈佛大学商学院著名的教授，当今世界上少数最有影响的管理学家之一。

波特对于竞争战略理论做出了非常重要的贡献，建立了用于分析产业环境的结构化方法——“五种竞争力量”模型：①潜在竞争者的进入力量；②供应者力量；③替代品力量；④现有竞争者的力量；⑤买方力量。

波特更具影响的贡献是在《竞争战略》一书中明确提出的三种通用战略。他认为，在与竞争力量的抗争中，蕴含着三类成功型战略思想，这三种思路是：①总成本领先战略；②差异化战略；③专一化战略。这些战略类型的目标是使企业的经营在产业竞争中胜人一筹。在一些产业中，这意味着企业可取得较高的收益；而在另外一些产业中，一种战略的成功可能只是企业在绝对意义上能获取些微收益的必要条件。

波特的竞争战略研究开创了企业经营战略的崭新领域，对全球企业的发展和管理理论研究的进步，都做出了重要的贡献。

（五）学习型组织

20世纪80年代以来，随着信息革命、知识经济时代进程的加快，企业面临着前所未有的竞争环境的变化，传统的组织模式和管理理念已越来越不适应环境。在这样的大背景下，以美国麻省理工学院教授彼得·圣吉（Peter M.Senge）为代表的西方学者，吸收了东西方管理文化的精髓，提出了以“五项修炼”为基础的学习型组织理论。

学习型组织理论认为，在新的经济背景下，企业要持续发展，就必须增强企业的整体能力，提高整体素质。也就是说，企业的发展不能再只靠像福特、斯隆、沃森那样伟大的领导者一夫当关、运筹帷幄、指挥全局，未来真正出色的企业将是能够设法使各阶层人民全心投入并有能力不断学习的组织——学习型组织。

所谓学习型组织，是指通过培养弥漫于整个组织的学习气氛、充分发挥员工的创造性思维能力而建立起来的一种有机的、高度柔性的、扁平的、符合人性的、能持续发展的组织。这种组织具有持续学习的能力，具有高于个人绩效总合的综合绩效。学习型组织具有八个特征：①组织成员拥有一个共同的愿景；②组织由多个创造性个体组成；③善于不断学习；④“地方为主”的扁平式结构；⑤自主管理；⑥组织的边界将被重新界定；⑦员工家庭与事业的平衡；⑧领导者的新角色。

彼得·圣吉提出了要建立学习型组织，必须具备五项修炼的技能。所谓修炼，对于人而言，是指通过学习提高自身的素质；而对于组织而言，则是通过学习和训练，提高组织内部结构、机能对社会、市场变化的适应能力。

1.第一项修炼——系统思考

系统思考（System Thinking）是着眼于整体的一项修炼，是一个架构，让我们看见相互关联而非单一的事件，看见渐渐变化的形态而非瞬间即逝的一幕。系统思考的艺术在于看穿复杂现象背后引发变化的结构，因此系统思考绝非忽视复杂性，而是要把许多杂乱的片段结合成为前后一贯的“故事”，明确指出问题的症结以及找出较持续有效的对策。

系统思考有两个关键点：一是系统的观点；二是动态的观点。世界是复杂的，我们在认识世界时，为了更好地了解世界，经常以一种分解的方式化繁为简、化整为零，久而久之，就形成了“见木不见林”的思考模式。这是只注意事物的表象而忽视事物的真实内涵，只注意事物的局部而忽视全局和整体的思考方法。系统观点中的另一个重要原则是应注重系统中各个局部之间的互动作用。系统中间的各个局部并不是孤立存在的，系统中的局部变化往往会引起另一个局部的变化。系统的观点并不是要求人们完全深入了解整个事物的全部，而是要求人们研究事物的主要机能是怎样互动的，即系统的力量。

2.第二项修炼——自我超越

“超越”一词含有超过、胜过的意思。“自我超越”（Personal Mastery）是指突破极限的自我实现，或技巧的精熟。作为一个人，一个渴望成功的人，不可能只把眼光局限在眼前利益，也不可能仅仅满足于现状，即使这种现状相对于别人而言是如此的优越。作为一个有志向的人，在其心目中必然有一个远远高于现状的远大理想，而这个理想的实现又是激励其不断学习和进取的动力，这就是人的“自我超越”。在此，我们把这种理想和远大目标称为“愿景”，将这种激励其不断学习和进取的动力称为“创造性张力”。这里的“愿景”与我们所说的理想稍有不同，它是一个特定的结果，一个期望的未来景象和意象，是具体的，而不是抽象的。事实证明，具有高度自我超越的人，愿景不仅仅是一个美好的构想，还是一种召唤及驱使人向前的使命，能不断扩展并创造内心所向往的能力，从个人追求不断学习为起点，形成学习型组织的精神。“自我超越”是一个过程，一种建立愿景和实现愿景的过程，一种学习和成长的“修炼”。

自我超越修炼的最高境界是实现潜意识的自我超越修炼。人们不再有意识地学习、澄清和修正自己的愿景，或建立新的愿景目标，不再有意识地去分析现状和愿景之间的距离，而有意识地做出努力。这一切都在不知不觉中完成，但这是一个漫长的学习和修炼的过程。

3.第三项修炼——改善心智模式

心智模式是一种思维方法，一种深植于人们内心深处的思维逻辑，影响着人们对社会和事物的认识以及对此所采取的行动。

开放与实质贡献是改善心智模式（Improving Mental Models）的关键，企业中若不提倡开放的精神，让大家把真实的想法说出来，不提倡实质贡献，决策时以企业的最高利益为目标，而允许一帮官僚邀功作秀、追求名利，则企业中就不可能有心智模式的改善，就不可能有真诚帮助、互相学习的环境。

改善心智模式的修炼主要是对自己心智模式的反思和对他人心智模式的探询。反思的作用是通过放慢思考，检查自己心智模式的形成过程，以及如何影响我们的行动。探询的作用就是"面对面"地了解他人心智模式的形成过程，每个人都把自己的思维逻辑明白地说出来，接受公开的检验，从而发现问题，影响对方或被对方所影响。

4.第四项修炼——建立共同愿景

愿景是一个期望的未来景象和意象，是一种召唤及驱使人向前的使命，能不断扩展人们创造生命中真正内心所向往的能力。作为一个组织，一个以个人为单元的组织，建立一个组织成员的共同愿景，以这个共同的愿景感召全体组织成员，使之为这一愿景而奋斗，则是第四项修炼——建立共同愿景（Building Shared Vision）的内容。

5.第五项修炼——团队学习

团队学习（Team Learning）是发展团体成员整体合作与实现共同目标能力的过程。学习的本身是发现错误或了解和掌握新知识，团队学习正是要利用集体的优势，通过开放式的交流，发现问题、互相学习、取长补短，以达到共同进步的目的。著名物理学家海森堡认为："集体可以做到比个人更有洞察力、更为聪明，团队的智商可以远大于个人的智商。"这就是提倡团体学习的原因。

学习型组织有着不同凡响的作用和意义，其真谛在于：学习一方面是为了保证企业的生存，使企业组织具备不断改进的能力，提高企业组织的竞争力；另一方面更是为了实现个人与工作的真正融合，使人们在工作中活出生命的意义。

学习型组织的基本理念，不仅有助于企业的改革和发展，而且对其他组织的创新与发展也有启示。人们可以运用学习型组合的基本理念，去开发各自所置身的组织创造未来的潜能，反省当前存在与整个社会的种种学习障碍，思考如何使整个社会早日向学习型社会迈进。或许，这才是学习型组织所产生的更深远的影响。

（六）虚拟组织

20世纪90年代还有一个热点——虚拟组织。1990年《哈佛商业评论》第6期发表了一篇名为《公司核心能力》的文章，作者建议公司将经营的焦点放在不易被抄袭的核心能力上，由此引发后来的"虚拟组织"热。虚拟组织与传统的实体组织不同，它是围绕核心能力，利用计算机信息技术、网络技术及通信技术与全球企业进行互补、互利的合作，合作目的达到后，合作关系随即解散，以此种形式能够快速获取处于全球各处的资源并为我所用，从而缩短"从观念到现金流"的周期；不仅如此，灵活的"虚拟组织"还可避免环境的剧烈变动给组织带来的冲击。1994年出版的由史蒂文·L.戈德曼（S.L.Glodman）、罗杰·N.内格尔（R.N.Nagel）及肯尼斯·普瑞斯（K.Preiss）合著的《灵敏竞争者与虚拟组织》是反映虚拟组织理论与实践的较有代表性的著作。

随堂测2

应知考核

一、单项选择题

1.被誉为“组织理论之父”的是（　　）。

A.韦伯　B.梅奥　C.伯法　D.迈克尔·波特

2.（　　）提出了竞争战略理论。

A.韦伯　B.梅奥　C.伯法　D.迈克尔·波特

3.伯法的代表作是（　　）。

A.《现代生产管理》　B.《管理学原理》

C.《竞争战略》　D.《企业再造》

4.案例学派的代表人物是（　　）。

A.韦伯　B.梅奥　C.伯法　D.德鲁克

5.（　　）提出了满意的行为准则。

A.西蒙　B.梅奥　C.伯法　D.德鲁克

6.管理者必须因地制宜地将管理知识与具体管理活动相结合，这里强调的是（　　）。

A.管理的科学性　B.管理的艺术性

C.管理学的历史性　D.管理学的实用性

7.X-Y理论的代表人物是（　　）。

A.麦格雷戈　B.赫茨伯格　C.梅奥　D.马斯洛

8.社会系统学派的代表人物是（　　）。

A.法约尔　B.西蒙　C.巴纳德　D.卢桑斯

9.不属于权变管理学派的代表人物是（　　）。

A.西蒙　B.卢桑斯　C.菲德勒　D.豪斯

10.决策理论学派的代表人物是（　　）。

A.巴纳德　B.西蒙　C.卡斯特　D.卢桑斯

二、多项选择题

1.儒家的管理思想代表人物有（　　）。

A.孔子　B.孟子　C.荀子　D.老子

2.下列属于古典管理理论的有（　　）。

A.行政组织理论　B.一般管理理论

C.劳动分工理论　D.科学管理理论

3.现代管理理论中的代表学派有（ ）。

A.管理科学学派　　B.决策理论学派

C.社会系统学派　　D.权变理论学派

4.西方早期管理思想家有（ ）。

A.泰勒　　B.亚当·斯密　　C.查尔斯·巴贝奇　　D.罗伯特·欧文

5.决策理论学派的观点主要有（ ）。

A.决策是一个复杂的过程

B.程序化决策与非程序化决策

C.满意的行为准则

D.组织设计的任务就是建立一种制定决策的人-机系统

三、判断题

1.孔子的核心思想是礼治。（ ）

2.古典管理理论奠定了现代管理学的理论基础。（ ）

3.梅奥是现代管理理论的实际创始人，被誉为“现代经营管理”理论之父。（ ）

4.泰勒的“科学管理”理论把人看成“经济人”；而行为科学把人看成“社会人”。（ ）

5.管理科学理论重点研究的是组织变革。（ ）

四、简答题

1.简述儒家的管理思想。

2.简述泰勒科学管理的主要内容。

3.简述马斯洛的五个层次需要。

4.简述赫茨伯格的双因素理论。

5.简述当代管理理论的进展。

应会考核

案例分析

【背景资料】

联合包裹服务公司（UPS）的科学管理

联合包裹服务公司（UPS）雇用了15万名员工，平均每天将900万个包裹发送到美国各地和世界180多个国家和地区。公司的宗旨是：在邮运业中办理最快捷的运送。UPS的管理者系统地培训他们的员工，使他们以尽可能高的效率从事工作。

让我们看一下他们的工作情况。UPS的工程师们对每一位司机的行驶路线进行了时间研究，对每种送货、取货和暂停活动设立了工作标准。这些工程师们记录了红灯、通行、按门铃、穿过院子、上楼梯、中间休息喝咖啡的时间，甚至上厕所的时间，将这些数据输入计算机中，从而给出每一位司机每天工作中的详细时间标准。

为了完成每天取送130件包裹的目标，司机们必须严格遵守工程师们设定的程序。当他们接近发送站时，他们松开安全带，按喇叭、关发动机、拉起紧急制动，把变速器推到一挡上，为送货完毕后的启动离开做好准备，这一系列动作极为严格。然后，司机从驾驶室出来，右臂夹着文件夹，左手拿着包裹，右手拿着车钥匙。他们看一眼包裹上的地址，把它记在脑子里，然后以每秒钟3英尺的速度快步走到顾客的门前，先敲一下门以免浪费时间找门铃。送货完毕，他们在回到卡车上的路途中完成登记工作。

UPS是世界上效率最高的公司之一。联邦快递公司每人每天取运80件包裹，而UPS公司却是130件。较高的效率为UPS公司带来了丰厚的利润。

【考核要求】

根据背景资料请回答下列问题：

（1）你如何认识UPS公司的工作程序？

（2）科学管理距今已百余年，你认为在今天的企业中仍然有效吗？

（3）UPS公司这种刻板的工作时间表为什么能带来效率呢？

项目实训

【实训项目】

管理理论分析。

【实训目标】

增强对所学管理理论的感性认识，培养对组织的管理思想的分析能力。

【实训内容】

从网上、报刊、杂志中，搜集一个简短的有关我国中小企业的管理案例或资料，运用本项目所学的管理理论，分析案例中的企业管理思想。

【实训要求】

1.每人写出一份简要的书面分析报告。

2.在班级组织一次交流与讨论（主要讨论所学管理理论对现代管理的意义）。

3.教师根据学生的调查报告与发言讨论的表现给予评价打分，并纳入学生实训课考核之中。

4.撰写《管理思想》实训报告。

模块二

管理职能篇

项目三 计 划

知识目标

理解计划工作的概念、计划的种类以及计划的内容、要求和特点；熟知编制计划的原则、计划的权变因素、计划的编制技术、PDCA循环法；掌握编制计划的步骤、环境分析的方法（SWOT分析法、价值链分析法、五种竞争力分析法、PEST分析法）、目标管理的程序及优缺点。

技能目标

学生能够根据对环境的分析、计划的基本原则和计划的编制步骤以及计划的编制技术，来编制合理可行的计划书。

素质目标

通过本项目的学习，能够引导学生讨论计划工作的原理，使学生能够把计划工作的程序与原理运用到管理工作中去。培养学生做事不急不躁的习惯，认识到做事“豫（预）则立”的重要性，培养行事果断的作风。

知识精讲

任务一 计划工作

一、计划工作的概念

计划与计划工作是两个不同的概念。计划（Plan）是在计划工作所包含的一系列活动完成之后产生的一种结果。计划工作（Planning）有广义和狭义之分。广义的计划工作是指包括制订计划、执行计划、检查计划执行情况和对计划进行修正等一系列管理活动在内的工作过程。而狭义的计划工作仅指制订计划，即根据实际情况，通过科学的预测，权衡客观需要和主观可能，采用一系列的决策和方法，对未来事业发展应达到的目标所进行的安排和筹划，其目的是使组织在将来获得最大的绩效。我们主要使用狭义的计划工作概念，下面采用“5W2H”来清楚地描述计划工作的任务和内容。

（1）What（做什么），目标与内容。要明确组织的使命、战略、目标，以及行动计划的具体任务和要求，明确一个时期的中心任务和工作重点。例如，企业在未来5年要达到什么样的战略目标；企业年度经营计划主要是确定销售收入、销售哪些产品、生产哪些产品、生产多少，合理安排产品投入和产出的数量和进度，使企业的资源和能力尽可能得到充分发挥和利用。

（2）Why（为什么做），原因。要论证组织的使命、战略、目标和行动计划的可能性和可行性，也就是要提供制订计划的依据。

(3) Who（谁去做），人员。计划不仅要明确规定目标、任务、地点和进度，还应规定由哪个部门、哪个人负责。比如，开发一种新产品，要经过市场调查、产品设计、样品试制、小批量试制和正式投产几个阶段。在计划中应明确规定每个阶段由哪个部门参加、哪个人具体负责、哪些部门协助配合，各阶段的接口处由哪些部门和哪些人员参加鉴定和审核等。

(4) Where（何地做），地点。规定计划实施的地点或场所，了解计划实施的环境条件和限制，以便合理安排计划实施的空间组织和布局。

(5) When（何时做），时间。规定计划中各项工作的开始和完成的时间，以便进行有效的控制和对资源及能力进行平衡。

(6) How（怎么做），方式、方法、手段。制定实施计划的措施，以及相应的政策和规则，对资源进行合理分配和集中使用，对人力、生产能力及各类资源进行平衡，对各派生计划进行综合平衡。

(7) How Much（多少成本），资金、费用。制订计划，必须有较科学的资金使用、分配方案。

实际上，一个完整的计划还包括控制标准和考核指标的制定，也就是告诉实施计划的部门和人员，做成什么样子，达到什么标准才算完成计划。

二、计划在管理中的地位和作用

计划是管理的首要职能，在各项管理职能当中处于优先地位。计划管理是企业各项管理的起点，也是各项管理的终点——实现计划目标。它一方面是决策职能的具体化，另一方面又是安排其他经营活动的依据，贯穿于企业生产经营活动的全过程，是管理的基本职能。

计划工作的作用体现在以下几方面：

（一）指明方向，协调活动

未来的不确定性和环境的变化使行动犹如大海航行，应明确现在的位置和处境，时刻把注意力集中在正确的航向上。良好的计划可以明确组织目标，通过科学的计划体系使组织各部门的工作能统一协调地、井井有条地展开，使主管人员能超脱于日常事务，集中精力关注于对未来的不确定性和变化的把握，随机应变地制定相应的对策，实现组织与环境的动态协调。

（二）预测变化，减少冲击

计划是面向未来的，而未来无论是组织生存的环境还是组织自身都具有一定的不确定性和变化性。比如，由于一场火灾，一个主要客户可能取消一项订货单。而计划工作可以让组织通过周密细致的预测，尽可能地变“意料之外的变化”为“意料之内的变化”，制定相应的补救措施，并在需要的时候对计划做必要的修正，变被动为主动，变不利为有利，减少变化带来的冲击。

（三）减少重复和浪费

计划工作的一项重要任务就是促使未来的组织活动均衡发展。预先对此进行认真的研究能够消除不必要的重复的活动所造成的浪费，能够避免在今后的活动中由于缺乏依据而进行轻率判断所造成的损失。计划工作还有助于用最短的时间完成工作，减少迟滞和等待时间，减少误工损失，促使各项工作能够均衡稳定地发展。

（四）有利于有效地进行控制

组织在实现目标的过程中离不开控制，而计划则是控制的基础，控制中几乎所有的标准都来自于计划。如果没有既定的目标和规划作为衡量的尺度，管理人员就无法检查组织目标的实现情况，也就无法实施控制。

三、计划的分类

（一）按计划的时间可将计划分为中长期计划、年度计划和作业计划

1.中长期计划

中长期计划是指超过1年的较长期限的计划，如3年计划、5年计划等。它是企业较长时期的战略安排。这类计划一般只含有较为粗略的大目标，没有细节性的措施。企业长期计划（一般为5年）属于企业简要的目标和纲领性规划，涉及企业较长时期的生产、技术、经济发展等一些重大问题，一般包括以下几个方面的内容：企业产品发展方向、企业生产发展规模、企业技术发展水平、企业经营组织结构的发展和组织管理水平的提高、企业主要技术经济指标将要达到的水平、员工教育培训、员工生活福利设施的改进和提高、市场营销的扩展、环境污染的治理等。

长期计划的编制依据主要有：国民经济长期计划中对企业提出的任务和要求；社会的需要和企业本身的生产技术条件等。此外，还要充分考虑国内外科学技术的最新成就和发展趋势，以及改进技术、引进技术和改善管理，提高员工文化技术水平后所能提供的能力。

企业中期计划（一般为3年）是由长期计划衍生出来的，一般为各职能部门的运营计划，用以执行长期计划和指导年度计划的编制，是长期计划的继续和具体化，着重于各职能计划之间的协调和配合。

2.年度计划

年度计划是企业长期计划的具体化和补充，是实现长期计划的保证，包括企业年度内各个生产经营环节和各个方面的活动，所以又称为年度综合计划，或年度生产经营计划。它是企业全体员工在计划年度内生产经营方面的行动纲领，具有承上启下的作用。向上它是长期计划的落实，向下它可作为阶段作业计划的依据。年度计划主要包括销售计划、生产计划、劳动工资计划、科研和新产品开发计划、物资供应计划、财务计划、技术改造和技术组织措施计划、设备维修计划、员工培训计划等内容。

3.作业计划

作业计划是年度计划的具体化，是组织企业日常生产经营活动的有力工具。它能将企业内部日常生产、技术、财务等具体活动，在时间、数量、品种和质量等方面平衡衔接起来。阶段作业计划任务要落实到企业的各个执行单位和岗位上去。

（二）按计划的职能标准分为业务计划、财务计划和人事计划等

组织是通过业务活动立身于社会的，业务计划是组织的主要计划。长期业务计划主要涉及业务方面的调整或业务规模的发展，短期业务计划主要涉及业务活动的具体安排。财务计划与人事计划是为业务计划服务的，也是围绕着业务计划而展开的。财务计划研究如

何从资金（本）的提供和利用上促进业务活动的有效进行。

（三）按计划的作用和层次分为战略计划和战术计划

战略计划（Strategic Plans）是应用于整个组织，为组织设立总体的较为长期的目标，寻求组织在环境中的地位的计划。企业战略计划规定了企业未来长期的发展方向、方针、发展规模和主要技术经济指标所要达到的水平，绘制了组织长期发展的蓝图，解决“如何干”的问题，具有总体性、长远性、纲领性等特征，决定了组织在相当长的时期内大量资源的运动方向。

战术计划（Operational Plans）是规定总体战略目标如何实现的细节计划。它的计划期限较短，是企业在短时期内，针对某一具体问题或活动所制订的具体行动方案，解决“怎么干”的问题，为组织成员的实际活动提供依据。

（四）按计划的内容分为综合计划和专项计划

专项计划又称专题计划，是指为完成某一特定任务而拟订的计划。例如，基本建设计划、新产品试制计划等。综合计划是指对组织活动所做出的整体安排。

不同部门、环节，针对不同业务制订的各专项计划所构成的计划体系，就形成了组织的综合计划，所以说，综合计划与专项计划之间的关系是整体与局部的关系。专项计划是综合计划中某些重要项目的特殊安排，专项计划必须以综合计划为指导，应避免同综合计划脱节。

（五）按计划的明确程度分为指导性计划和具体计划

指导性计划（Directional Plans）只规定一般的方针或指出重点，不把管理者限定在具体的目标上，或特定的行动方案上，这种计划可为组织指明方向，统一认识，但并不提供实际的操作指南。

具体计划（Specific Plans）则恰恰相反，要求必须具有明确的可衡量的目标以及一套可操作的行动方案。

（六）按组织层次分为高层管理计划、中层管理计划和基层管理计划

高层管理计划着眼于组织整体的、长远的安排，注重组织在环境中的定位，确定与环境的能量互换关系，一般属于战略性计划。中层管理计划一般着眼于组织内部的各个组成部分的定位及相互关系的确定，它既可能包含部门的分目标等战略性质的内容，也可能有各部门的工作方案等作业性的内容。基层管理计划着眼于每个岗位、每个员工、每个工作时间的工作安排和协调，基本是作业性的内容。

四、计划的内容、要求和特点

（一）计划的内容

（1）分析预测企业未来的情况变化。主要工作包括：预测市场和顾客需要的变化情况，研究企业外部的政治、法律、社会、文化、技术环境，分析企业自身的条件及其变化等。

（2）制定企业目标。具体包括确定企业未来发展的任务和目标，经营方针、政策，实现目标必须遵循的战略方针和途径等。

（3）拟订实现计划目标的方案，做出决策。对各种方案进行可行性研究和技术经济论证，选出可靠的满意方案。

（4）编制企业的综合计划（经营计划）、各项专业活动的具体计划（作业计划、预算）以及实现决策的行动规划。

（5）检查、总结计划的执行情况。通过计划完成情况的检查总结，进一步提高经营水平。

（二）计划的要求

（1）预见性。计划职能的发挥是建立在预测基础上的。计划要能正确预测企业在未来可能发生的各种情况，预先确定做什么、何时做、如何做、谁来做等问题。

（2）先进性。先进的计划能够调动广大员工的工作积极性和创造性。

（3）科学性。组织目标应是在客观环境和现有条件下经过努力能够实现的预定目标。

（4）系统性。企业计划的总体指标是由各部门、各环节的指标构成的，若想形成企业计划指标体系，在编制企业整体计划时，就要考虑到各部门、各环节的具体情况，使计划指标既先进合理，又切实可行。

（5）可行性。制订计划时应详细分析计划的因果关系，衡度未来，找出切实可行的途径，制定出切实可行的措施。

（6）连续性。计划的执行要瞻前顾后，所拟定的目标、方针政策、策略要前后一致。

（7）灵活性。良好的计划必是富有一定弹性的。在保证企业目标实现的前提下，允许下级在计划范围内具体安排本单位的计划，并根据其中的变化对整个企业计划做适当的局部调整，以适应环境的变化，保证计划的稳定实施。

（三）计划的特点

计划的特点可以概括为五个方面，即目的性、首位性、普遍性、效率性和创新性。

（1）目的性。在计划工作过程的最初阶段，制定具体而明确的目标（包括达成目标的具体指标、方法、步骤、时间和具体措施）是其首要任务，其后的所有工作都是围绕目标进行的。例如，某百货公司的经理希望明年的销售额和利润额都有较大幅度的增长，这就是一种不明确的目标，为此就要制订计划，根据过去的情况和现在的条件确定一个可行的目标，比如，销售额增长20%，利润增长15%。这种具体而明确的目标不是单凭主观愿望就能确定的，它要符合实际情况，要以许多预测和分析工作为基础。计划工作要使今后的行动集中于目标，没有计划的行动或多或少都是一种盲目的行动。

（2）首位性。计划工作在管理职能中处于首要地位，原因之一是在有些情况下，计划职能是唯一需要完成的管理工作。计划工作的最终结果可能导致一种结论，即没有必要再采取进一步的行动。比如，原打算在某地建立一个新的钢铁厂，首要的工作是进行可行性分析，如果分析的结果表明在此地不适合建立钢铁厂，那么所有工作也就告一段落，无须实行其他的管理职能。

原因之二是管理过程中的其他职能都是为了支持、保证目标的实现。因此，这些职能只能在计划工作确定了目标之后才能进行。一位主管人员只有明确了目标之后才能确定合适的组织结构、下级的任务、权利与责任以及怎样控制组织和个人的行为不偏离计划等等。所有这些组织、领导、控制职能都是依计划而转移的。图3-1概略地描述了这种相互关系。

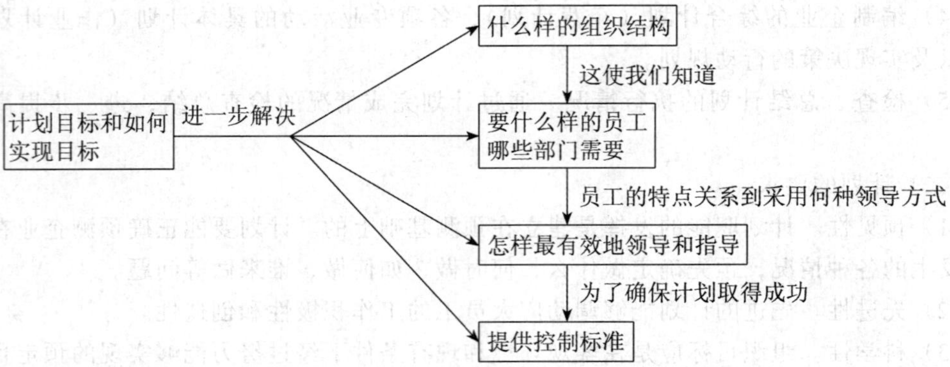

图3-1 计划领先于其他管理职能示意图

计划对组织工作的影响，可能是需要在局部和整体上改变一个组织的结构，设立新的职能部门和改变原有的职权关系。例如，一个企业要开发一种重要的新产品，可能为此专门成立一个项目小组，并实行一种矩阵式的组织形式和职权关系。

计划工作和控制工作是分不开的，没有计划指导的控制是毫无意义的，计划是为控制工作提供标准的。此外，控制职能的有效行使，往往需要根据情况的变化拟订新的计划或修改原定计划，而新的计划和修改过的计划又被作为连续进行的控制工作的基础。计划工作与控制工作的这种连续不断的关系，通常被称为计划—控制—计划循环。

（3）普遍性。每位管理者、各层管理机构，对各项工作都必须在决策制定之后、行动付诸之前，围绕决策目标，制订总计划和各自的分计划，并组织实施，以达到预定的目标。他们或多或少都有某些制订计划的权利和责任。

高层管理者不可能也无必要对组织内的一切活动做出确切的说明，这也是有效的管理者所必须遵循的一条原则。最常见的情况是高层管理人员仅对组织活动制订出结构性的计划，只负责制订战略性的计划，而那些具体的计划制订交由下属完成。此外，授予下级某些制订计划的权利，有助于调动下级的积极性，挖掘下级的潜力、能力，使下级有自身存在价值的感觉，这无疑对贯彻执行计划、高效地完成组织目标是大有好处的。

（4）效率性。计划工作不仅是要确保实现目标，而且是要从众多方案中选择最优的资源配置方案，以合理利用资源和提高效率，也就是既要“做正确的事”，又要“正确地做事”。所谓计划的效率，是指实现目标所获得的利益与执行计划过程中所有消耗之和的比率，换句话说，计划效率是指制订计划与执行计划时所有的产出与所有的投入之比。如果一个计划能够达到目标，但它所需要的代价太大，这个计划的效率就很低，因此不是一个好的计划。只有能够实现收入大于支出，并且顾及国家、集体和个人三方面利益以及经济、社会和生态效益的计划才是一个完美的计划，才能真正体现出计划的效率。

（5）创新性。计划工作总是针对需要解决的新问题和可能发生的新变化、新机会而做出决定的，因而它是一个创新性的管理过程。计划类似于一项产品或工程的设计，它是对管理活动的设计。正如一种新产品的成功在于创新一样，成功的计划也依赖于创新。

五、计划的表现形式

计划的不同表现形式是计划多样性的重要体现，确定计划形式对于发挥计划职能有着重大意义。不同的计划形式可描述为一个等级层次，如图3-2所示。

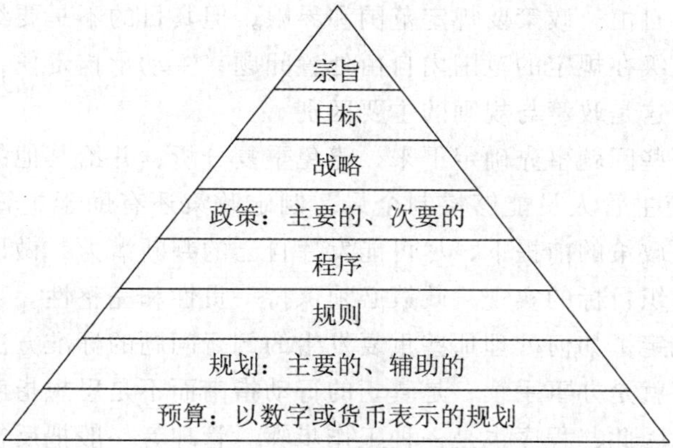

图3-2　计划的表现形式

（1）宗旨。一个组织的宗旨可以看作是它最基本的目标，也是一个组织存在的基本理由。一个组织的宗旨可概括为两类：一是寻求贡献于组织以外的自然、社会；二是寻求贡献于组织内部的成员的生存和发展。这两类宗旨是彼此相连、相辅相成的，组织是为其宗旨而存在的。

（2）使命。在明确了组织的宗旨以后，管理者自然就要选择能最好地实现这一宗旨的服务领域或事业。被选定的服务领域或事业就是组织的使命。例如，一家旅行社和一家电子企业，同样为了创造利润，一个选择了提供旅游服务，一个却选择了提供电子产品；一所学校和一家法院同样服务于社会，前者的使命是教书育人，后者的使命是解释和执行法律。这里应该强调的是，使命只是组织实现宗旨的手段，而不是宗旨存在的理由。组织为了自己的宗旨，可以选择这种事业，也可以选择那种事业。

（3）目标。组织的使命说明了组织要从事的事业，而组织的目标则更加具体地说明了组织从事这项事业的预期结果。组织的目标包括组织在一定时期内的目标和组织各个部门的具体目标两方面内容。目标不仅是计划工作的终点，而且也是组织工作、人事工作、领导工作和控制活动所要达到的结果。

（4）战略。组织的使命和目标只是指明了组织的服务领域和预期结果，要实现组织的使命和目标必须创造或具备各方面的基础条件，如资源条件、技术条件、市场条件、人员条件等。这些基础条件正是组织战略实施的结果。战略是为实现组织长远和全局的重大问题进行的谋划。战略一词来源于军事用语，引用到管理学中，它仍然含有对抗的含义。所以，组织在制定战略时不应当“闭门造车”，一定要仔细研究其他相关组织，特别是竞争对手的情况，以取得优势地位为目标制定出自身的战略。例如，百年竞争中的两个主角——可口可乐公司和百事可乐公司，它们在制定各自的战略时必定要研究对方的战略。

（5）政策。它是组织在决策时或处理问题时用来指导和沟通思想与行动方针的明文规定。它指明组织活动的方向和范围，鼓励什么和限制什么，以保证行动同目标一致。作为明文规定的政策，通常列入计划之中，而一项重大的政策，则往往单独发布。

政策的种类很多，如企业销售部门鼓励客户用现金支付货款的政策；国家针对经济特区颁布的吸引外资和进出口方面的特殊政策等。由于政策是决策时考虑问题的指南，所以它必须有斟酌决定的自由。政策要规定范围和界限，但其目的不是要约束下级使之不敢擅自决策，而是鼓励下级在规定的范围内自由处置问题，主动承担责任，是要将一定范围内的决策权授予下级，这是政策与规则的主要区别。

政策有助于将一些问题事先确定下来，避免重复分析，并给其他的派生计划以一个全局性的概貌，从而使主管人员能够控制全局。制定政策还有助于主管人员把职权授予下级，使下级在不违反政策的前提下，尽可能发挥自己的判断潜力，做出更符合实际情况的决定。为了有助于组织目标的实现，政策必须保持一贯性和完整性。

（6）程序。它规定了如何处理那些重复发生的例行问题的标准方法，所以也是一种计划。通俗地讲，程序就是办事手续，是真正的行动指南而不是思想指南，即对所要进行的行动规定时间顺序。因此，程序也是一种工作步骤。管理者一般把反复出现的业务编制出程序，一旦该项业务再次出现，执行人员只要按照以前编好的程序去做就能得到较好的效果。因此，程序可以看作是一种经过优化的计划，它是对大量日常工作过程及工作方法的提炼和规范化。制定程序的目的是减轻主管人员的决策负担，明确各个工作岗位的职责，提高管理活动的效率和质量。

管理的程序化水平是管理水平高低的重要标志，制定和贯彻各项管理工作的程序是组织的一项基础工作。

（7）规则。它是对具体场合和具体情况下，允许或不允许采取某种特定行动的规定。规则像其他计划一样是从若干可供选择方案中选出的必要行动，因此，它也是一种计划，只不过是一种最简单的计划。规则常常与政策和程序相混淆，所以，要特别注意区分。规则与政策的区别在于规则在应用中不具有自由处置权，而政策在决策时则有一定的自由处置权（虽然这种自由处置权在多数情况下，往往是狭窄的）；规则与程序的区别在于规则不规定时间顺序，可以把程序看成是一系列规则的总和。规则与程序，就其实质而言，旨在抑制思考。所以，有些组织只是在不希望它的员工运用自由处置权的情况下才加以采用。

（8）规划。它是为实施既定方针所必需的目标、政策、程序、规则、任务分配、执行步骤、使用的资源以及其他要素的复合体。规划有大有小，如为实现我国社会经济发展的大目标，国家制定了一个个五年规划，而一个大学校园里的小零售店为实现向小型超市发展的目标，也可以制定一个改变货架的规划。组织的规划是一份综合性的、粗线条的、纲要性的计划。大的规划往往派生出许多小的规划，而每个小的派生规划都会给总规划带来影响，它们相互依赖、相互影响。因此，规划工作的各个部分彼此协调需要有严格的技能，以及系统思考和行动的方法。

（9）预算。它作为一种计划，是以数字表示预期结果的一种报告书，它也可称为“数字化”的计划。例如企业中的财务收支预算，勾勒出未来一段时期的现金流量、费用收入、资本支出等的具体安排。预算可以帮助组织各级管理部门的主管人员，从资金和现金收支的角度，全面、细致地了解组织经营管理活动的规模、重点和预期成果。预算还是一种主要的控制手段，是计划和控制工作的连接点——计划的数字化产生预算，而预算又将作为控制的衡量基准。

六、计划指标体系

（一）计划指标的分类

计划指标是以数值来反映计划期内各项活动的发展规模、速度和期望达到的目标。每种计划方案的具体内容都要借助一系列的计划指标来体现，各项指标之间相互联系、相互制约，构成一个完整的计划指标体系。计划指标可以按照不同的标准进行分类，主要有：

（1）实物量指标与价值指标。实物量指标是用实物单位对物品进行计量的指标。有的以物品的个体为单位来计算和表示，如“台”“辆”等，有些实物量指标是按照物质的自然属性，用重量、长度、面积、体积等单位来计算和表示。实物量指标是确定其余各种指标和编制产品平衡表的基础。价值指标是以货币的形式进行计量的指标。不同种类、性质的物品以价值指标表示，可进行不同物品间的比较和衡量。

（2）数量指标与质量指标。数量指标表明事物规模的大小和数量的多少，常用绝对数表示，如产量、产值、成本、销售收入，利润总额等。质量指标表明事物的质量要求或事物质的属性的量，通常用相对数表示，如产品合格率、等级率、劳动生产率、资金利润率等。质量指标主要用以反映生产水平、经营管理水平和经济效益。

（3）考核指标与计算指标。考核指标是衡量生产经营成果或经济效益的主要指标，如产量、品种、质量、消耗、劳动生产率、资金占用、成本、利润等指标。计算指标是为计算考核指标而设立的指标，如为了考核劳动生产率，需要设立员工人数、出勤率等计算指标。

（4）正指标和反指标。正指标是同经济效益指标（如利润）成正向变化的经济指标，如产量、产值、销售量、销售额。这些指标越大，企业的利润额随之也越多，经济效益就越好。反指标是同经济效益指标（利润）成反向变化的经济指标，如成本、费用等。这些指标越大，企业的利润额随之越小，经济效益也就越差。

（二）计划指标的具体要求

企业计划指标是企业在计划期内预计实现目标值的具体体现。对企业计划指标的具体要求是：

（1）先进性与科学性。先进的计划指标能够调动广大员工的积极性和创造性。它必须科学、合理，是在客观环境和现有条件下经过努力能够实现的目标。

（2）稳定性与严肃性。计划指标确定后，要保持一定的稳定性，在不发生意外的情况下，计划期内不予调整，只有当计划期内的各项经济指标都按计划规定预期完成，编制下一期计划时，才能根据客观条件的变化和企业的实际条件予以调整。因此，对计划指标的制定和调整，一定要认真、严肃，一丝不苟。

（3）综合性与分散性。企业计划的总体指标是由各个部门、各个环节的指标构成的。因此，在编制计划、设计指标时，一定要考虑到各部门、各环节的具体情况，使计划指标既先进科学，又具体可行；同时企业各个部门、各个环节计划指标的集合，又结合成为企业的总体指标，因此，企业在编制计划时，要以总体指标为出发点，然后进行指标分解，并分配到各个部门、各个环节，最后还要把各个部门、各个环节的具体指标综合在一起，进行认真的分析、研究，以促进企业指标最优化。

任务二　计划制订

一、计划的权变因素

计划要根据组织自身的特点以及环境的特点来制订，组织及其所处的环境特点是不同的，计划工作的重点自然也不尽相同。影响计划工作重点的权变因素主要有组织的层次、组织的生命周期、环境的波动性和组织的文化四个因素。

（1）组织的层次。在通常情况下，高层管理人员主要制订具有全局性、方向性和长远性的计划，计划工作的重点应放在战略计划上。基层管理者主要制订局部的、具体的、短期的计划，其计划工作的重点在可操作性上；中层管理者制订的计划内容应介于高层与基层管理者之间。图3-3表明了组织层次与计划工作重点之间的关系。

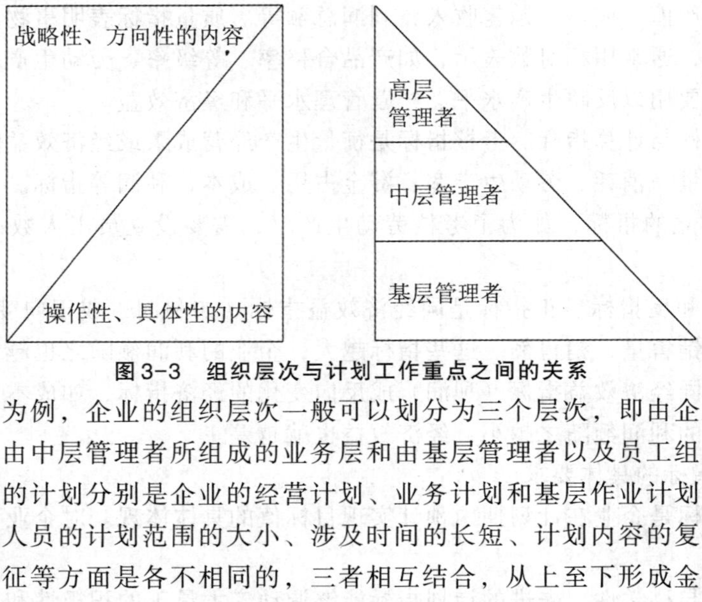

图3-3　组织层次与计划工作重点之间的关系

以企业组织为例，企业的组织层次一般可以划分为三个层次，即由企业高层管理者所组成的经营层、由中层管理者所组成的业务层和由基层管理者以及员工组成的作业层。各组织层次所对应的计划分别是企业的经营计划、业务计划和基层作业计划。在组织的不同层次，相应管理人员的计划范围的大小、涉及时间的长短、计划内容的复杂程度以及计划工作所需信息特征等方面是各不相同的，三者相互结合，从上至下形成金字塔式的企业计划体系。经营计划居于最高层，确定企业整体的目标、战略和布局，起着统率全局的作用。业务计划居中，起着承上启下的作用。它是业务管理部门以企业经营计划为依据，按照专业分工，分别编制的各业务分系统的计划，如市场销售计划、研究开发计划、生产计划、人事计划、财务计划等，以便指导各业务系统进行准备工作，合理组织和利用资源，安排工作程序和相互关系。作业计划居于最基层。它是各执行单位（如车间、营业部）以业务计划规定的指标、程序、定额为依据，合理组织人员、设备、物资、资金，以实现各类作业计划的过程。

（2）组织的生命周期。任何组织都要经历一个从形成、成长、成熟到衰退的生命周期。在组织生命周期的各个阶段上，计划工作的重点也不一样，如图3-4所示。

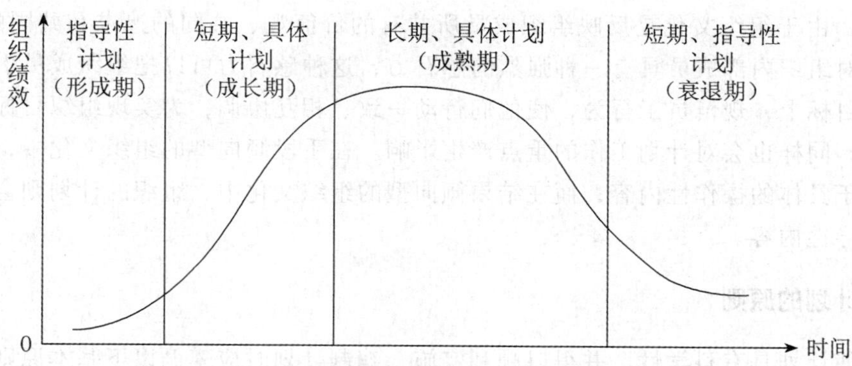

图3-4　组织生命周期和计划工作重点

组织处于形成期时，各类不确定因素很多，目标是尝试性的，要求组织具有很高的灵活性，要求计划也能随时按需要进行调整。所以，计划工作的重点应放在其方向性、指导性上，计划的期限宜短。

在成长阶段，随着目标进一步确定，不确定因素减少（如资源更容易获取、顾客忠诚度提高），因此，计划的重点可放在具体的可操作性上。

当组织进入成熟期，这时组织面临的不确定性和波动性最少，计划工作的重点可放在长期的、具体的可操作性上。

当组织进入衰退期时，目标要重新考虑，资源要重新分配，计划工作的重点又重新放在短期的、指导性的内容上。

与企业组织生命周期密切相关的概念是产品的寿命周期。该周期假设某一产品要经历若干阶段——导入阶段、增长阶段、成熟阶段及衰退阶段。这些阶段是分别以产品销售额增长率中的拐点加以规定的。

（3）环境的波动性。任何组织都是在一定的环境中从事活动的，环境的特点及其变化必然会制约组织活动方向和内容的选择。对环境的分析，就是要通过分析组织活动的内外影响因素，揭示活动条件变化规律，预测其未来变化，编制组织的计划体系，为组织活动方向和内容的选择与调整提供依据，实现组织外部环境、内部条件和组织目标三者之间的动态平衡。一般来说，若环境波动的频率高，即变化较多，则组织的计划重点应放在短期计划内容上，相对的计划的次数增多；反之，计划的重点则可偏向于长远的规划上，相对的计划的次数可减少。若环境变化的幅度大，计划的重点则应放在宏观的、长期的、战略性的、指导性的内容上；反之，组织的计划则可侧重于局部的、短期的、战术性的、可操作的具体内容方面。

（4）组织的文化。组织具有自己的各种构成要素，把这些要素有机地结合起来，除了要有一定的正式组织和非正式组织以及“硬性”的规章制度外，还要有一种影响组织凝聚力、创造力、适应力和持久力的“软性”要素，它以无形的“软约束”力量构成组织有效运行的内在驱动力。这种力量就是被称为“管理之魂”的组织文化。组织文化是组织精神、信念、道德、心理、智能等各种文化因素的总和。

组织文化有强弱之分，员工对组织的基本价值观念的接受程度和承诺越大，文化就越强，而且并非所有的文化都对员工有同等程度的影响。强文化（Strong Cultures）（强烈拥有并广泛共享基本价值观的组织）比弱文化（Weak Cultures）对员工的影响更大。在强文化背景下，由于组织文化是反映组织成员所共有的价值观、共同的追求和共同的利益的，因此，它对组织内部成员具有一种强烈的感召力，这种感召力可以把组织成员引导到组织所确定的目标上，规范员工行为，使他们行动一致、相互协调，为实现组织目标而自觉地努力奋斗，同样也会对计划工作的重点产生影响。在手段倾向型的组织文化中，组织的计划更侧重于具体的操作性内容；而在结果倾向型的组织文化中，组织的计划则会倾向于目标性和指导性内容。

二、编制计划的原则

为了使计划具有科学性，并得以顺利实施，编制计划时应遵循以下基本原则：

（1）与国家宏观经济政策、计划和规划相一致原则。在编制计划时，应考虑所处的宏观环境并与之相适应，以求得国家在财政、税收、金融等方面的支持，至少不受国家大政方针的限制。

（2）综合平衡原则。它既是计划管理的基本原则，也是计划工作的主要方法。做好综合平衡的关键是实事求是，长、中、短期计划，人、财、物资源，目标与措施，任务与时间，要全盘考虑。

（3）经济效益原则。提高经济效益是企业经营管理的中心任务，也是计划管理的中心任务。企业在安排经营计划时，首先，要做好市场预测，按照市场需求来安排生产；其次，还要进行可行性研究和量、本、利分析，做到以最少的消耗取得最大的收益。

（4）灵活性原则。过低的指标没有激励的效果，只有先进的计划，才能激发和调动员工的积极性，但脱离实际的高指标也会挫伤员工的进取心，因而计划指标必须是广大员工经过努力拼搏能够达到的。同时，为了预防企业内外各种条件的意外变化，计划应留有余地，具有一定的弹性，要有一定的应变能力。

（5）远粗近细、宏粗微细原则。时间越长，涵盖面越广，各种情况的变化越复杂，不确定性因素越多，因此，宏观长期计划要用粗线条勾画，微观短期计划则应细些，这样更具有可操作性。

（6）跟踪反馈原则。计划的编制、执行、反馈和调整是一个动态的系统，计划执行过程中存在的问题一定要及时反馈给计划部门，以便及时纠正偏差。

三、编制计划的步骤

虽然计划的类型和表现形式各式各样，但科学地编制计划所遵循的步骤却具有普遍性。管理者在编制各类计划时，可遵循以下步骤进行：

第一步，估量机会，确定前提条件。在实际的计划工作开始之前，管理者应该对环境中的机会做一个扫描，确定能够取得成功的机会。管理者应该考虑的内容包括：组织期望的结果，存在的问题，成功的机会，把握这些机会所需的资源和能力，自己的长处、短处和所处的地位。例如，大连一家食品公司通过市场调查和分析，发现儿童营养食品具有非常广阔的市场，该食品公司又有能力研究开发和生产此类产品，这就是一种市场机会。估量机会的工作就是根据现实的情况，对可能存在的机会做出现实的判断。确切地说，这项工作并非计划的正式过程，它应该在计划过程开始之前就已完成，但它是整个计划工作的真正起点。

确定前提条件是要确定整个计划活动所处的未来环境。计划是对未来条件的一种“情景模拟”，计划的整个工作步骤就是要确定这种“情景”所处的状态和环境。例如，食品公司确定生产儿童营养食品，就应分析当时消费者的消费水平、公司制造儿童营养食品的能力、生产什么产品、产品如何定价、需要何种设备和原料、原材料的供应情况和价格情况如何、产品成本如何、市场潜力有多大、竞争者的情况如何等。同时也应考虑计划参与者对计划的看法是否一致，具有哪些限制条件和困难。这种“情景模拟”能够在多大程度上贴近现实，取决于对环境和状态的预测能够在多大程度上贴近未来现实，也取决于计划工作的质量。

一般来说，以下几个方面的环境预测是必不可少的：①宏观的社会经济环境；②政府政策；③组织面临的市场；④组织的竞争者；⑤组织的资源等。上述这些环境因素，有些是可以控制的，有些则不能，还有的可以部分控制。为此，管理者应主要收集和掌握的资料包括：国家有关的方针政策、国家的行业计划和规划；订货合同、供销合同和协作合同；市场调查和预测资料；上年计划完成情况；人、财、物等资源保证程度；各类技术文件；各类技术经济定额等。

第二步，确定目标并分解目标体系。我们知道，人们在旅行之前必须明确自己的目的地，同样，计划工作的第一个步骤就是为整个计划确立目标，也就是计划的预期成果。如上述食品公司要确立生产儿童营养食品的目标，就要确定具体生产何种产品，每年生产多少，需投入多少人力、物力和财力，各部门具体应做哪些工作等。确立目标时应注意解决以下三个问题：①确立目标的内容和顺序；②选择适当的目标时间；③目标要有明确的科学指标和价值。

在确定企业的总体目标的基础上，应将总体目标分解落实到各个部门、各个环节，将长期目标分解为各个阶段的分目标。通过分解，确定组织的各个部分在未来时期的具体任务以及完成这些任务应达到的具体要求。分解的结果是形成组织的目标体系结构，包括目标的时间结构和空间结构。要保证目标、任务的相互衔接和协调，包括目标、任务的时间平衡和空间平衡。确定经营目标是企业的重要决策，应在科学预测的基础上，反复审议，做出决策，经营目标应制定得科学合理，并留有余地。

第三步，决定可供选择的方案。计划工作的第三步是探讨和制定可供选择的行为过程，即可行方案。只有一种可行方案的情况是极为少见的，完成某一项任务总是有许多方法，即每一项行动都有异途存在，这叫作异途原理。有些异途是潜藏着的，只有挖掘出各种可行方案才有可能从中选择出最佳方案。例如，食品公司决定生产儿童营养食品，有各种各样的儿童营养食品可供选择，应确定几种比较可行的方案供决策者做出选择。如果只有一种方案，就无所谓抉择。在管理实践中，管理者挖掘方案的才能与正确抉择的才能同样重要。然而，要挖掘多种可行方案，必须具有民主氛围，既要群策群力、集思广益，又要思路开阔、勇于创新，备选方案越多越好。

第四步，评价可供选择的方案。在找出各种可供选择的方案和检查了它们的优缺点后，就要根据确立的目标权衡它们的优劣，对方案进行评价。评价备选方案的尺度有两个方面：一是评价的标准；二是各个标准的相对重要性，即权数。在评价时要考虑以下几点：①特别注意发现每一个方案的制约因素或隐患；②在评估时，即将一个方案的预测结果和原有目标进行比较时，既要考虑到许多有形的可以用数量来表示的因素，也要考虑到许多无形的不能用数量来表示的因素；③要用总体的效益观点来衡量方案。这是因为对某一部门有利的不一定对全局有利，对某一目标有利的不一定对总体目标有利。

第五步，优选方案。选择方案是制订计划的真正关键。在这一步，管理人员要在多个可供选择的方案中，挑选一个最适合的方案。为了保持计划的灵活性，结果往往是可能选择两个方案，并且决定首先采取哪个方案，并将另一个方案也进行细化和完善，作为后备方案。

第六步，制订支持计划。基本计划往往需要支持计划的支持，因此第五步并不意味着计划工作的完成，还必须帮助设计计划内容的各个下属部门制订与基本计划相匹配的支持计划。基本计划要靠支持计划来扶持，支持计划是主计划的基础；只有支持计划完成了，主计划才可能完成。

第七步，用预算使计划数字化。在做出决策和确定计划后，最后一项就是把决策和计划转化为预算，使之数字化，通过数字来反映整个计划。这主要有两个目的：一是计划必然涉及资源的分配，只有将计划数字化之后才能汇总和平衡各类计划，分配好各种资源；二是预算可以成为衡量计划是否完成的标准。例如，食品公司可根据销售预测，确定每年销售各类儿童食品的数量、价格、销售收入及现金收入情况，接着编制生产预算以及直接材料、直接人工和制造费用预算，并编制销售及管理费用预算、预计利润表、预计资产负债表和预计财务状况变动表等。通过各项预算来反映计划执行后收入与支出总额、利润数额以及现金流动情况，还有资产与负债情况等。总之，计划预算化是为了使计划更加直接、明了，便于执行和控制。

四、计划的编制技术

计划的编制方法很多，常见的除量本利分析法外，主要还有以下几种方法：

（一）投入产出法

投入产出法是20世纪40年代由美国经济学家列昂惕夫首先提出的。它的主要依据是各部门经济活动的投入与产出之间的数量关系。所谓投入就是将人力、物力投入生产过程，在其中被消耗，这是生产性消费；所谓产出就是生产出一定数量和种类的产品。

投入产出法作为一种综合计划方法，首先根据某一年份的实际统计资料求出各部门之间的一定比例，编制投入产出表，然后计算各部门之间的直接消耗系数和间接消耗系数(合计是完全消耗系数)；再进一步根据某些部门对最终产品的要求，算出各部门应达到的状况，并以此编制综合计划。

这种方法的主要特点是：①反映了各部门的技术经济结构，可以合理安排各种比例关系，是进行综合平衡的一种有效工具。②在编制过程中不仅能充分利用现有统计资料，而且能建立起各种统计指标之间的内在关系，使统计资料系统化，编成的投入产出表则是一个全面反映经济过程的数据库，可以用来做多种经济分析和经济预测。③由于通过表格形式反映经济现象，涉及的数学知识不深，因而易于理解和接受。④适用范围广，不仅可用于国家、部门或地区等宏观层次，而且可用于企业的计划安排。

（二）综合平衡法

综合平衡法是计划编制的最基本方法，是从数量上协调各个经营部门、各个经营环节和各个经营要素之间的比例关系，使企业经营活动保持正常秩序和良好经济效果的一种方法。它包括两重意思：一是在各单项因素平衡的基础上实现各因素间全面的、综合的平衡；二是在综合平衡的前提下去指导、调整各个单项因素的平衡。综合平衡正是通过编制各种各样的平衡表，发现各项平衡中存在的矛盾和薄弱环节，使各单位、各部门、各环节、各要素之间相互衔接，紧密配合，由不平衡向平衡转变，达到总体功能的最佳水平。企业经营活动的内容不同，平衡的经济因素虽有不同，但一般包括生产与需求的平衡、生产任务与生产能力的平衡、生产与生产技术准备工作的平衡、生产与物质的平衡、生产与劳动力的平衡、生产与资金的平衡、主要经济指标的平衡等。

（三）定额比例法

定额比例法也称间接法，是利用两个相关经济指标之间长期形成的比率来推算并确定有关的计划指标的方法。定额是在一定的技术、经济和组织条件下，完成单位产品（工作）所规定的人力、财力、物力占用消耗的数量标准，如劳动定额、物资消耗定额、流动资金定额、生产和管理费用定额等。定额比例法就是根据有关定额来计算、确定计划指标的方法，如根据物资消耗定额和产量计划计算原材料的需要量。

（四）网络图法

网络计划技术于20世纪50年代后期在美国产生和发展，目前在组织活动的进度管理，特别是企业管理中得到广泛应用。这种方法是以网络图的形式来制订计划，通过网络图的绘制和相应的网络时间的计算，了解整个工作任务的全貌，对工作过程进行科学的统筹安排，并据以组织和控制工作的进行，以达到预期的目标。

网络图是网络计划技术的基础。任何一项任务都可以分解成许多步骤的工作，根据这些工作在时间上的衔接关系，用箭线表示它们的先后顺序，画出一个各项工作相互联系，并注明所需时间的箭线图，这个图就叫网络图。网络图由以下部分构成：

（1）“→”，工序，是一项工作的全过程，需投入人力、物力，经过一段时间才能完成。箭线下的数字便是完成该项工作所需的时间。此外，还有一些工序既不占用时间，也不消耗资源，是虚设的，叫虚工序，在图中用“┈┈➤”表示。网络图中应用虚工序的目的是避免工序之间关系的含糊不清，以正确表明工序之间先后衔接的逻辑关系。

（2）“○”，事项，是两个工序间的连接点。事项既不消耗资源，也不占用时间，只表示前道工序结束、后道工序开始的瞬间。一个网络图中只有一个始点、一个终点。

（3）路线，是指网络图中由始点事项出发，沿箭线方向前进，连续不断地到达终点事项为止的一条通道。利用网络技术制订计划，主要包括三个阶段的工作：①分解任务，即把整个计划活动分成若干数目的具体工序，并确定各工序的时间，然后在此基础上分析并明确各工序时间的相互关系；②绘制网络图，根据各工序之间的相互关系，根据一定规则，如两个事项之间只能由一条箭线相连，绘制出包括所有工序的网络图；③根据各工序所需的作业时间，计算网络图中各路线的路长，找出关键路线。

（五）线性规划法

线性规划法是利用一组代数方程式来表达和求解所要解决的实际问题的方法，即在一组约束方程下，寻求一个目标函数的最大值或最小值的方法。它的数学模型是：

在满足下列m个约束条件下：

$g(x_1, x_2, \cdots, x_n)\ \{\leqslant, =, \geqslant\}\ b_i\ (i=1, 2, \cdots, m)$

求$x_1, x_2, \cdots, x_n$等n个变量之值，使目标函数$Z=f(x_1, x_2, \cdots, x_n)$最优化。

其中：

g，f——函数符号；

Z——目标函数；

x_1，x_2，⋯，x_n——n个变量；

b_i——给定常数。

线性规划法常用于生产的组织与计划、农作物计划、运输计划、配料计划和合理下料计划等方面。求解线性规划的方法有很多，如图解法、单纯形法、图上作业法、表上作业法等。

（六）甘特图法

甘特图法是20世纪初由美国法兰克福兵工厂的亨利·L.甘特发明的，因其较多地运用线条来表示工作的进度，又称为线条图法或线条式进度表。在坐标上，用横坐标表示时间，在纵坐标上逐项记下工程项目，用一定宽度的线条来表示工程进行的时间，实线条表示工程已完成的工作量，虚线条表示工程未完成的工作量，用可移动的三角符号表示当前时刻，在没有完成的工作量上标一圆形说明标签，标签上注明代号，用线条的长短表明各工序作业的起止时间，在不违背工艺要求的前提下，调整作业顺序和期限，实施平行作业或交叉作业，达到缩短工期的目的。

甘特图法的主要功能是作为一种控制工具，能安排和控制生产进度，具有流程清楚、简单明了的优点，但不能反映多种工序相互衔接的关系，也不能反映人力、物力的调度情况。

任务三 环境分析

一、环境的概念

计划、目标、决策、战略都是在一定的环境条件下制定的，因而组织在制订计划时面临的内外部环境分析是计划的前提和基础。有什么样的环境，就有什么样的计划。离开了环境分析，就很难制订出科学、合理的计划。

环境是指组织外部环境和内部环境。外部环境就是组织外部各种影响因素的总称；内部环境就是组织本身的内部条件。进行环境分析，包括外部环境分析和内部环境分析两大类。其中，外部环境分析包括一般环境分析和行业环境分析；内部环境分析主要是企业资源条件分析。

二、环境的分析方法

（一）SWOT分析法

分析内部环境条件主要是找出经营的优势和劣势，分析外部环境主要是找出经营的机会和威胁，将这四种因素综合起来进行分析，就是SWOT分析法。

SWOT分析法为我们提供了经营环境分析的基本方法：优势S（Strengths），即企业内部经营优势；劣势W（Weaknesses），即企业内部存在的劣势；机会O（Opportunities），即企业外部经营机会；威胁T（Threats），即企业外部的威胁。

SWOT分析法的基本思路是：第一步，通过对内部环境条件的分析，明确企业所具有的优势与劣势；第二步，通过对企业所处的外部环境的分析，发现当前或将来可能出现的机会与威胁。在企业所具有或者面临的优势和劣势、机会和威胁都已确定后，管理人员就可以开始计划的工作过程，确定企业的目标，制定企业的战略与计划。

SWOT分析法为企业经营环境分析提供了基本框架，然而，企业所具有的优势与劣势，可能面临的机会与威胁，具体应如何分析呢？这就需要使用其他分析方法，一般情况下，内部环境分析常采用价值链分析法，行业环境分析常采用五种竞争力分析法，一般环境分析常采用PEST分析法，下面我们接着介绍。

（二）价值链分析法

价值链分析法主要针对企业内部环境进行分析，需要收集企业的管理、营销、财务、生产作业、人力资源、研发以及计算机信息系统运行等方面的信息，从中分析企业的优势和劣势。

（1）价值链。它又称增值链，是指企业创造价值的一系列的经营活动所组成的链条。价值链是由一系列生产经营活动构成的，主要包括两类：一类是基本活动，主要有采购、生产、储运、营销、服务等功能或活动；另一类是支援活动，主要有技术开发、人力资源管理、财务等功能或活动。

（2）价值链分析的基本原理。企业每项生产经营活动都是为顾客创造价值的经济活动，那么，企业所有的互不相同但又相互关联的价值创造活动叠加在一起，便构成了一个链条，创造的价值如果超过了成本，就能盈利；如果超过竞争对手所创造的价值，就会拥有更多的竞争优势。总之，企业是通过比竞争对手更廉价或更出色地开展价值创造活动来获得竞争优势的。

价值链分析是从企业内部条件出发，把企业经营性活动的价值创造、成本构成同企业自身的竞争能力相结合，与竞争对手经营性活动相比较，从而发现企业目前及潜在优势与劣势的分析方法。它是企业战略计划制订与实施的有力分析工具。

通过对价值链的深入分析，我们得知：一方面可以对每一项价值活动进行分析；另一方面可以对各项价值活动之间的联系进行分析。为了诊断和分析竞争优势与劣势，企业有必要根据价值链的一般模型，构造具有企业自己特色的价值链。

在进行系统的价值链分析的基础上，发掘企业的竞争优势，就要采取正确的竞争战略，不断增强企业的竞争优势。构建企业竞争优势的战略主要有三个：成本领先战略、产品差异化战略和市场专一化战略。

（三）五种竞争力分析法

在日趋激烈复杂的市场上，企业要生存和发展，就必须进行充分的行业环境分析，制定有效的战略目标，才能取得竞争优势。

美国著名管理学家迈克尔·波特建立了五种竞争力分析模型。他认为，企业最关心的是其所在行业的竞争强度，而竞争强度又取决于五种基本竞争力量。这五种竞争力量分别来自行业中现有企业间的竞争、潜在进入者、替代品、购买者的议价能力，供应者的议价能力，如图3-5所示。正是这些力量的状况及综合强度影响了企业在行业中的最终获利能力。

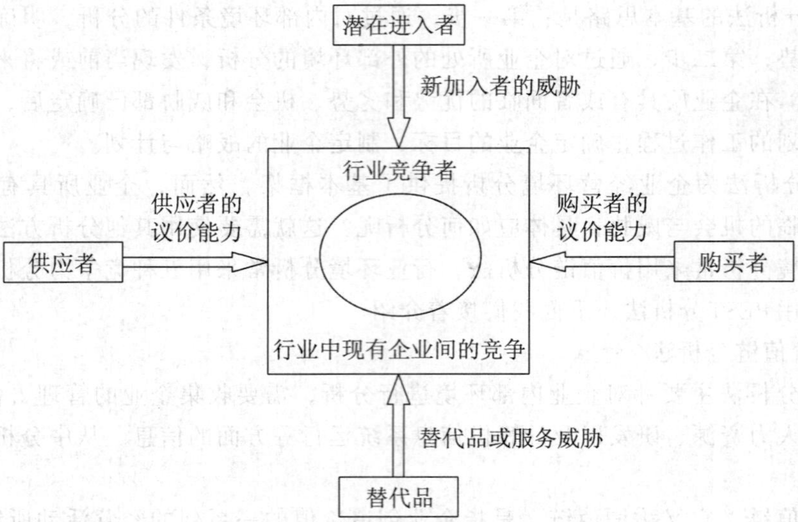

图3-5 五种竞争力量分析图

第一，行业中现有企业间的竞争，一般是指在企业所处的行业之中同行业之间的正面竞争。如美国可口可乐与百事可乐之间的竞争。

第二，潜在进入者，即经营同一类产品或服务的竞争者进入市场或进入本行业的可能性，可能性大就意味着同一市场上竞争对手的增加，而新进入者往往是在对市场做过充分调研，深知竞争者劣势的情况下有备而来的。

第三，替代品，指其他行业的产品或服务可以与该行业的产品或服务一样满足消费者的相同需求。例如，我国铁路运输业虽然近乎独家经营，但仍要面对公路、航空运输的竞争。替代品虽然不是同一种商品，但在使用上可以相互替代，会降低客户对本产品的信赖程度，从而挤压本产品的市场。

第四，购买者的议价能力。购买者所采取的手段主要有要求压低价格、要求较高的产品质量或更多的服务，甚至迫使行业中的企业互相竞争等。对行业中的企业来讲，购买者也是一个不可忽视的竞争力量。

第五，供应者的议价能力，是指企业的供应者在向企业提供产品和原材料时的讨价还价能力。如果供应商能够确定它所提供的商品的质量、价格、性能、交货期的可靠度，那么供应商就会成为一种强大的力量。

除这五种竞争力量外，还应注意高新技术的因素、信息与互联网的影响，特别是各级政府的政策取向等。波特还提出，除了识别竞争者，企业还要分析竞争者策略，确定竞争者目标，评估竞争者的优势和劣势，判断竞争者的反应模式。

（四）PEST分析法

一般环境也就是企业活动所处的大环境，也称宏观环境，是指给企业造成市场机会或威胁的主要环境因素，主要由政治（Political）、经济（Economic）、社会文化（Social）和技术（Technological）环境等因素构成，它对所有企业都会产生影响。PEST分析法就是对这四种环境因素进行分析，是分析一般环境的主要方法之一。

（1）政治环境。它泛指一个国家的社会制度，执政党的性质，国家的方针、政策、法规、法令等。不同的国家有着不同的社会制度，不同的社会制度对企业经营活动有着不同限制和要求。即使在社会制度没有发生变化的同一个国家，政府在不同时期的基本路线、方针、政策也是在不断变化的。企业必须研究分析这些变化。另外，随着社会法制体系的不断建立健全和完善，企业也必须了解与其活动相关的法制系统及其运行状态。

（2）经济环境。它主要指构成企业生存和发展的社会经济状况及国家的经济政策。经济环境又分为宏观经济环境和微观经济环境两方面的内容。宏观经济环境主要指一个国家的人口数量及增长趋势、国民生产总值及其变化情况，以及通过这些指标能够反映的国民经济发展水平和发展速度。宏观经济的发展和繁荣会为企业的生存和发展提供有利机会，而萧条、衰退的形势则可能给所有企业带来冲击。微观经济环境主要指企业所在地区或服务市场区域的消费者收入水平、消费偏好、储蓄情况、就业状况等因素的变化，这些因素直接决定着企业目标及未来的市场规模及发展空间。

（3）社会文化环境。它所包含的内容十分广泛，如一个国家或地区的人口数量、结构与地理分布、教育程度、文化水平、宗教信仰、风俗习惯、价值观念、行为规范、生活方式、文化传统等。随着社会经济的不断发展，人口结构的变化、消费观念和习惯的改变等都对企业产生影响。

社会文化环境还包括另外一个重要因素，就是企业所处地理位置及其气候条件的自然资源环境和生态环境，包括土地、森林、海洋、矿产、河流、生物、水源、能源等自然资源以及环境保护、生态平衡等方面的发展对企业的影响。

（4）技术环境。它是指与企业生产经营活动相关的科学技术要素的总和，它既包括推动社会发展的、革命性的行业技术进步，也包括与企业生产直接相关的新技术、新工艺的发明情况、应用程度和发展趋势，还包括国家和社会的科技体制、科技政策和科技水平。所以，必须了解国家对科技开发的投资和支持重点、行业技术领域发展动态、技术转移和技术商品化速度、专利及其保护等方面的情况。科学技术是第一生产力，现代高新技术推动了新兴行业的高速发展，同时也对企业管理产生了重大的影响，它可以创造新产品，降低成本，缩短工期，开拓新的市场，提高企业竞争力。

>>>>>>>>【案例赏析 3-1】面对竞争，企业如何分析环境

某建筑公司，经过几十年的发展，已经成为当地知名的建筑龙头企业。总结企业成功的经验，许多管理人员归结为天时、地利、人和，如国家经济的持续发展，与当地政府、银行的良好关系，几十年形成的固定客户和良好的信誉，良好的员工素质等。2008年，公司确立了打破地区界限、成为全国乃至世界知名建筑企业的愿景和使命。当企业树立这样的愿景和使命并为之努力时，发现曾经作为优势的“天时、地利、人和”似乎不在。例如，就在前不久，日本一家建筑企业在与公司谈判时，让公司在两天内给出一个项目的报价。由于公司没有既懂建筑专业又精通日语的人员，没有能够及时报价，很遗憾地没有抓住该项目。

请分析该公司的内外部环境以及应采取的措施。

资料来源 毛国涛，余俊波.管理学概论［M］.北京：经济管理出版社，2012.

案例精析 3-1

<<<<<<<<

任务四 目标管理

一、目标管理的概念

目标管理是20世纪50年代在美国出现的一种新的管理制度。目标管理的基本概念是由美国企业管理专家德鲁克首先提出来的，1954年德鲁克在《管理的实践》一书中用通用汽车公司联邦分权制的实例对目标管理进行了具体的介绍。任何一种管理制度的产生都不是偶然的。目标管理的出现，是现代管理理论不断发展并适应现代化大工业生产的结果。目标管理的迅速普及和发展也证明了这一点。

目标管理是依据外部环境和内部条件的综合平衡，确定在一定时期内预期达到的成果，制定出目标，并为实现该目标而进行的组织、激励、控制和检查工作的管理方法。目标管理包含了以下几方面含义。

（一）目标管理追求工作效果

在管理工作中，有两种管理方式：一种是注意怎样和怎么干而忽视工作目的；另一种则是注意从达到一定的目的出发而采取措施，保证实现目的成果。两种工作方式，必然有不同的工作结果。前者容易造成工作中按章办事，墨守成规，缺乏创造精神，或者成为上传下达的文牍主义的工作方式。而后者则可以调动各方面的积极性，为达到目的而采取各种办法、途径，成为主动的工作者，这就是目标管理的工作方式。

目标管理建立在追求工作目的的基础上，充分发挥工作者的主观能动性，明确工作范围，自己制定出某时期内完成的工作成果。所确定的工作成果，即目标。目标管理是调动人们努力工作的积极性而达到目的的科学管理方法。

（二）目标管理是一种综合性的科学管理方法

目标管理把以作业为中心和以人性为中心的管理理论和方法综合起来，使人们认识自己工作的价值，产生工作兴趣，自我控制去实现目标，取得成果后能享受工作欲望的满足感。同时分目标的实现也保证了总体目标的完成，这种全面的管理使“作业”和“人性”两个方面得到较好的统一和综合。

（三）目标管理是一种立体的多维的管理体制

目标管理以预定优化的最终成果为目标，通过横向协调和综合平衡，把目标层层展开，逐级落实。它使各级组织、每个职工都明确其在实现组织目标的总体活动中，在每一阶段担负何种任务、何时完成，它使职责在时间上、空间上明确化和具体化。它还体现了“责、权、利”的密切结合，从而形成了一种立体的多维的新的经济责任制度体系，使企业的各项活动都围绕目标的实现而统筹运动。

二、目标管理的特点

企业的运作要求各项工作都必须以整个企业的目标为导向，尤其是每个管理人员必须注重企业整体的成果——个人的成果是由其对企业成就所做出的贡献来衡量的。经理人必须知道企业要求和期望于他的是什么；否则，经理人可能会搞错方向，浪费精力。目标管理的特点表现为：

（1）目标管理是参与管理的一种形式。目标的实现者同时也是目标的制定者，即由上级与下级在一起共同确定目标。首先确定出总目标，然后对总目标进行分解，逐级展开，通过上下协商，制定出企业各部门、各车间直至每个员工的目标；用总目标指导分目标，用分目标保证总目标，形成一个“目标—手段”链。

（2）强调“自我控制”。大力倡导目标管理的德鲁克认为，员工是愿意负责的，是愿意在工作中发挥自己的聪明才智和创造性的；如果我们控制的对象是一个社会组织中的“人”，则我们应“控制”的必须是行为的动机，而不应当是行为本身。也就是说，必须以对动机的控制达到对行为的控制。目标管理的主旨在于，用“自我控制的管理”代替“压制性的管理”，它使管理人员能够具有更强烈的动力，尽自己最大的力量把工作做好，而不仅仅是“过得去”就行了。

（3）促使权力下放。集权和分权的矛盾是组织的基本矛盾之一，唯恐失去控制是阻碍大胆授权的主要原因之一。推行目标管理有助于协调这一对矛盾，促使权力下放，有助于在保持有效控制的前提下，把局面搞得更有生气一些。

（4）注重成果第一的方针。采用传统的管理方法，评价员工的表现，往往容易根据印象、本人的思想和对某些问题的态度等定性因素来评价。实行目标管理后，由于有了一套完善的目标考核体系，从而能够按员工的实际贡献大小如实地评价一个人。目标管理还力求组织目标与个人目标更密切地结合在一起，以增强员工在工作中的满足感。这对于调动员工的积极性、增强组织的凝聚力起到了很好的作用。

三、目标管理的程序

第一步，确定目标。从完整意义上说，目标是组织在一定的时期内通过努力争取达到的理想状态或期望获得的成果，它包括组织的目的、任务，具体的目标项目和指标，以及指标的时限。我们可从以下几点进行分析：①组织的目的是任何一个组织的最基本的目标。②组织的任务是组织目的的明确化和具体化，它从战略角度概括地确定实现组织目的的活动领域、内容和对象等。③目标项目和指标是组织任务的进一步具体化、明确化和定量化。④目标的时限是指目标要在一定的时间内完成，没有时间限制的目标是没有意义的。

组织目标的确立对组织具有以下几方面的重要作用：①为管理工作指明方向；②激励作用；③凝聚作用；④考核标准。

目标是考核主管人员和员工工作绩效的客观标准。每个企业都应根据自己的任务和本企业的具体情况，确定企业目标。它一般包括市场目标、发展目标和利润目标。根据企业目标的内容和目标值，可用高度概括的语言归纳出企业的方针。企业方针和目标值组合构成企业目标。

第二步，目标展开。将企业目标从上到下，层层分解落实的过程，称为目标展开。分解目标要自上而下，将企业目标按其内部机构设置和组织层次依次分解，直至最小岗位和个人。分目标自上而下层层保证、相互协调，保证总目标的实现，从而形成一层接一层、一环套一环的目标体系。

企业目标经过分解，形成企业的目标体系后，还要进一步采取对策，并进行对策展开。对策就是实现目标的具体措施，要按照层次，通过企业诊断分析和掌握现状，找出各部门实际情况与目标（或分目标）之间存在的差距，对这些差距进行归纳、整理、分类，就可以找出实现企业目标所必须解决的重要问题即问题点，针对各个问题点有的放矢地制定相应对策，如图3-6所示。

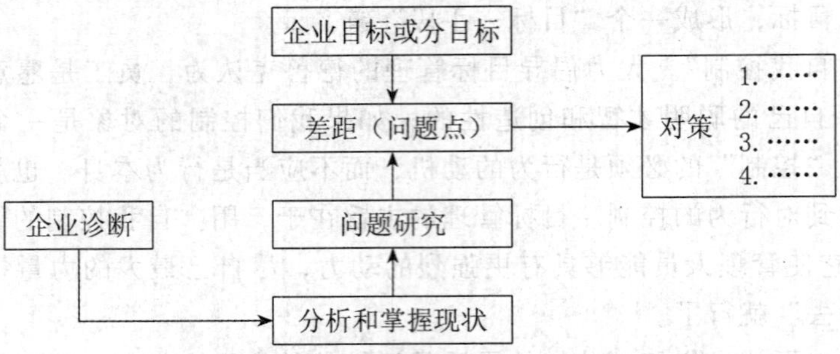

图3-6 对策展开过程

在目标展开过程中，要充分进行目标协商。经过目标协商，就要把各层次目标与各层次上的具体人员紧密地结合起来，明确相应的目标责任。在明确目标责任时，也应从上到下，上下结合，按层次要求层层落实到每个员工，每个员工都要对准企业目标，认清自身目标，明确自己应该做什么，怎么做，做到什么程度，达到什么要求。此外，应注意从目标要求出发使责任指标化，以便于执行、考核和检查。经过目标分解、目标展开、目标协商和明确目标责任，企业目标就得到了基本展开。为使全体员工明确各自的目标及其责任，还要编制好目标展开图，用图表的形式将企业目标、层次目标和目标对策等方面的主要内容表示出来，公布于众，由员工自觉执行。这是目标展开的最后一个环节。

第三步，目标的实施。企业目标一经确定和展开，企业从上到下，方方面面，都要按照目标体系的要求，同心协力，分工协作，努力为实现企业的共同目标而尽职、尽责、尽力，这就是目标的实施过程。目标实施的好坏，直接关系到预期目标能否稳步实现。因此，实施目标在目标管理中处于极其重要的地位。

目标实施前要做好准备工作，包括人员准备、技术文件准备、设备工具准备、原材料准备和资金准备。自我控制是实施目标管理中一个很重要的指导思想。所谓自我控制，就是企业员工按照自己所担负的目标责任，按照目标承包责任制的要求，在实施目标中进行自主管理。自我控制的最大成效，就是使广大员工感到不是哪个上级要我干，而是从内心发出我要干的愿望并以此指导自己的行动，从而充分发挥自己最大的积极性，把各项工作做好。

在全面检查中发现问题，要及时解决，这主要依靠综合诊断。综合诊断是在对目标实施情况进行全面检查的基础上，发现存在的问题，找出原因，采取补救措施，使目标实施工作正常进行的一种科学管理方法。

此外，在实施目标的过程中，必须注意各个方面、各个环节上进程的均衡与协调，这就要求抓好实施过程中的调节。均衡的主要内容是：纵向均衡和横向均衡。纵向均衡，就是企业在规定的目标周期内（年），均衡地完成企业总目标规定的任务。纵向均衡有四种形式：①平均分配，即将总目标按时间等量分配，使每月完成的目标值大致相等；②分期递增，即将总目标值分成几个阶段，使每段时间有一个增长幅度，但在每个阶段内，按月完成的目标值大致相等；③小幅度连续增长，即随着企业内生产技术水平与工人的技术熟练程度的提高，各月的目标值小幅度连续上升；④抛物线形递增，即期初按正常进度实施目标，等到采用新技术、设备改造等目标项目完成后，实施进度加快，以后在新的基础上趋于稳定的上升状态。横向均衡则要处理好部门或个人间工作进度的一致、相互协作和配合，包括供求关系的协作、质量协作、技术协作和劳动力协作。

第四步，目标成果评价。在实施目标基础上，应对实施目标的成果做出客观的评价，以总结经验教训，为开展下一期目标管理、进行新的循环做好准备。成果评价既是实施奖惩的依据，也是上下左右沟通的机会，同时还是自我控制和自我激励的手段。评价内容概括地说，制定目标时有什么内容，评价时就有什么内容，主要包括目标值、协作情况和目标进度的综合性。评价的方法主要包括上级对下级的评价、上下级间的相互评价和上下级的自我评价。评价要公正、客观，一视同仁。

第五步，实行奖惩。组织对不同成员的奖惩，是以上述各种评价的综合结果为依据的。奖惩可以是物质方面的，也可以是精神方面的。公平、及时、合理的奖惩有利于维持和调动组织成员饱满的工作热情和积极性，奖惩有失公正，则会影响成员行为的改善。

第六步，制定新目标并开始新的目标管理循环。成果评价与成员行为奖惩，既是对某一阶段组织活动效果和组织成员贡献的总结，也为下一阶段的工作提供参考和借鉴。在此基础上，为组织及其各个层次表面的活动制定新的目标并组织实施，开始目标管理的新一轮循环。

四、目标管理的应用——PDCA循环

PDCA循环的概念最早是由美国质量管理专家戴明提出来的，PDCA循环又叫“戴明循环”。熟练掌握和灵活运用PDCA循环方法，对于提高质量管理体系运行的效果和效率十分重要。PDCA循环理论可以存在于所有领域，既可以应用于人们的专业工作，也可以应用于日常生活，它被人们持续地、正式或非正式地、有意识或下意识地使用于自己所做的每件事和每项活动。

（一）PDCA循环的内涵

PDCA方法可适用于所有过程。其模式可简述如下：

P——计划，根据顾客的要求和组织的方针，为提供结果设计建立必要的目标和过程；

D——实施，实施过程；

C——检查，根据方针、目标和产品要求，对过程和产品进行监视和测量，并报告结果；

A——处理，采取措施，以持续改进过程业绩。

（二）PDCA循环的主要步骤

PDCA循环是现场质量保证体系运行的基本方式，它反映了不断提高质量应遵循的科学程序。以全面质量管理为例介绍一下“P（计划）—D（实施）—C（检查）—A（处理）”的管理循环的主要步骤。它包含四个阶段和八个步骤。

（1）P：计划（Plan）。在开始进行持续改善的时候，首先要进行的工作是计划。计划包括制定质量目标、活动计划、管理项目和措施方案。计划阶段需要审视企业目前的工作效率、追踪流程目前的运行效果和收集流程过程中出现的问题；根据搜集到的资料，进行

分析并制订初步的解决方案，提交公司高层批准。计划阶段包括四项工作内容：①分析现状。通过现状的分析，找出存在的主要质量问题，尽可能以数字形式说明。②寻找原因。在所搜集到的资料的基础上，分析产生质量问题的各种原因或影响因素。③提炼主因。从各种原因中找出影响质量的主要原因。④制订计划。针对影响质量的主要原因，制订技术组织措施方案，并具体落实到执行者。

（2）D：实施（Do）。在实施阶段，就是将制订的计划和措施，由具体组织实施和执行。将初步解决方案提交给公司高层进行讨论，在得到公司高层的批准之后，由公司提供必要的资金和资源来支持计划的实施。

在实施阶段需要注意的是，不能将初步的解决方案全面展开，而只在局部的生产线上进行试验。这样，即使设计方案存在较大的问题，损失也可以降低到最低限度。通过试验，可以检验解决方案是否可行。

（3）C：检查（Check）。第三阶段是检查，就是将执行的结果与预定目标进行对比，检查计划执行情况，看是否达到了预期的效果。按照检查的结果，来验证生产线的运作是否按照原来的标准进行，或者原来的标准规范是否合理等。

生产线按照标准规范运作后，分析所得到的检查结果，寻找标准本身是否存在偏差。如果发生偏差现象，重新策划，重新执行。这样，通过暂时性生产对策的实施，检验方案的有效性，进而保留有效的部分。

（4）A：处理（Administer）。第四阶段是对检查结果进行处理，对成功的经验加以肯定，并予以标准化或制定作业指导书，便于以后工作顺利开展；对于失败的教训也要总结。对于没有解决的问题，应提到下一个PDCA循环中去解决。处理阶段包括两方面内容：①总结经验，进行标准化。总结经验教训，估计成绩，处理差错。把成功的经验肯定下来，制定成标准；把差错记录在案，作为鉴戒，防止今后再度发生。②问题转入下一个循环。将遗留问题转入下一个管理循环，作为下一阶段的计划目标。

（三）PDCA循环的特点

PDCA循环有如下两个特点：

（1）大环带小环。如果把整个企业的工作作为一个大的PDCA循环，那么各个部门、小组还有各自小的PDCA循环，就像一个行星轮系一样，大环带动小环，一级带一级，有机地构成一个运转的体系，如图3-7所示。

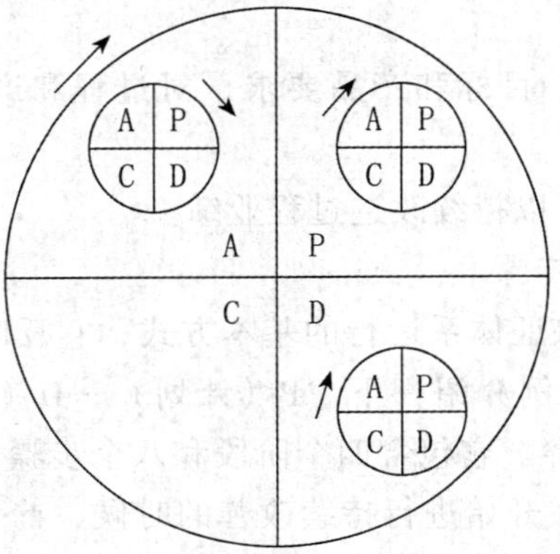

图3-7 大循环套小循环

应当指出，PDCA循环中的A是关键环节。若没有此环节，已取得的成果无法巩固（防止问题再发生），人们的质量意识可能没有明显提高，也提不出上一个PDCA循环的遗留问题或新的质量问题。所以，应特别关注A阶段。

（2）阶梯式上升。PDCA循环不是在同一水平上循环，每循环一次，就解决一部分问题，取得一部分成果，工作就前进一步，水平就提高一步。到了下一次循环，又有了新的目标和内容，更上一层楼。图3-8所示为这个阶梯式上升的过程。

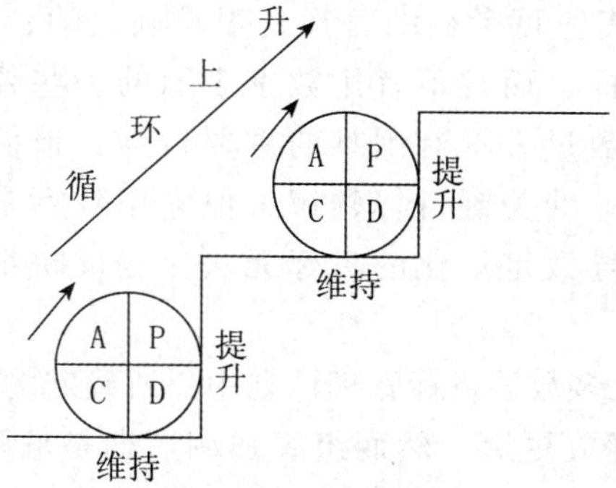

图3-8 阶梯式上升

五、目标管理的优缺点

虽然目标管理是现在运用最广泛的实际管理方法之一，但它的效果也存在问题。管理实践表明，要评价目标管理的真正效果是非常困难的。如果一个目标管理方法产生效果，它一定与其特定的环境条件相适应。尽管目标管理方法有很多优点，但也有若干弱点和缺点。目标管理在管理过程中是必不可少的一个重要环节，为了进一步认识目标管理，一起来解读目标管理的优缺点。

（一）目标管理的优点

（1）有利于提高管理效率。目标管理最大的优点就是极大地提高了管理工作效率，它是用目标和预期结果来定向计划工作，这一点非常有效。目标管理迫使管理人员去考虑关于计划的效果，而不仅仅是计划本身的工作。为了保证目标的实现，它也需要管理人员去考虑实现目标的方法，考虑必需的组织、人员和物资。

（2）有利于明确组织任务和结构。目标管理可以迫使管理人员弄清组织的任务和结构。在可能的范围内，各个岗位应该围绕所期望的关键目标建立起来，各个岗位应有人负责，从而尽可能地把主要目标所要取得的成果落实到对实现目标负有责任的岗位上。

（3）可以有效地调动人们的积极性、创造性和责任心，鼓励他们专心致志于自己的目标。①人们不再只是做工作、执行指示、等待指导和决策；②他们实际上是参与制定目标，且都是明确规定目标的个人；③他们有机会把自己的想法纳入计划之中；④他们了解自行处理的范围——他们的职权，而且他们还能从上级领导那里取得帮助，以保证他们完成自己的目标。这些都是有助于承担责任的因素。

（4）更有效地实施控制。控制就是测定工作，采取措施以纠正在计划实施中出现的偏差，以确保目标的实现。管理控制系统的一个主要问题是要知道去监视什么，一套明确的考核目标就是进行监视的最好指导。

（二）目标管理的缺点

（1）对目标管理原则的阐述不够。“目标”二字看起来很简单，但是要把它付诸实施的管理人员，必须对它有很好的领会和了解。他们必须依次向下层人员解释目标管理是什么，它怎样起作用，为什么要实行目标管理，在评价绩效时它起什么作用，以及参与目标管理的人能够得到什么好处。但是实际上，许多管理人员对目标管理的基本思想理解并不深。

（2）目标难以确定。真正可考核的目标是很难确定的，为了追求目标的可考核性，人们可能过分使用定量目标，而且不宜用数字表示的一些领域里也企图利用数字，或者对一些项目最终成果用数量表示有困难的重要目标，他们可能降低等级。例如，良好的企业形象可能成为企业的关键目标领域，但它用数字来表示就很困难。为了体现目标管理的思想，可能会导致定量化的目标无法充分反映组织的总体要求，甚至会降低标准。

（3）目标短期化。在大多数的目标管理计划中，所确定的目标一般都是短期的，很少超过1年，常常是一个季度或更短。然而组织强调短期是危险的，会损害长期目标的实现。因此，为防止短期目标导致的短期行为，上级管理人员必须从长期角度提出总目标和制定目标的指导准则。

（4）不灵活。目标管理要取得成效，就必须保持其明确性和稳定性，如果目标经常改变，就难以说明它是经过深思熟虑和周密计划的结果，这样的目标是没有意义的。计划是面向未来的，而未来存在许多不确定因素，使得必须根据已经变化了的环境对目标进行修正。目标的改变可能导致目标前后不一致，给目标管理带来困难。

即使目标管理在某些情况下有这些困难，但实际上，这种管理方法所强调的是设置目标，人们一直认为那是计划工作和管理工作不可缺少的一部分。这就要求组织成员不断探索，总结经验，取得最佳效果。

【案例赏析3-2】目标管理在公司中的重要性

宏大集团公司是一家拥有20家子公司和分公司的大型集团企业，集团公司对分公司的管理方式是独立经营，集中核算。有一位分公司的张经理最近听了关于目标管理的讲座，很受启发和鼓舞，计划在分公司内推行目标管理。在一次部门经理会议上他详细叙述了这种方法的实际应用与发展情况，指出了在公司推行这种方法的好处，提出了在公司实施目标管理，并要求下属人员考虑他的建议。一段时间后，在又一次部门经理会议上，大家对实施目标管理进行了讨论。财务经理提出，集团总公司对分公司下一年的目标没有明确指示，生产经理也提出，总公司对分公司的目标也无明确要求，分公司要做什么也不清楚。听到这些后，张经理说：“这些都无关紧要，不会影响我们实施目标管理。其实，目标没什么神秘的，我们分公司计划明年的销售额达到500万元，税后利润率达到8%，投资收益率达到15%，正在进行的新产品项目很快就能投产，我们以后还会有更进一步的明确目标，如今年年底前完成我们的新市场开发工作，保持员工流动率在15%以下……”张经理越说越兴奋，“下个月，你们每个人要把这些目标转换成自己部门可考核的目标，并能用数字表达，这些数字加起来就构成我们分公司的总目标了。”部门经理听到这里，对自己的领导提出这些可考核的目标及如此明确和自信的陈述感到惊讶，一时无语。

资料来源 国试书业.管理学原理·自学考试同步训练［M］.武汉：华中师范大学出版社，2010.

请根据上述资料回答下列问题：

（1）什么是目标管理？其特点是什么？

（2）张经理设置目标的方法是否妥当？你认为应该如何做。

案例精析3-2

应知考核

随堂测3

一、单项选择题

1.下列不属于按计划的职能标准来对计划进行分类的是（　　）。

A.业务计划　　B.长期计划　　C.人事计划　　D.财务计划

2.关于具体性计划和指导性计划，理解错误的是（　　）。

A.二者是根据计划内容的明确性标准来划分的

B.指导性计划具有明确规定的目标，不存在模糊不清的问题

C.规定未来6个月内销售额要增加17%属于具体性计划

D.规定未来6个月内销售额要增加12%～20%属于指导性计划

3."一件预计可能会出错的事情，往往一定会出错。一件事情出错，其他事情也跟着错。"类似的话揭示了（　　）。

A.决策的制定与实施一定要果断且富有信心，否则就很难实现

B.制订计划应树立起权变的意识，问题出现时应立即制订出相应的应变计划

C.应变计划的制订是计划工作的一部分内容，应在计划过程中及早予以考虑，不能等到出现问题时再仓促应对

D.要注意认真分析事物之间的关联性，以期得到正确的结论

4.有这样一种认识：长期计划都是战略性的、综合性的；短期计划都是战术性的、专业性的。你认为这种认识（　　）。

A.正确，几乎所有的企业都是这样的

B.正确，这种说法也是符合理论上所划分的计划的类型的

C.不正确，管理当中存在着权变，这种说法太绝对了

D.不正确，有些长期计划不是战略性的，而有些专业性计划也不是短期性的

5.很多管理者中流传着"计划赶不上变化"的说法，在下面的诸多观点中，最有道理的是（　　）。

A.变化快要求企业只需要制订短期计划

B.计划制订出来之后，在具体实施时要进行大的调整，因此计划的必要性不大

C.尽管环境变化速度很快，还应该像以前一样制订计划

D.变化的环境要求制订的计划更倾向于短期的和指导性相结合的计划

6.企业经营环境变化速度的加快，使得企业中长期计划制订的难度不断加大，并且需要不断调整，因此，有人提出以下几种建议，以应付不确定且经常出现重大突发事件的经营环境。你最赞同的是（　　）。

A.计划一旦制订就应该保持其严肃性，可采取以不变应万变的做法

B.一旦环境发生了变化，就应该主动放弃原计划而制订新计划

C.通过动态调整计划来适应新环境，以保持中长期计划的灵活性

D.在保持原计划不变的同时，根据突发情况另外制订应急计划

7.下列选项中，表述正确的是（　　）。

A.计划工作的核心是自我控制　　B.计划工作的核心是参与管理

C.计划工作的核心是决策　　D.计划工作的核心是提供控制标准

8.目标管理活动的起点是（　　）。

A.分配任务　　B.组织实施

C.检查结果　　D.建立一整套完整的目标体系

9.（　　）是从企业内部条件出发，把企业经常性活动的价值创造、成本构成同企业自身的竞争能力相结合，与竞争对手经常性活动相比较，从而发现企业目前及潜在的优势与劣势的分析方法。

A.SWOT分析法　　B.价值链分析法

C.五种竞争力分析法　　D.PEST分析法

10.通常情况下，高层管理人员主要制订具有全局性、方向性和长远性的计划，计划工作的重点应放在战略计划上，体现了计划工作重点权变因素的（　　）。

A.组织的层次　　B.组织的生命周期

C.组织文化　　D.环境的波动性

二、多项选择题

1.关于业务计划、财务计划和人事计划理解正确的有（　　）。

A.财务计划与人事计划都是为业务计划服务的

B.人事计划和业务计划都是为财务计划服务的

C.财务计划研究如何从资金的提供和利用上促进业务活动的有效进行

D.人事计划分析如何为业务规模的维持或扩大提供人力资源保证

2.关于战略性计划和战术性计划理解正确的有（　　）。

A.战略性计划的实施是组织活动能力的形成和创造过程

B.战术性计划的实施则是对已经形成的能力的应用

C.二者是依据涉及时间长短及其范围的广狭的综合性来划分的

D.战略性计划是战术性计划的依据，战术性计划是战略性计划的落实

3.关于程序性计划和非程序性计划理解正确的有（　　）。

A.程序性计划是准备用来处理常发性问题的

B.非程序性计划是用来处理一次性的而非重复性的问题的

C.如新产品的开发、生产规模的扩大等都应该使用程序性计划

D.如订货、材料的出入库等都可以使用非程序性计划

4.计划在现代企业管理中处于核心地位，其主要作用有（　　）。

A.计划有利于管理者进行协调和控制

B.计划有利于提高工作效率

C.计划能够弥补情况变化所造成的损失

D.计划有利于实施控制，有利于企业和个人预测未来、权衡机会与风险

5.影响计划工作重点权变因素的有（　　）。

A.组织的层次　　B.组织的生命周期　　C.组织文化

D.环境的波动性　　E.组织的效益性

三、判断题

1.计划的正确与否，关系到企业经营的成败，决策在现代企业管理中处于核心地位。（　　）

2.企业年度计划，是企业长期计划的具体化和补充，是实现长期计划的保证，包括企业年度内各个生产经营环节和各个方面的活动，故又称年度综合计划。（　　）

3.业务计划是通过业务活动立身于社会的，也是组织的主要计划。（　　）

4.高层管理计划着眼于组织整体的、长远的安排，注重组织在环境中的定位，确定与环境的能量互换关系，一般属于战略性计划。（　　）

5.PDCA循环的概念最早是由美国质量管理专家戴明提出来的，PDCA循环又叫“戴明循环”。（　　）

四、简答题

1.用“5W2H”来描述计划工作的任务和内容。

2.简述计划职能的内容、要求和特点。

3.简述计划指标体系、计划的权变因素、编制计划的原则和步骤、计划的编制技术。

4.简述环境的分析方法：SWOT分析法、价值链分析法、五种竞争力分析法、PEST分析法。

5.简述目标管理的应用——PDCA循环。

应会考核

案例分析

【背景资料】

15年前，远大公司的总经理张诚志靠贩运水泥起家，凭苦干、借机遇，发展到今天

已是一个拥有几千万元资产的民营大企业。总公司现拥有贸易分公司、建筑装饰分公司和房地产分公司，员工300多人。自公司成立以来，公司的管理全靠张总个人的经验，从来没有通盘的目标与计划。近年来，公司的日子愈发不好过了。由于成本上升，市场竞争加剧，建筑分公司的创利逐年减少，处于略有盈余的维持状态。贸易分公司也只是靠以前的家底维持公司的日常活动，大笔生意几乎没有了。房地产分公司更是一年不如一年，房地产市场疲软，公司手里积压的几十套房产成为公司巨大的负担。但公司也有一些发展的机会，如做小型柴油机的代理商；开拓市中心商业街工程，虽投入较大，但利润可观。总之，摆在张总面前的困难很多，但机会也不少。新的一年到底该干什么？以后的5年、10年又该怎样发展？该怎样制定公司的目标与计划？张诚志总经理现在苦苦思考着这些问题。

【考核要求】

请根据背景资料回答下列问题：

（1）远大公司是否应制订公司中长期的发展计划？为什么？

（2）如果你是张总，你该如何制订公司的发展计划？

项目实训

【实训项目】

计划技术应用。

【实训目标】

1.掌握计划技术方法。

2.培养学生解决问题的实践能力。

【实训内容】

1.由教师提出项目问题：选择一项新产品的开发项目作为计划内容。

2.按照新产品的开发程序设计阶段。

3.绘制网络图，按课程所讲授内容及步骤进行。

【实训要求】

1.由教师下达项目计划任务书。

2.每位学生按网络图编制要求绘制网络图。

3.由教师对网络图进行全面分析和综合评价。

项目四 组 织

知识目标

理解组织的概念、特征、形式、职能，组织设计的必要性，组织层级设计中的授权，组织文化的概念和性质；熟知组织设计的任务、组织的部门化、组织的层级化与管理幅度；掌握组织设计的原则、影响组织设计的因素、组织的层级设计需要解决的主要问题、组织结构的常见形式、组织文化的构成与功能、组织文化的培育。

技能目标

学生能够掌握组织的常见形式，学会协调职权关系的方法和艺术。

素质目标

通过本项目的学习，能够培养起学生形成对组织设计的原则、影响因素的认同和理解；体会组织文化的塑造对组织的影响；并注意组织中的社会道德和社会责任。

知识精讲

任务一 组织概述

一、组织的概念和特征

组织可以从不同角度去解释和理解。从实体角度看，组织是为实现某一共同目标而由若干个人组合形成的一个系统。公司、企业、学校、医院及政府机构等都是组织。在管理过程中，组织又是管理的一项基本职能，是指为达到某一目标而协调人群活动的一切工作的总称。两者具有不同的含义。

（一）实体组织

组织是为实现某一共同目标，经由分工与合作及不同层次的权力和责任制度，而构成的人的集合。实体组织有三个特征：

(1) 组织必须具有共同目标。任何组织都是为实现某些特定目标而存在的，不论这种目标是明确的，还是隐含的，目标者是组织存在的前提和基础。大学的目标是传授知识，培养高级人才；而一些非正式组织，它们隐含的目的就是使组织成员受到保护，满足成员在某些方面的特殊要求。

(2) 组织内必须有明确的分工与协作。分工与协作关系是由组织目标限定的。企业为了达到经营目标要有采购、生产、销售、财务和人事等许多部门，这是一种分工，每个部门都专门从事特定的工作。各个部门又要相互配合，采购要根据生产的需要进行，生产要“以销定产”，这就是一种合作。只有把分工和合作结合起来，才能提高效率。电影院的观众具有相同的目的，但他们彼此没有分工与合作，不能称其为组织，而电影院的全体工作人员则在工作中相互配合，构成了一个实体组织。

（3）组织要有不同层次的权力与责任制度。这是由于分工之后，就要赋予各部门及每个人相应的权力，以便于实现目标。但同时必须明确各部门或各人的责任，只有权力而不负责任，可能导致滥用职权，同样影响组织目标的实现。所以，职权和责任是达成组织目标的必要保证。

（二）组织职能

组织职能是指为了有效地实现共同目标和任务，合理地确定组织成员、任务及各项活动之间的关系，并对组织资源进行合理配置的过程，即组织工作的全过程。组织职能的主要内容包括：

（1）组织结构的设计。它包括组织内横向管理部门的设置和纵向管理层次的划分。当组织目标确定以后，管理者首先应对为实现组织目标的各种杂乱无章的工作内容进行划分和归类，把性质相近或联系紧密的工作进行归并，成立相应的职能部门进行专业化管理，并根据适当的管理幅度来确定组织的纵向管理层次，最后形成一个完整的系统。

（2）适度分权和正确授权。在确定了组织结构的形式后，要进行适度的分权和正确的授权。分权表示组织内管理的权力由高层管理者委派给各层次和各部门的程度，分权要讲求适度；授权则体现职权委任给各个管理层和各个部门的过程。分权适度，授权成功，有利于组织内各层次、各部门为实现组织目标而协同工作。

（3）组织内各职务人员的选择和配备。它包括人员的招聘和定岗、训练和考核、奖惩制度，以及对人的行为的激励等。

（4）组织文化的培育和建设。为创造良好的组织气氛而进行团体精神的培育和组织文化的建设。

（5）组织运作和组织变革。组织运作是指管理者怎样使已设计好的组织系统围绕目标而有效地运转起来。这包括制定和落实各种规章制度及建立组织内部的信息沟通模式。组织变革是指不断适应实现目标的需要，对组织工作进行必要的调整、改革与再设计。

（6）组织与外部环境的关系。组织存在于特定的社会环境之中，组织的形态、功能、结构、管理活动都受环境影响，如何使组织行为与外部环境保持一致是组织职能的重要内容。

二、组织的形式

从全社会来说，根据组织的目标性质以及由其所决定的基本任务，可把组织划分为政治组织、经济组织、军事组织、学术组织、教育组织、宗教组织等不同的种类。从组织的形式上来说，主要有以下几种：

（一）正式组织与非正式组织

（1）正式组织。它是为了有效实现组织目标，经过人为的筹划和设计，并且具有明确而具体的规范、规则和制度的组织。特点：专业分工性，明确的层级，法定的权威，统一的规范，相对的稳定，职位的可替代性，物质的交换性。

（2）非正式组织。它是指组织成员为了满足特定的心理或情感需要而在其实际活动和共同相处的过程中自发和自然形成的团体。特点：基于特定的需要，没有明确的目标，自发形成，没有明确的成文制度和规则，具有两面性（双刃剑）。

（二）机械式组织与有机式组织

（1）机械式组织。它又被称为官僚式组织，最突出的特点是有严格的层级关系，每个职位都有固定的职责，坚持统一指挥原则并产生一条正式的职权层级链，每个人只受一个上级的领导，形成一种典型的、规范化的结构；成员之间按照正式的渠道进行沟通，组织的权力最后集中在组织的金字塔的顶层。

（2）有机式组织。它又被称为适应式组织，是一种低复杂性、低正规化和分权化的组织。与机械式组织不同的是，它强调灵活、适应和变化。在有机式组织中，员工大多是职业化的，具有熟练的技巧，并且在经过训练之后能够处理多种多样的问题，所以工作不需要太多正式的规则和监督。这种组织的特点是员工之间存在高度的合作、非正式的沟通、分权、职位与职务的变化调整。

一般来说，创业阶段的企业近似于有机式组织，而成长到一定的规模之后就会演化为机械式组织，而发展成优秀的企业之后又会成为有机式组织。

三、组织的职能

系统理论认为“整体大于部分之和”。这就是说，整体具有其组成部分在孤立状态下所没有的新质，如新的特性、新的功能、新的行为或新的结构等。然而，具体就某一系统而言，整体既可能大于部分之和，也可能小于部分之和，其中组织是否合理对于增加系统的整体功能具有决定性的作用。组织的职能主要体现在：

（1）有效配置各种资源。任何组织的资源都是有限的。实现同样的目标，不同的组织消耗的资源数量会有所不同。组织结构合理、组织工作有序就可以合理有效配置资源，从而以最少的资源消耗实现组织的既定目标。

（2）相互协作发挥整体功能。组织职能具有相互协作发挥整体功能的作用。分工可取得专业化的好处，也是明确责任的前提，但分工效应必须依靠协作取得。兼顾分工与协作，要求在观念上有整体的目标和共同奋斗的意识；在制度上应明确分工的责任和协作任务；在组织形式上，应将分工与协作结合起来，这些都只有通过组织职能来实现。

（3）合理使用各类人员。现代管理的主要任务是促使人的积极性、主动性和创造性得到充分发挥。从组织职能方面来看，就要通过合理分派任务，做到人尽其才，各得其所；合理分配权力，做到权责一致；合理给予报酬，做到责、权、利相统一，从而充分发挥人的积极性、主动性和创造性。

任务二　组织设计

一、组织设计的必要性

管理是对人们从事业务活动的计划、组织、协调和控制，那么，组织就成为管理过程中不可或缺的手段，在组织目标明确之后，就必须考虑进行有效的组织设计以保证组织目标的实现。概括国内外学者的基本观点，组织设计就是对组织的结构和活动进行创构、变革和再设计。

传统的组织设计建立在劳动分工的基础上，亚克·斯密认为，分工程度越高，工作效率也会越高。在外部环境相对比较稳定的条件下，为了圆满地完成组织任务，组织设计者只需要把工作任务按其复杂、难易的程度进行分解，然后委托一定数量的管理者负责具体的管理劳动，并授予一定的权力，就能够保证工作任务的顺利进行。

然而，随着外部环境条件的日趋复杂，单一封闭式的组织设计模式往往导致组织的僵化和本位主义的盛行，就必须以系统、动态权变式的观点来理解和重新设计新的组织。在权变思想的指导下，组织被设计成了一个开放系统，它不断地与外部环境进行资源和信息的交换，不断地进行组织内部各种关系的调整，也只有这样才能保持组织的灵活性和适应性。

综合地讲，组织设计的目的就是要通过创构柔性灵活的组织，动态地反映外在环境变化的要求，并且能够在组织演化成长的过程中，有效积聚新的组织资源要素，同时协调好组织中部门与部门之间、人员与任务之间的关系，使员工明确自己在组织中应有的权力和应担负的责任，有效地保证组织活动的开展，最终保证组织目标的实现。

二、组织设计的任务

组织设计的任务是设计清晰的组织结构，规划和设计组织中各部门的职能和职权，确定组织中职能职权、参谋职权、直线职权的活动范围并编制职务说明书。所谓组织结构是指组织的基本架构，是对完成组织目标的人员、工作、技术和信息所作的制度性安排。组织结构可以用复杂性、规范性和集权性三种特性来描述。

(1) 复杂性。它是指每一个组织内部的专业化分工程度、组织层级、管理幅度以及人员之间、部门之间关系所存在着的巨大差别性。分工越细、组织层级越多、管理幅度越大，组织的复杂性就越高；组织的人员部门越多、分布越散，人员与事物之间的协调也就越难。

(2) 规范性。它是指组织需要靠制定规章制度以及程序化、标准化的工作，规范性地引导员工的行为。规范的内容既包括以文字形式表述的规章制度、工作程序、各项指令，也包括以非文字形式表达的组织文化、管理伦理以及行为准则等。组织中的规章条例越多，组织结构也就越正式化。

(3) 集权性。它是指组织在决策时正式权力在管理层级中分布与集中的程度。当组织的权力高度集中在上层，问题要由下至上反映，并最终要由最高层决策时，组织的集权化程度就较高；反之，一些组织授予下层人员更多决策权力时，组织的集权化程度较低，这种授权方式被称为分权。图4-1所示是一个典型的组织系统示意图。图中的方框表示各种管理职务或相应的部门，箭线表示不同职权的指向。通过直线将各方框进行连接，虽然没有表示出各种职权与职责的具体内容以及在哪一个阶段哪一个部门最为重要，但却清晰地厘清了组织内正式职位系统的决策层级和联系网络，同时也标明了各种管理职务或各个部门在组织结构中的地位以及它们之间的相互关系。比如主管营销的副总经理必须服从总经理的指示，并向总经理汇报工作情况，同时，他又直接领导着销售部经理、广告部经理以及研发部经理的工作。

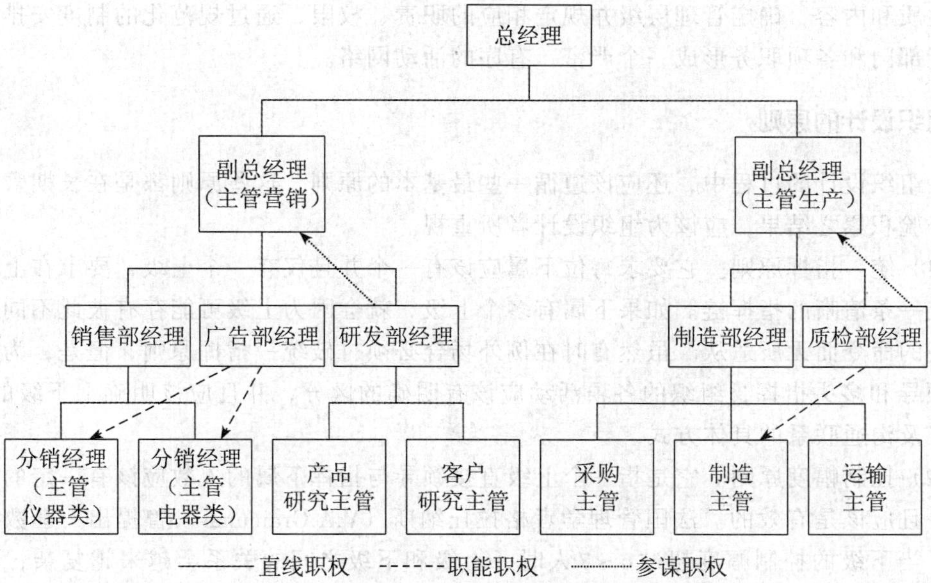

图 4-1 组织系统示意图

从图 4-1 中我们还可以看出，组织的活动可以分解为横向和纵向两种结构形式。组织纵向结构设计的结果是决策的层级化，即确定了由上到下的指挥链以及链上每一级的权责关系，显然，这种关系具有明确的方向性和连续性；组织横向结构设计的结果是组织的部门化，即确定了每一部门的基本职能、每一位主管的控制幅度、部门划分的标准以及各部门之间的工作关系。

职务说明书要求能简单而明确地指出：该管理职务的工作内容、职责与权力，组织中该职务与其他职务之间的区别与联系，职务当事人所应具备的专业背景、知识结构、工作经验、管理能力等基本条件。

为了达到组织设计的理想效果，组织设计者需要完成以下几项工作：

首先，职能与职务的分析与设计。组织首先需要将总的任务目标进行层层分解，分析并确定为完成组织任务究竟需要哪些基本的职能与职务，然后设计和确定组织内从事具体管理工作所需的各类职能部门以及各项管理职务的类别和数量，分析每位职务人员应具备的资格条件、应享有的权力范围和应负的职责。

组织系统图是自上而下绘制的。在创建组织时，可以根据组织的宗旨、任务目标以及组织内外环境的变化，自上而下地确定组织运行所需要的部门、职位及相应的权责。另外，组织设计也可以根据组织内部的资源条件，在组织目标层层分解的基础上从基层开始自下而上地进行。

其次，部门设计。根据每位职务人员所从事的工作性质不同以及职务间的区别和联系，可以依据组织职能相似、活动相似或关系紧密的原则，将各个职务人员聚集在"部门"这一基本管理单位内。组织活动的特点、环境和条件不同，划分部门所依据的标准也是不一样的。对同一组织来说，在不同时期不同的战略目标指导下，划分部门的标准应根据需要进行动态调整。

最后，层级设计。在职能与职务设计以及部门划分的基础上，必须根据组织内外能够获取的现有人力资源情况，对初步设计的职能和职务进行调整和平衡，同时要根据每项工作的性质和内容，确定管理层级并规定相应的职责、权限，通过规范化的制度安排，使各个职能部门和各项职务形成一个严密、有序的活动网络。

三、组织设计的原则

在组织设计的过程中，还应该遵循一些最基本的原则，这些原则都是在长期管理实践中的经验积累之结果，应该为组织设计者所重视。

（1）统一指挥原则。它要求每位下属应该有一个并且仅有一个上级，要求在上下级之间形成一条清晰的指挥链。如果下属有多个上级，就会因为上级可能存有彼此不同甚至相互冲突的命令而无所适从。虽然有时在例外场合必须打破统一指挥原则，但是，为了避免多头领导和多头指挥，组织的各项活动应该有明确的区分，并且应该明确上下级的职权、职责以及沟通联系的具体方式。

（2）控制幅度原则。它是指一个上级直接领导与指挥下属的人数应该有一定的控制限度，并且应该是有效的。法国管理学者格拉丘纳斯（V.A.Graicunas）曾提出一套数学公式说明了当下级的控制幅度超过6~7人时，上级和下级之间的关系会越来越复杂，以至于最后使上级无法驾驭。该公式为$N=n(2^{n-1}+n-1)$，其中n表示直接向一位上级报告的下级人数，N表示需要协调的人际关系数。

（3）权责对等原则。组织中的每个部门和部门中的每个人员都有责任按照工作目标的要求保质保量地完成工作任务，同时，组织也必须委之以自主完成任务所必需的权力。职权与职责要对等。如果有责无权，或者权力范围过于狭小，责任方就有可能会因缺乏主动性、积极性而导致无法履行责任，甚至无法完成任务；如果有权无责，或者权力不明确，权力人就有可能不负责任地滥用权力，甚至于助长官僚主义习气，这势必会影响到整个组织系统的健康运行。

（4）柔性经济原则。所谓组织的柔性，是指组织的各个部门、各个人员都是可以根据组织内外环境的变化而进行灵活调整和变动的。组织的结构应当保持一定的柔性以减小组织变革所造成的冲击和震荡。组织的经济是指组织的管理层次与幅度、人员结构以及部门工作流程必须设计合理，以达到管理的高效率。组织的柔性与经济是相辅相成的，一个柔性的组织必须符合经济的原则，而一个经济的组织又必须使组织保持柔性。只有这样，才能保证组织机构既精简又高效，避免形式主义和官僚主义作风的滋长和蔓延。

四、影响组织设计的因素

影响组织设计的一般因素包括以下几个方面：

（1）战略（Strategy）。它与组织结构之间的关系是理论界争论较多的问题之一。其问题是战略决定组织结构，还是组织结构决定战略。对企业的战略与结构之间关系研究有重大贡献的是美国的企业史学家艾尔弗雷德·钱德勒，他对美国100家大公司的发展进行了深入的考察，在追踪了这些企业长达50年的发展历史之后，得出了这样一个结论：公司的战略变化先于公司的组织结构的变化。当公司成长壮大之后，战略随之改变，变得更有雄心，组织结构也因此而变得壮大，由此形成了战略决定结构的理论。但是自20世纪80年代以来，一些理论家认为，包括企业的组织结构在内的企业的内部资源对企业的战略也具有决定性的作用。

（2）规模（Scale）。这里的规模指的是组织的人数。组织的规模越大，组织结构就会越趋于复杂和规范化。它表现在：第一，随着规模的扩大，在管理者的管理幅度的约束下不可避免地需要分层，因此会形成多层次的组织结构；第二，随着组织规模的扩大，组织的关系更加复杂，协作也更加困难，因此需要对员工进行部门划分，形成多部门结构。企业发展的实践也证明，在小规模的企业中，容易形成有机式的组织；而随着组织规模的扩大，企业就会逐步形成机械式的组织。关于组织的规模、层次、管理幅度之间的关系我们将在相关内容中阐述。

（3）技术（Technology）。任何组织的生存与发展都离不开一定的技术。因为组织总是需要将某些投入转变为产出，该过程需要一定的技术。这一点在企业中表现得十分典型。当然，非企业性的组织同样需要一定的技术来完成任务。如学校的老师同样需要利用一定的技术来完成授课任务，这里的技术包括讲授的方式、组织学生讨论、案例分析的方法等。当然，分析最多的仍然是科学技术对企业组织结构的影响。

技术的类型是多种多样的，考察技术因素对组织结构的影响，需要对技术进行分类。在这个方面做出了开创性贡献的是英国的管理学家琼·伍德沃德（Joan Woodward）。她将企业的生产技术划分为三类：第一类是单件生产的技术；第二类是大量生产的技术；第三类是连续生产的技术，也是最复杂的技术。

（4）环境。它主要指社会环境（Social Environment）。一个组织结构必须与它的环境相适应，特别是应当与其所在地的文化价值观相适应。在我国，文化对组织结构设计的影响也是比较明显的。一方面，我国文化中重视层级高低关系，容易形成集权的组织结构；另一方面，制度规定工人可以参加管理，因此在组织设计中必须反映这一规定。此外，中国的传统文化特别讲究人和，不希望组织内部存在明显的冲突，内部的竞争一般也是不受欢迎，至少不是公开受到鼓励的。这样在组织结构设计中，机械式的组织就比较常见。

除了上述一般因素之外，组织设计还要考虑一些特殊因素影响，如国家的有关政策与法规等。

五、组织部门化

组织机构和结构的确定首先是为了管理的方便。组织设计的实质是通过对管理劳动的分工，将不同的管理人员安排在不同的管理岗位和部门中，通过他们在特定环境、特定关系中的管理作业来使整个管理系统有机地运转起来。

管理劳动的分工包括横向和纵向两个方面。横向分工，是根据不同的标准，将管理劳动分解成不同岗位和部门的任务，横向分工的结果是部门的设置，或“组织的部门化”；纵向分工，是根据管理幅度的限制，确定管理系统的层次，并根据管理层次在管理系统中的位置，规定各层次管理人员的职责和权限，纵向分工的结果是责任分配上的管理决策权限的相对集中或分散。部门化是将整个管理系统分解成若干个相互依存的基本管理单位。它是在管理劳动横向分工的基础上进行的。分工的标准不同，所形成的管理部门以及各部门之间的相互关系亦不同。组织设计中经常运用的部门划分标准是：职能、产品以及区域。

（1）职能部门化。它是根据业务活动的相似性来设立管理部门。判断某些活动是否相似的标准是，这些活动的业务性质是否相近，从事活动所需的业务技能是否相同，这些活动的进行对同一目标（或分目标）的实现是否具有紧密相关的作用。

职能部门化是一种传统的、普遍的组织形式。这首先是因为职能是划分活动类型，从而设立部门的最自然、最方便、最符合逻辑的标准，据此进行的分工和设计的组织结构可以带来专业化分工的种种好处，可以使各部门的管理人员或专心致志地研究产品的开发和制造，或积极努力地探索和开发市场，或认真仔细地记录、分析和评价资金的运动；同时，按职能划分部门，由于各部门在最高主管的领导下从事相互依存的整体活动的一部分，因此有利于维护最高行政指挥的权威，有利于维护组织的统一性。此外，由于各部门只负责一种类型的业务活动，因此有利于工作人员的培训、相互交流，从而促进技术水平的提高。

职能部门化的局限性主要表现在以下几个方面：①由于各种产品的原料采购、生产制造、产品销售都集中在相同的部门进行，各种产品给企业带来的贡献不易区别，因此不利于指导企业产品结构的调整；②由于各部门的负责人长期只从事某种专门业务的管理，缺乏总体的眼光，因此不利于高级管理人才的培养；③由于活动和业务的性质不同，各职能部门可能只注重依据自己的准则来行动，因此可能使本来相互依存的部门之间的活动不协调，影响组织整体目标的实现。为了克服这些局限性，有些组织利用产品或区域的标准来划分部门。

（2）产品部门化。它就是把同一产品的生产或销售工作集中在相同的部门组织进行。随着企业的成长和品种多样化，把制造工艺不同和用户特点不同的产品集中在同一生产或销售部门管理，会给部门主管带来日益增多的困难。此时与扩大了的企业规模相对应，如果主要产品的数量足够大，这些不同产品的用户或潜在用户足够多，那么组织的最高管理层除了保留公关、财务、人事甚至采购这些必要的职能外，就应该考虑根据产品来设立管理部门、划分管理单位。

产品部门化具有以下优势：①能使企业将多角化经营和专业化经营结合起来，既可使企业因多角化经营而减少市场风险，又可使企业的各部门因专业经营而提高生产率；②有利于企业及时调整生产方向，及时限制甚至淘汰或扩大和发展某种产品的生产，使整个企业的产品结构更加合理；③有利于促进企业的内部竞争；④有利于高层管理人才的培养等等。

产品部门化的局限性是：①需要较多的具有像总经理那样能力的人管理各个产品部门；②各个部门的主管也可能过分强调本部门利益，从而影响企业的统一指挥；③产品部门某些职能机构与企业总部的重叠会导致管理费用的增加，从而提高了待摊成本，影响企业竞争力。

（3）区域部门化。它是根据地理因素来设立管理部门，把不同地区的经营业务和职责划分给不同部门的经理。

根据地理位置的不同设立管理部门，甚至使不同区域的生产、经营单位成为相对自主的管理实体，可以更好地针对各地区劳动者和消费者的行为特点来组织生产和经营活动。在国际范围内从事经营业务的跨国公司尤其如此，它们不仅使分散在世界各地的附属公司成为独立的实体，而且公司总部对协调国际经营的高级管理人员的业务划分，也是根据区域标准进行的。按区域划分管理部门的优点和弊端类似于产品部门化。

六、组织的层级化与管理幅度

（一）管理幅度与组织层级的互动性

组织层级化设计的核心任务是确定完成任务需要设定的层级数目，而有效的管理幅度是决定组织中层级数目的最基本因素。所谓管理幅度，也称组织幅度，是指组织中上级主管能够直接有效地指挥和领导下属的数量。这些下属的任务是分担上级主管的管理工作，并将组织任务进行层层分解，然后付诸实施。显然，组织幅度应该是有限的。因为，一定幅度的下属数量固然能够减少上级必须直接从事的业务工作量，但同时也增加了上级协调这些人之间关系的工作量。

由于组织任务存在递减性，从最高的直接主管到最低的基层具体工作人员之间就形成了一定的层次，这种层次便称为组织层级。组织层级受到组织规模和组织幅度的影响，它与组织规模成正比，组织规模越大，包括的人员越多，组织工作也越复杂，则层级也就越多；在组织规模已确定的条件下，组织层级与组织幅度具有互动性，它与组织幅度成反比，即上级直接领导的下属越多，组织层级也就越少，反之则越多。

组织层级与组织幅度的互动关系决定了两种基本的组织结构形态：一种是扁平式的组织结构形态；另一种是锥形式的组织结构形态。图4-2显示了这两种组织幅度与层级的差别性。

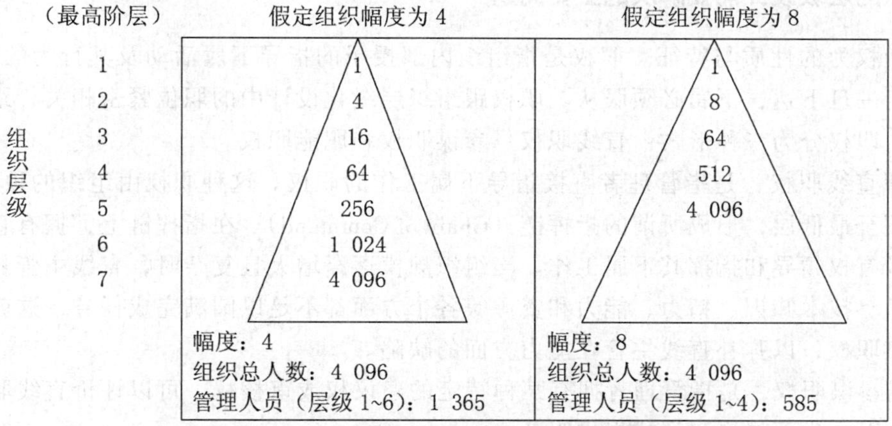

图4-2　组织幅度与组织层级比较图

扁平式组织结构的优点是：①由于管理的层级比较少，信息的沟通和传递速度比较快，因而信息的失真度也比较低；②上级主管对下属的控制不会太呆板，有利于发挥下属人员的积极性和创造性。其缺点是：①过大的管理幅度增加了主管对下属的监督和协调控制难度；②下属也缺少了更多的提升机会。

锥形式组织结构的优点是：①由于管理的层级比较多，管理幅度比较小，每一管理层级上的主管都能对下属进行及时的指导和控制；②层级之间的关系比较紧密，有利于工作任务的衔接，同时也为下属提供了更多的提升机会。其缺点是：过多的管理层级往往会影响信息的传递速度，因而信息的失真度可能会比较大，这又会增加高层主管与基层之间的沟通和协调成本，增加管理工作的复杂性。

（二）管理幅度设计的影响因素

有效的管理幅度设计应考虑以下诸多因素的影响：

（1）管理工作的内容和性质。管理工作内容越多，上下左右之间的联系就越多，需要花费的工作时间也就越多；管理工作越复杂多变，管理人员需要耗费的时间和精力就越多，组织就越需要缩小控制幅度。另外，下属人员工作的相似性越大，管理的指挥和监督工作就越容易，扩大管理幅度就越有可能。

（2）管理人员的工作能力情况。如果管理人员和下属都具有较强的工作能力，管理人员就能够准确而迅速地把握问题的关键，及时提出指导性的建议和方法，而下属也同样能够准确领会上级的命令和意图，从而减少协调和沟通的频率，有效扩大管理幅度。

(3) 下属人员的空间分布状况。如果下属人员在空间上的分布比较分散，就会增加上下左右之间协调和沟通的困难，尽管现代通信手段提供了较为便捷的联系渠道，但是，这多少会影响上级主管增加管理幅度的主动性。

(4) 组织变革的速度。每一个组织都必须根据环境的变化进行及时的调整，环境变化越快，组织遇到的问题就越多，组织变革的速度也就越快，主管人员对下属的指导时间和精力耗费也就越多，组织也就越不容易扩大管理幅度。

(5) 信息沟通的情况。信息充分及时是有效管理的前提，如果组织上下级之间的信息交流能够充分快捷，并且具有较高的横向沟通效果，组织就可以适当扩大管理幅度。

七、组织的层级设计需要解决的主要问题

(1) 权力的性质与特征。职权是指组织内部授予的指导下属活动及其行为的决定权，这些决定一旦下达，下属必须服从。职权跟组织层级化设计中的职位紧密相关，跟个人特质无关。职权分为三种形式：直线职权、参谋职权和职能职权。

所谓直线职权，是指管理者直接指导下属工作的职权。这种职权由组织的顶端开始，延伸向下至最低层，形成所谓的指挥链（Chain of Command）。在指挥链上，拥有直线职权的管理者有权领导和指挥其下属工作。当组织规模逐渐增大且复杂时，直线主管将发现他们在时间、技术知识、精力、能力和资源等各个方面都不足以圆满完成任务，这就必须创造出参谋职权，以弥补直线主管在能力方面的缺陷。

所谓参谋职权，是指管理者拥有某种特定的建议权或审核权，可以评价直线职权方面的活动情况，进而提出建议或提供服务。

职能职权则是一种权益职权，是由直线管理者向自己辖属以外的个人或职能部门授权，允许他们按照一定的程序和制度，在一定的职能范围内行使的某种职权。职能职权的设立，主要是为了发挥专家的核心作用，减轻直线主管的任务负荷，提高管理工作的效率。

需要指出的是，一个人获取权力的同时就必须负担起责任，这种责任就叫作职责。职责与职权是有区别的。职权是一种权力，其合法性来自于组织中的职位，职权需要围绕工作而展开。另外，职权预示着下属必须完成被指派的任务，而职责则预示着下属所完成的任务必须符合上级所规定的标准。因此，权责必须一致，权责必须分明。有职权而无职责必然会导致职权的滥用，有职责而无职权也必然会导致执行者的无所适从。

(2) 组织层级化设计中的集权与分权。这是组织层级化设计中的两种相反的权力分配方式。集权是指决策指挥权在组织层级系统中较高层次上的集中，也就是说下级部门和机构只能依据上级的决定、命令和指示办事，一切行动必须服从上级指挥。组织管理的实践告诉我们，组织目标的一致性必然要求组织行动的统一性，所以，组织实行一定程度的集权是十分必要的。

分权是指决策指挥权在组织层级系统中较低管理层次上的分散。组织高层将其一部分决策指挥权分配给下级组织机构和部门的负责人，可以使他们充分行使这些权力，支配组织的某些资源，并在其工作职责范围内自主地解决某些问题。一个组织内部要实行专业化分工，就必须分权；否则，组织便无法运转。集权和分权是相对的概念。绝对的集权意味着组织中的全部权力集中在一个主管手中，组织活动的所有决策均由主管做出，主管直接面对所有的命令执行者，中间没有任何管理人员，也没有任何中层管理机构。这在现代社会经济组织中几乎是不可能的，也是做不到的。而绝对的分权则意味着将全部权力分散下

放到各个管理部门中去，甚至分散至各个执行、操作层，这时，主管的职位就是多余的，一个统一的组织将不复存在。因此，将集权和分权有效结合起来是组织存在的基本条件，也是组织既保持目标统一性又具有柔性灵活性的基本要求。

在组织层级化设计中，影响组织分权程度的主要因素有：①组织规模的大小；②政策的统一性；③员工的数量和基本素质；④组织的可控性；⑤组织所处的成长阶段。

【案例赏析 4-1】

比特丽公司是美国一家大型联合公司，总部设在芝加哥，下属450个分公司，经营着9 000多种产品，其中许多产品，如克拉克捧糖、乔氏中国食品等，都是名牌产品。公司每年的销售额达90多亿美元。

多年来，比特丽公司都采用购买其他公司来发展自己的积极进取战略，因而得到了迅速的发展。公司的传统做法是：一方面，每当购买一家公司或厂家以后，一般都保持其原来的产品，使其成为联合公司的一个新产品；另一方面，对下属各分公司都采用分权的形式。允许新购买的分公司或工厂保持其原来的生产管理结构，这些都不受联合公司的限制和约束。由于实行了这种战略，公司变成由许多没有统一目标、彼此又没有什么联系的分公司组成的联合公司。

1976年，负责这个发展战略的董事长退休以后，德姆就是在这种情况下被任命为董事长的。新董事长德姆的意图是要使公司朝着他新制定的方向发展。根据他新制定的战略，德姆卖掉了下属56个分公司，但同时又买下了西北饮料工业公司。

据德姆的说法，公司除了面临发展方向方面的问题外，还面临着另外两个主要问题：一个是下属各分公司都面临着向社会介绍并推销新产品的问题，为了刺激各分公司的工作积极性，德姆决定采用奖金制，对干得出色的分公司经理每年奖励1万美元。但是，对于这些收入远远超过1万美元的分公司经理人员来说，恐怕起不了多大的激励作用。另一个更严重的问题是，在维持原来的分权制度下，应如何提高对增派参谋人员必要性的认识，应如何发挥直线与参谋人员的作用。德姆决定给每个下属部门增派参谋人员，以更好地帮助各个小组开展工作。但是，有些管理人员认为只增派参谋人员是不够的，有的人则认为没有必要增派参谋人员，可以采用单一联络人联系几个单位的方法，即集权管理的方法。

公司专门设有一个财务部门，但是这个财务部门根本无法控制这么多分公司的财务活动，因此造成联合公司总部甚至无法了解并掌握下属部门支付支票的情况。

请根据上述材料回答：

（1）比特丽公司可以在分权方面做得更好吗？

（2）你对德姆的激励方法有何看法？

（3）参谋人员有何作用？如何协调直线和参谋人员之间的关系？

案例精析 4-1

八、组织层级设计中的授权

（一）授权的含义及有效性

所谓授权，就是组织为了共享内部权力，促进员工努力工作，而把某些权力或职权授予下级。这些权力或职权委派给了下级之后，下级可以在其职权范围内自由决断，灵活处置问题，但同时也负有完成任务并报告上级的责任，上级仍然保留着对下级的指挥与监督权。

授权与分权有所不同。孔茨认为，分权是授权的一个基本方面。授权的含义略大于分权，授权是上级把权力授予下级，分权是上级把决策权力分配给下级机构和部门负责人。授权的含义有：①分派任务。向被托付人交代所要委派的任务。②授予权力或职权。授予被托付人相应的权力或职权，使之能有权履行原本无权处理的事务。③明确责任。要求被托付人对托付的工作负全责。所负责任不仅包括需要完成的指定任务，也包括向上级汇报任务的具体情况和成果。

（二）有效授权的要素

要想使授权具有充分而理想的效果，组织必须提供一定的要素条件，内容包括：

（1）共享的信息。组织中的信息作为一种资源具有共享性，组织如果能够使员工充分地获取必要的信息资料，就会大大提高员工的积极性和工作的主动性。

（2）知识与技能。组织必须对员工进行及时、有效的培训，以帮助他们获取必需的知识和技能。这种培训能够有效地帮助员工进行自主决策，提高他们参与组织活动的能力，并为组织的团队合作和组织目标的实现打下扎实的基础。

（3）权力。组织若要充分发挥团队的作用，就必须真正地放权给团队中的各个专家和基层人员，使每个成员都能根据实际工作过程进行适当的安排，这样，各种类型的权力才能够得到充分的行使。

（4）对绩效的奖励。组织应该制定合理的绩效评估和奖励系统，对组织成员的绩效贡献给予奖励。这种奖励系统应该既包括工资和利润提成，也包括一定的股权比例，如员工持股计划（ESOPs）等。

（三）授权的原则

有效的授权必须遵循以下原则：

（1）重要性原则。组织授权必须建立在相互信任的基础上，所授权限不能只是一些无关紧要的部分，要敢于把一些重要的权力或职权放下去，使下级充分认识到上级的信任和管理工作的重要性，把具体任务落到实处。

（2）适度原则。组织授权还必须建立在效率基础上。授权过少往往造成主管工作量过大，授权过多又会造成工作杂乱无序，甚至失控，所以不能无原则地放权。

（3）权责一致原则。组织在授权的同时，必须向被托付人明确所授任务的目标、责任及权力范围，权责必须一致；否则，被托付人要么会滥用职权并导致形式主义，要么会对任务无所适从，造成工作失误。

（4）级差授权原则。组织只能在工作关系紧密的层级上进行级差授权。越级授权可能会造成中间层次在工作上的混乱和被动，伤害他们的负责精神，并导致管理机构的失衡，进而破坏管理的秩序。

任务三　组织结构

一、组织结构的概念

组织结构是指组织中相对稳定的关系和方面。当今，组织结构的类型很多，常见的组织结构大体上有围绕“四个中心”——任务中心、成果中心、关系中心和决策中心组织起来的五种形式——直线制、职能制、直线职能制、矩阵制和事业部制。

二、组织结构的形式

（1）直线制组织形式（Straight-line Organization Type）。它的主要特点是组织中各种位置按垂直线路排列，每一个下层单位只接受一个上级领导者的指挥，每一位下级也只向一个上级请示汇报。这是组织结构中一种最简单的形式。以企业为例，图4-3所示就是这种组织结构。

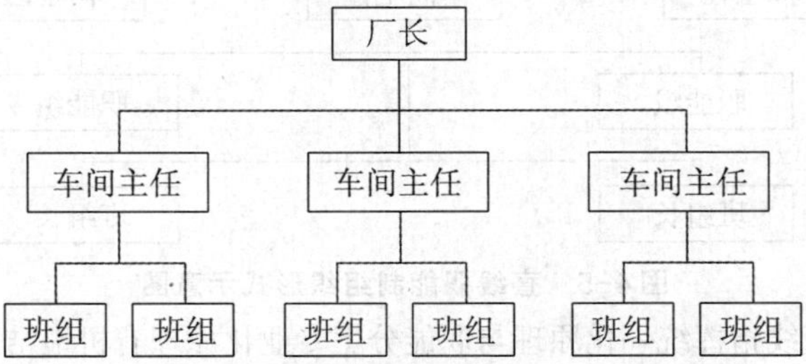

图4-3　直线制组织形式示意图

这种组织形式的主要优点是：结构简单，责任明确，指挥统一。这种组织形式的主要缺点是：领导负担重，指挥路线长，横向联系困难。一般来说，这种组织形式只适用于生产经营简单的小型企业。

（2）职能制组织形式（Functional Organization Type）。它的主要特点是按职能实行专业分工来分担主管人员的某些职能，每一个专业职能管理人员都有权在自己的职责范围内，向相应的下级单位发出命令。下级领导者或执行者既要服从上级领导者的指挥，又要服从上级各职能部门的指挥。以企业为例，图4-4表明了这种组织结构。

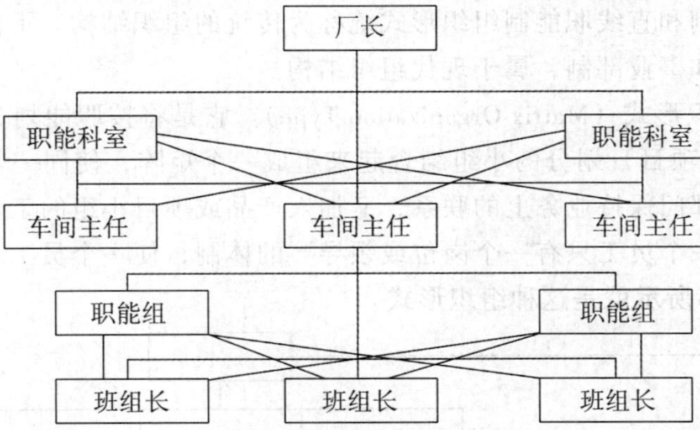

图4-4　职能制组织形式示意图

这种组织形式的主要优点是：能够适应现代化工业生产技术较为复杂和管理分工较为精细的特点，发挥专业管理人员的专长，提高专业化领导水平。这种组织形式的主要缺点是：妨碍了组织的集中统一指挥，形成多头领导，忽视了组织的整体效应；不利于培养通才式的管理者。

（3）直线职能制组织形式（Straight-line Functional Organization Type）。它是以直线制为基础，在各级管理者之下设置相应的职能部门，分别从事专业管理，作为该级管理者的参谋部门。它的主要特点是职能部门拟订的计划、方案、指令由生产行政领导批准下达。职能部门对下级管理者和下属职能部门无权直接下达命令或进行指挥，但他们除对直线管理者提供咨询和建议起参谋和助手作用外，还可以在业务上向下级直线组织提出要求，指导开展工作，但不属于行政下达的命令。图4-5所示为一个企业的直线职能制组织形式。

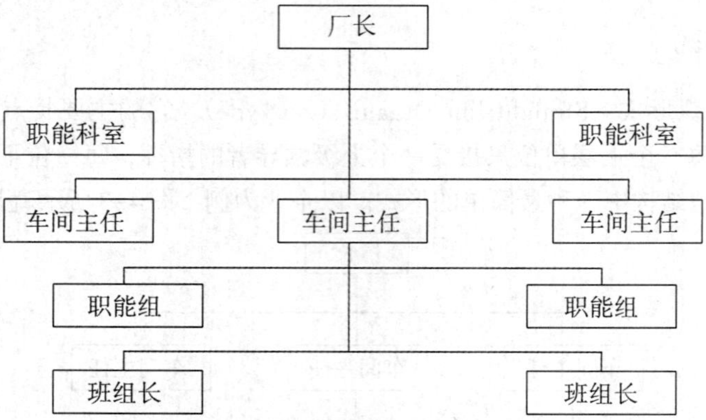

图4-5 直线职能制组织形式示意图

这种组织形式把直线指挥统一化原理与职能分工专业化原理有机地结合起来，它既保留了直线制与职能制的长处，又舍弃了两者的短处，是组织形式的一种明显进步。这种组织形式的主要优点是：有利于合理安排各种资源，有利于提高各职能部门办事的效率，有利于对组织的重大问题进行有效控制，有利于组织结构的稳定。其最大缺点是：下级缺乏积极性，协调困难，适应性较差。

直线职能制组织形式被大多数国家所采用，而且持续时间较长，尤其在我国，大多数组织仍采用这种组织形式。一般来说，直线职能制组织形式在企业规模较小或产品品种单一、工艺比较稳定、市场销售情况比较容易掌握的情况下，能够显示其优点，但随着组织规模的扩大，特别是大型组织提供的产品品种越来越多，业务越来越复杂，以及经营机制转变后，这种组织形式的缺点就日益突出。

直线制、职能制和直线职能制组织形式统称为传统的组织结构。下面要介绍的两种组织结构——矩阵制和事业部制，属于现代组织结构。

（4）矩阵制组织形式（Matrix Organization Type）。它是将按职能划分的部门和按产品（或工程项目或服务项目）划分的小组结合起来组成一个矩阵，使同一名专业人员或管理人员，既同原职能部门保持业务上的联系，又加入产品或项目小组的工作。它最大的特点是打破了传统的“一个员工只有一个岗位或领导”的体制，使一个员工从属于两个以上的部门或领导。图4-6所示就是这种组织形式。

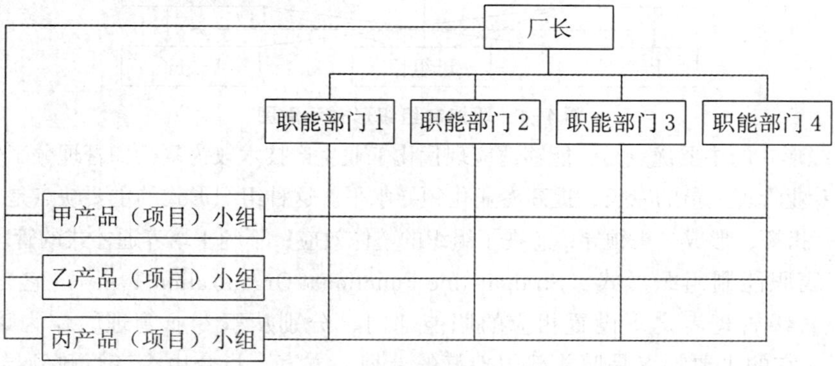

图4-6 矩阵制组织形式示意图

这种组织形式的主要优点是：①打破了传统的一个专业管理人员只接受一个部门领导的管理原则，加强了管理中的纵向与横向联系；②把不同部门的专业人员有机地结合起来，有利于调动和激发人们的积极性和创造性；③将完成某项任务所需的各种专业知识和经验集中在一起，有利于开发新技术和试制新产品，推广现代科学方法；④具有较强的适应性。

它的主要缺点是：①每个小组成员同时接受双重领导；②不利于统一指挥，尤其是当两部门领导的意见不一致时，就会使小组成员无所适从，职能部门管理困难；③组织成员缺乏稳定感。20世纪50年代末，美国洛克希德飞机公司、休斯飞机公司等率先采用了这种矩阵形式，取得了显著的成效，以后逐步推广到其他行业，目前在建筑业中广为流行。这种组织形式适用于某些产品品种单一且需要集中各方面专业人员参加完成的项目或业务，以及一些设计、研制等创新性的工作。

（5）事业部制组织形式（Institutional Organization Type）。它是在组织的最高领导层下按地区或产品类别设多个事业部，事业部是一个相对独立的生产经营单位，实行独立核算，设有相应的职能部门，具有直接提供利润的职能，由事业部组织产品或地区的生产、销售、采购等全部活动。组织中最高管理机构负责重大方针政策的确定，掌握影响组织成败的重大问题的决策权。图4-7表明了这种组织结构。

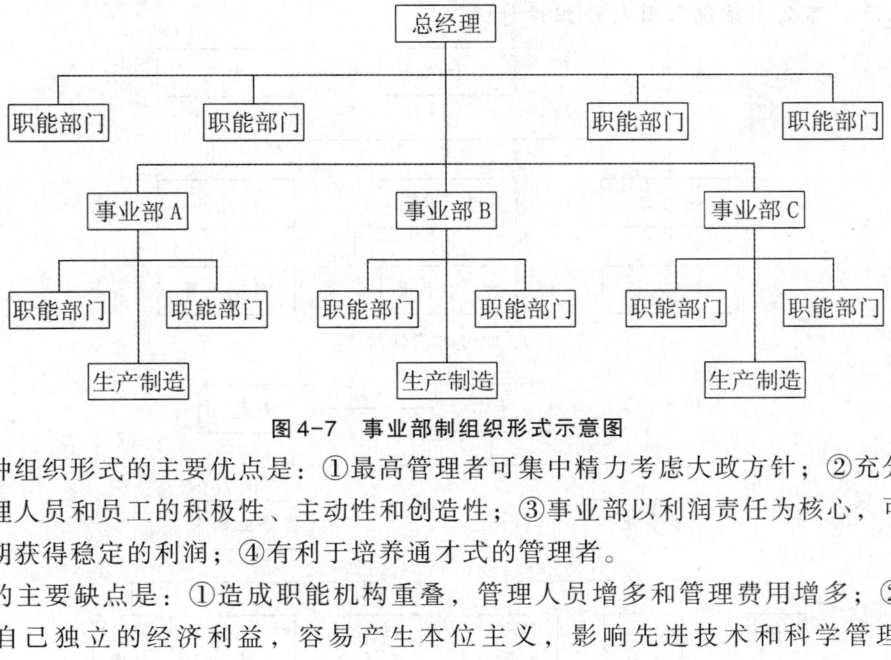

图4-7　事业部制组织形式示意图

这种组织形式的主要优点是：①最高管理者可集中精力考虑大政方针；②充分发挥各阶层管理人员和员工的积极性、主动性和创造性；③事业部以利润责任为核心，可以保证公司长期获得稳定的利润；④有利于培养通才式的管理者。

它的主要缺点是：①造成职能机构重叠，管理人员增多和管理费用增多；②各事业部都有自己独立的经济利益，容易产生本位主义，影响先进技术和科学管理方法的交流。

事业部制首创于美国通用汽车公司，由通用汽车公司副总裁斯隆研究和设计。1920年，美国通用汽车公司和杜邦公司最先使用事业部制组织形式，并取得显著成效。一般来说，它适用于组织规模巨大、产品种类繁多、市场分布较广的大型企业。

>>>>>>>>【案例赏析4-2】

金果子公司是美国南部一家种植和销售黄橙和桃子两大类水果的家庭式农场企业，由老祖父约翰逊50年前开办，农场拥有一片肥沃的土地和明媚的阳光，特别适合种植这些水果。公司长期以来积累了丰富的水果存储、运输和营销经验，能有效地向海内外市场提供保鲜、质好的水果。经过半个世纪的发展，公司已初具规模。老祖父10年前感到自己体衰，将公司的管理大权交给儿子杰克。孙子卡尔前两年从农学院毕业后，回到农场担任了父亲的助手。

金果子公司大体上开展如下三个方面的活动：一是有相当多的工人和管理人员在田间劳动，负责种植和收获橙与桃；另一些人员从事发展研究，他们主要是高薪聘来的农业科学家，负责开发新的品种并设法提高产量水平；还有一些是市场营销活动，由一批经验丰富的销售人员从事，他们负责走访各地的水果批发商和零售商。公司的销售队伍实力强大，而且他们也像公司其他部门的员工一样，非常卖力地工作着。

杰克和卡尔对金果子公司的管理一直没有制定出什么正式的政策和规则，对工作程序和职务说明的规定也很有限。杰克相信，一旦人们对工作有了亲身了解后，他们就应当而且能够有效地开展工作。不过，金果子公司目前规模已经发展得相当大了。杰克和儿子卡尔都感到有必要为公司建立起一种比较正规的组织结构。杰克请来了他年轻时的朋友，现在已成为一名享有知名度的管理咨询人员比利来帮助他们。比利指出，他们可以有两种选择：一是采取职能结构形式；二是按产品来设立组织结构。这两类不同方式的组织设计如图4-8所示。那么，该选取哪种组织设计呢？

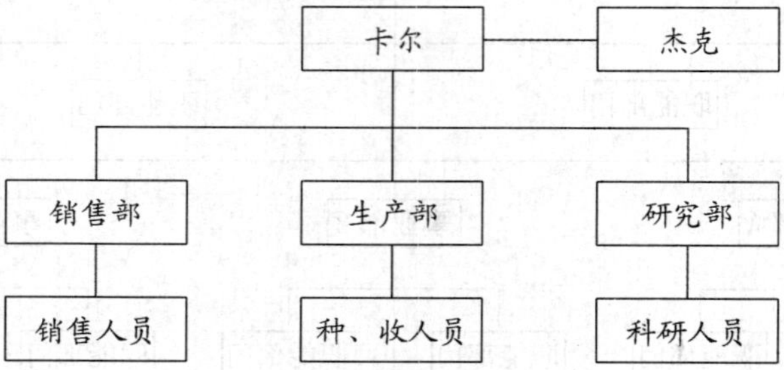

A. 职能部门结构

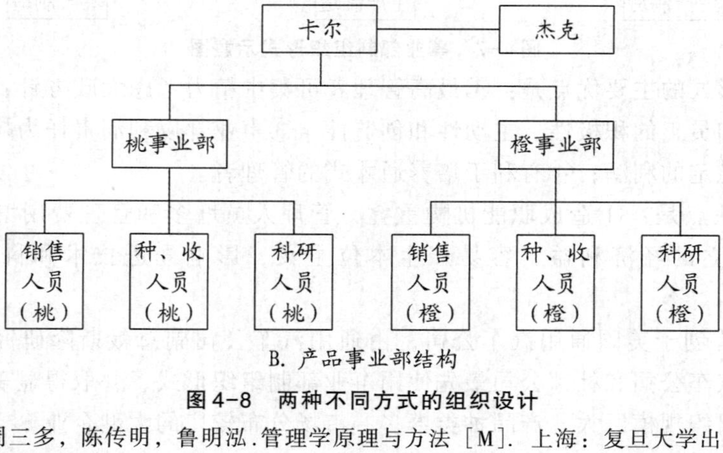

B. 产品事业部结构

图4-8　两种不同方式的组织设计

资料来源　周三多，陈传明，鲁明泓.管理学原理与方法［M］.上海：复旦大学出版社，2011.

请根据上述资料回答下列问题：

（1）职能结构和事业部结构各有什么优缺点和适用条件？

（2）金果子公司在经营规模扩大到要求建立起正规化的组织结构时，职能形式还是产品事业部形式对它更为合适？为什么？

（3）预想不久后该公司的规模获得进一步的迅速扩大，那么在目前选择的组织形式基础上如何调整其结构？

案例精析 4-2

任务四 组织文化

一、组织文化的概念和性质

（一）组织文化的概念

组织文化（Organizational Culture）是一种弥漫于企业组织各方面、各层次的组织风气、价值观念、思维方式和行为习惯。在组织内部垂直的影响过程中和横向作用过程中，组织文化都起着不可或缺的作用。它不仅是企业组织运转必不可少的润滑剂，而且能够创造良好的组织气氛和组织环境，从观念、信仰层次调动组织成员的工作积极性和忠诚心，是其他管理手段无法取代的。

作为一种亚文化，组织文化中包含着三种不同的文化形态：一是物质文化；二是制度文化；三是精神文化。以上三种文化形态在组织文化结构中处于不同的层次和地位，其中物质文化着眼于企业中物质要素的存在方式，具有直观的物质形态，处于组织文化结构的表层，又称外显文化或表层文化；精神文化着眼于企业中人的存在方式，蕴含于企业领导者与员工的心理及行为活动之中，处于组织文化的核心层，又称内隐文化或深层文化；制度文化则是通过组织和制度规范将人与物连接组合起来的纽带，因而处于组织文化结构的中间层次。可见，组织文化的实质是由物质文化、制度文化和精神文化按照一定方式和层次结合而成的有机结构体。

（二）组织文化的性质

组织文化作为企业组织的特殊存在方式，具有如下基本性质：

（1）组织文化是一种客观存在的文化现象。作为人类文化系统的一个重要组成部分，组织文化如同其他文化现象一样，是与其载体共生的，即企业组织文化依赖于企业的存在，没有企业就没有组织文化，没有企业组织文化亦不可能有堪称企业的企业。这是由于文化归根结底是人的主观意识对客观存在的反映和制约。

（2）组织文化是社会文化和民族文化的现实反映。社会文化是一定社会特有的文化，是该社会生产方式、社会制度、社会结构以及主要民族的历史传统的综合体现。社会由各种社会主体如政党、民族、家庭等构成，各个社会主体在社会文化主系统的包容下，按照不同的性质、目的和方式从事活动，从而形成各自独立的亚文化。企业作为社会的主体成员之一，同样存在于一定的社会文化环境中，其亚文化的形成必然受到社会文化的熏陶、渗透和影响，从而带有浓重的社会文化的印迹。

（3）组织文化的本质是企业的“人化”。人是一切文化的缔造者，人类在创造物质文明与精神文明的同时，不断发展和完善着自身。同样，人是企业的物质、制度及精神文化的直接创造者。在构成企业文化的诸要素中，人始终居于首要的主体地位。企业文化的主旨与核心就是以人为中心，关心人，重视人，尊重人，为人的全面发展和价值实现创造条件。这里的人不仅指本企业内部的管理者和全体员工，还包括为企业提供原材料和经销产品的其他企业的员工、购买和使用本企业产品的消费者、企业所在社区的全体居民，以及与本企业有直接或间接关系的一切人。

（4）组织文化具有明显的个性或独特性。作为一种群体文化，企业组织文化的形成除受所属社会文化及民族文化的包涵和熏陶，从而带有明显的本社会、本民族文化特性的烙印外，还受到本企业组织环境和群体特性的影响和制约。构成组织环境和群体特性的各种因素，如企业的规模与性质、行业及产品特点、组织结构、经营方式、人员构成与素质、管理水平、领导方式等，直接孕育和促进组织文化的生成。而上述因素在不同企业中有着不同的存在形式和组合方式，在此基础上生成的企业组织文化也必然存在诸多差异。

二、组织文化的构成与功能

（一）组织文化的构成要素

组织文化是具有丰富内涵的亚文化系统，其中包括一系列基本构成要素，如价值观念、企业精神、制度规范、习俗仪式、英雄人物、物化环境等。这些要素是构建组织文化的基础。任何形式和特点的组织文化都是由上述要素按照一定方式组合而成的。

（1）价值观念（Outlook on Values）。它是企业及全体员工一致赞同的关于客观事物对于企业是否具有价值，以及价值大小的共同认识或看法。它体现了一个企业的基本概念和信仰，反映了企业内部衡量事物重要程度及是非优劣的根本标准，因而是企业组织文化的核心和基石。价值观念的确立对企业组织文化的其他要素具有决定作用，其他要素如制度规范、习俗仪式等，都是以一定的价值观念为基础建立和形成的。

（2）企业精神（Enterprise Spirit）。它是指企业及全体员工共同具有的精神状态和思想境界。它与企业价值观念既有区别又有联系。二者的区别表现在，价值观是企业主体对客观对象的价值判断，体现了人对客观事物的观念反映。企业精神则是描述一个企业全体员工的主观精神状态，塑造企业精神，主要是对思想境界提出要求，强调人的主观能动性。同时，二者又有密切联系。企业之所以要塑造某种精神，是因为它对企业的发展具有极高的价值；同时，在对员工的精神状态进行评价，对其思想境界提出要求时，也必然以价值观念作为依据。

（3）制度规范（Regulation and Norms）。制度是企业内部按照组织程序正式制定的、成文的规章和规定，如人事制度、奖惩制度等。规范则可以是成文的，也可以是约定俗成的，如道德规范、行为规范等。制度规范是企业价值观念、道德观念和行为准则的具体化和条例化，是企业文化的组织保障系统。它把企业、员工的价值共识，以及在分工协作、协调相互关系、保持行为一致性等方面的共同要求以条文的形式确定下来，从而对员工行为形成有形或无形的约束。在制度规范的约束下，每个员工准确无误地知道哪些行为是正确的，哪些行为是错误的，应当仿效什么或鄙弃什么，并以此自动修正自身行为，遵从共同的行为规范。

（4）习俗仪式（Custom and Ceremony）。它包括企业内带有普遍性和程式化的各种风俗、习惯、传统、典礼、仪式、集体活动、娱乐方式等。习俗仪式作为企业文化的构成要素之一，是企业在成长和发展过程中长期积累、反复重复而逐渐形成的，实质是企业的价值观念、精神境界与存在方式的积淀和体现。与制度规范相比，习俗仪式带有明显的动态性质，经常通过各种活动和日常的例行仪式表现出来，例如，举办公司成立若干周年庆典、员工集体庆祝生日、唱厂歌等。

（5）英雄人物（Hero）。英雄人物是指企业中具有超出一般员工的思想境界和行为表现，能够成为榜样和表率的先进个人或群体。他们可以是企业的缔造者、领导者，也可以是员工中的模范代表。英雄人物之所以构成企业文化的组成要素，是因为他们通常以自己的思想和行为卓越地体现了企业的价值观和精神风貌，使企业组织文化得以人格化、品质化，成为生动具体的形象。不仅如此，领袖型的英雄人物往往还是企业组织文化的设计者、倡导者和培育者，他们将个人的价值观和崇高的理想信念付诸于企业，通过不懈的努力使之转化为全体员工共享的价值观念和目标追求。

（6）物化环境（Materialized Environment）。它是指企业内部的物质条件和企业向社会提供的物质成果，包括厂房设施、技术设备、环境布置、文化设施、产品、服务、环境保护、社会赞助等，物化环境是企业组织文化的物质表现和凝结。就企业性质而言，企业组织文化如果仅限于价值观念、企业精神、习俗仪式等意识形态方面，是极不完整的。只有将精神、意识形态的文化转化为员工的劳动热情，创造出能够体现自身价值和理想追求的物质产品，才能形成完全意义上的企业组织文化。物化环境也是企业员工赖以生存发展的场所和条件，良好的内部环境设施可以促使员工为追求理想目标和自我完善而更好地生活、工作、学习，求得自身的全面发展。

（二）组织文化的功能

企业组织文化的各项要素具有不同的能量和效用。当各要素处于孤立状态时，其能量和效用是潜在的。唯有将各要素按照一定方式加以组合联系，使之以整体的企业组织文化形式存在，才能使各要素的潜在能量发挥出来，形成效用上的一致性，进而以整体功能的方式发挥作用。企业组织文化的整体功能表现在以下方面：

（1）整合生产力功能（Integrating Productive Force Function）。企业中人、资金、技术、物资设备等生产力要素的充分整合是企业生产力高度发展的条件，而企业组织文化在整合生产力要素方面具有特殊功效。它通过共有价值观体系的倡导、行为规范的确立和文化氛围的形成，造成一种强有力的影响和约束力量，使具有不同价值取向的各个员工达到观念上的共识，并根据规范和氛围的要求自觉调整自身的心理与行为，从而使员工个体结合成具有共同目标和共同行为能力的集体，把人员协作中可能产生的摩擦和消耗减少到最低限度，实现生产力系统中人-人关系的最佳组合。

（2）资产增值功能（Appreciating Assets Function）。企业组织文化作为特定企业环境中生成的群体文化，一经形成便带有与本企业生产经营特点相吻合的鲜明个性与色彩，进而为企业所垄断，成为该企业自有资产的一部分。与物质技术设备等有形资产相区别，企业组织文化资产是无形的。但是，由其生产力性质决定，企业组织文化作为一种无形资产，同样可以创造价值，具有资产增值的功能。拥有优秀文化的企业组织可以充分调动员工的积极性和创造性，挖掘物质技术设备的潜能，提高劳动生产率；可以树立良好的企业形象，凭借信誉和声望赢得顾客的支持，推动产品销售，扩大市场占有率，从而利用无形资产促进有形资产的价值增值。

（3）导向和约束功能（Orientating and Binding Function）。企业组织文化以价值观念和企业精神为核心，通过文化的熏陶、教化作用使员工在潜移默化中接受共有的价值观念，并以此作为个人行为的方向和准则，自觉将个人目标纳入企业的共同目标之中。坚持对员工的理想追求进行引导，在建立共享价值观的基础上将个人目标同化于企业目标，是企业组织文化区别于一般管理方式的重要功能。此外，企业组织文化中的共有价值观念，一旦发育成长到习俗化的程度，就会产生强制性的约束作用。

（4）凝聚和激励功能（Cohesion and Incentive Function）。企业组织文化在发挥导向和约束功能的基础上，可以促进企业凝聚力的增强。这是由于，通过价值观念及目标的引导，企业将不再是仅由于相互利益需要而聚集起来的群体，而是一个由具有共同的价值观念、精神状态和理想追求的人凝聚起来的组织。在这个组织中，每个成员都有着强烈的认同感和归属感，对企业的发展前途充满责任感和自信心，积极参与企业的各项事务；主动将个人利益与企业利益联系在一起，与企业结成命运共同体。

（5）辐射功能（Radiating Function）。企业组织文化通常在本企业内发挥作用，但由于现代企业与外部环境有着千丝万缕的密切联系，因此某种企业组织文化一旦形成，也会通过各种渠道向社会发生辐射作用。例如，企业人员与社会各界的交往、企业的广告宣传、产品销售及服务、企业对社会活动的参与等，都会反映出该企业组织的文化特点及丰富内涵，并对社会公众产生不同程度的影响。

三、组织文化的培育

为使企业充满生机和活力，在激烈的市场竞争中不断成长壮大，迅速缩小与美、日等发达国家企业的差距，必须高度重视企业组织文化建设，融合中华民族优秀的文化传统，培育形成具有中国特色的企业组织文化。具体途径包括以下方面：

（1）培育具有优良取向的价值观念。塑造杰出的企业精神、价值观念以及体现价值观念的企业精神是企业组织文化的核心，也是培育企业组织文化的首要任务。

（2）坚持以人为中心，全面提高员工素质。人是企业的主体，是生产力中最积极、最活跃的因素。企业组织文化的建设必须抓住尊重人、关心人、爱护人、培养人、教育人这一主线，坚持以人为中心开展各项工作。

（3）提倡先进的管理制度和行为规范。管理制度和管理方式是企业组织文化的重要内容，也是企业组织文化得以维护和延续的基本保证。在企业组织文化建设中，应当以共有的价值观念体系和企业精神为宗旨，围绕实现企业目标建立健全各项规章制度，形成严密的规范网络，使员工的各种行为活动、相互关系的确立和调整以及行为效果的评价等均有法可依，有章可循。

（4）加强礼仪建设，促进企业组织文化的习俗化。习俗礼仪是企业组织文化个性或独特性的具体反映，也是企业组织文化的主要表现形式。在构建企业组织文化时，要注重保留和维护能反映本企业优良传统和文化特点的风俗、习惯，同时根据企业发展需要创立各种礼仪形式。礼仪文化的建设应当以弘扬企业价值观和精神、提高员工素养为宗旨，以是否符合上述宗旨作为评价和取舍各种礼仪形式的标准。

（5）改善物化环境，塑造企业的良好形象。企业形象是一个企业实际存在着的文明总体状态，是企业组织文化系统中所有要素的综合表现。考察一个企业的企业形象，可以洞悉这个企业组织文化建设的全貌和整体水平。社会公众也往往从一个企业的形象去了解和评价其企业组织文化状况。

任务五　社会道德

一、社会道德的基本内涵

社会道德是指在处理公平、正义、贫穷和人权问题时指导人们行事的标准，在许多教科书中被称为社会伦理。这里，我们将道德与伦理视为同义词，但是有专家对此存在争议，他们认为道德是个人自律的规范，而伦理则是社会约束的法则（黑格尔）。由此，我们将对社会道德、职业道德和个人道德进行研究。

社会道德不仅受社会的法律、风俗、惯例的影响，还取决于那些影响人们相互交往的不成文的价值观和准则。例如，一个国家的公民可能会自觉地做出符合道德的行为，那是因为他们已经把特定场合下应如何举止的价值观和准则消化、吸收。

（一）社会道德

社会道德所起的作用和影响是难以估量和评述的。社会道德可以监控个人和组织的一些自私自利的行为。尽管许多人并不认为这种行为会对社会和组织产生多么严重的危害，但如果不加以控制，在社会范围内蔓延开来，很可能会威胁到社会和组织的整体利益。因此，只有对社会道德做出规范，对什么是适宜和良好的社会行为做出明文规定，才可以使个人和组织受益，社会也因此整体受益。也只有这样，才能形成公平合理的竞争环境，组织间才能倾向于采用正当的竞争手段。所以，从社会道德层面讲，组织的社会道德更重要。例如，在商品经济社会，广告是企业宣传产品的有效手段，但肆意做虚假广告欺骗消费者就是超出了社会行为的道德底线，甚至是违法的。如果商家和企业都这样做，整个社会诚信就会丧失殆尽，最后，可能没有一个赢家。

在不同的国家，由于道德标准和文化观念的差异，社会道德的差异也较大。在欧洲被普遍接受的道德标准，在伊斯兰国家可能被视为冒犯。例如，西方人十分重视时间观念，他们认为不准时赴约是不礼貌的行为，至少是对对方的不尊重。但在伊斯兰国家，西方人的重视时间常常让他们感到有压迫感，缺少人情味，也是对自己文化的不尊重。此外，不同国家的商业惯例已成为跨国管理者头痛不已的问题。在一些国家，行贿和补偿性支付是正常的商业惯例，但在美国和一些欧洲国家却是违法的。

（二）职业道德

职业道德是指导组织内各类员工的行为规范和准则。相对于社会道德来讲，职业道德更具有指导性和约束性。在许多情况下，一个组织内部的职业规范和条例常会影响员工的价值观和行为，在一些特定行业，诸如律师、会计师事务所和研究机构、政府机构，以及从事特种职业，比如造币企业的员工身上表现得更为明显。当执行这些规范和条例的背景成熟时，这些就成为企业职业道德的一部分，员工会自觉遵守和维护。

当然，对职业道德的维护不能仅靠员工的自觉行为，世界上许多国家的职业组织都对违反职业道德的个体和组织进行惩处。例如，在西方国家，医生、律师或会计师如果违反职业道德，他们可能会被吊销营业执照或勒令停业。当然这样做是有法律依据的。所以，在一个法治国家，职业道德可以很好地规定员工的职业操守，因为他们清楚，违背职业道德的后果是什么。但有些国家是通过比较严厉的惩罚措施来保证组织的职员遵守职业道德的。例如，在新加坡，如果公务员违反职业道德，接受贿赂，那么他很可能被取消终生养老金。

但是，当员工在面临着利益冲突、秘密与机密和诚实等方面的问题时，职业道德的问题可能会凸现出来。尽管大多数公司都禁止员工收受礼物，但仍是屡禁不止。而最让一些技术企业管理者头痛的是，企业的核心技术员工流失后，带走的不仅仅是企业需要的技术，还可能将企业的秘密泄露出去，为竞争对手所用。而工作中出现的不诚实现象，如谎报业绩、欺骗客户、假公济私、出工不出力等更是层出不穷，给企业造成的损失难以估量。

组织中的员工如何遵守职业道德是一个方面，而组织如何对待员工则是另一个方面。组织要有效运行，招聘员工、培养和提拔管理者、确定薪酬体系等都是不可或缺的部分，而这些都体现了组织的道德观。比如，如果组织坚持唯才是用，任人唯贤，就会创造公平的竞争环境，使员工充分施展才华，并将适合的人才选拔到相应的岗位上，但如果组织的管理者相信血缘和地缘关系使员工更效忠，那么，他很可能提拔其亲属和老乡到重要的岗位上。

（三）个人道德

个人道德是指个人与他人交往时的个人标准和价值观。个人的道德形成主要受其家庭、朋友和成长环境等因素的影响。一个人在判断是非或做出某种决定、采取某种行为时往往会借助于他个人的标准和价值观。而这一价值观的发展又会受到他一生中的某些经历的影响。有研究表明，人们在童年时就开始形成道德标准，伴随其不断成长，道德观也随之不断改变。

但是，个人道德并不是企业道德的基础，也不是群体必须遵守的道德底线。在某些人眼里，某些决定和行为可能是不道德的，但在另一些人的眼里，这些行为却是完全可以接受的。

需要指出，个人道德是建立在社会道德基础上的。在这种条件下，个人道德的差异很可能是受个人信仰、宗教以及终极价值观的影响。在特定的组织和群体中，有影响的人物、领袖或领导者都会对个人道德和组织道德起重要的影响作用。组织通过文化建设，将员工个人道德观与价值观统一起来，成为组织凝聚力的保证。

一个社会中规范的法律通常采用其公民主流的道德标准——社会规范。例如，由于绝大多数人认为偷窃是不道德的，于是社会通过了相关的法律规定这种行为是不合法的，并且规定了惩罚违反者的办法。但这并不等于人人的行为都是合理合法的，社会中还是大量存在着法律与道德界限模糊的现象。例如，尽管法律规定员工节假日加班要付双倍或更多的工资，但许多企业还是想方设法加以逃避。

二、组织管理中的社会道德

组织的运行涉及社会各个层面，当管理者的决定缺乏具体的法律规定，完全需要管理者自行做出时，道德问题就凸显出来。此外，管理者在决定如何与特定的利益相关者交往的时候，也可能在处理道德问题上进退两难。之所以这样，是因为一部分利益相关者获益，而另一部分相关者受到伤害，很难做到两全其美。

（一）强化员工的名誉感，提升组织形象

预防不道德行为最重要的方法就是提高人们的羞耻感和名誉意识。名誉是获得的尊重和声望，是无价之宝。拥有名誉的利益相关者会保护好他们珍贵的名誉，这决定了他们能否在长期内获得资源和利润。

如果一个管理者滥用资源，并且其他人认为这种行为超出了可接受的标准，那么他的名誉就会受到损害。短期内不道德的行为可能会导致长期严重的后果。名声不好的管理者很难在业内找到市场，股东们也可能拒绝在此公司投资。在这种情况下，所有利益相关者的名誉都可能受到损害。如果一个管理者或一个公司由于不道德的行为而被人知晓，那么其他利益相关者就会带着怀疑的态度甚至敌意去看待他们，他们会由于名声的问题而失去本应该获得的资源。

在一般情况下，不道德的行为最终会惩罚那些始作俑者。如果所有的利益相关者都警觉到不道德的行为会给他们的长远利益带来伤害，并认为有必要制止这种行为的话，那么不道德行为出现的概率就会大大降低。此外，社会舆论的监督、法律和制度的惩治也会对不道德者产生较大的威慑力，有助于制止不道德的行为。如万科与宝能的股权之争。2015年下半年，宝能不顾万科管理层的反对，在二级市场上大举购买万科公司的股票，并成为第一大股东，随即提出要撤换以王石为代表的董事会成员。万科召开股东大会，说明情况，请广大中小股东予以支持。事件的不断发酵不仅引起了企业与民众的不安，也引起了监理层的关注，舆论也由开始的分化到最后形成一边倒支持万科管理团队的局面。当然，事件的结果还是圆满的。

（二）塑造符合道德的组织文化

组织可以通过把道德价值观和标准作为组织文化核心的方式，将公司在道德和社会责任感问题上的立场传达给每一位员工，而且要在组织范围内让每一位员工在行动上自觉遵守。需要指出的是，当组织成员遵守组织的价值观和行为规范时，这些就会变成他们个人道德规范的一部分。所以，组织成员对道德问题做出的反应就能反映出这家公司的道德标准。高标准的、强文化的价值观和严格的规范可以帮助个人抵制自私行为，并使他们认识到他们代表的不仅仅是个人，而是组织的形象。

管理者在帮助其员工建立个人标准方面起着重要作用，管理者不仅仅是员工的上司，也是行为或道德标准执行的表率，他们的一举一动都要受到下级的模仿和监督。如果管理者做出不道德的行为，会为下属起到反面的示范作用。这会给组织的发展带来一定的危害。比较有效的方法是通过制订成文的道德规范和定期的道德培训计划以及树立组织先进模范的典型，帮助员工认同公司的价值观和确立与此相适应的个人道德观。海尔在组织发展初期，由于员工信仰出现真空，因此其行为出现许多偏差，如违反社会公德、无组织无纪律、偷盗等。公司通过强化组织纪律，采取惩罚式管理，使这种现象得到很大改善。但最终使员工行为达到组织规范要求的，还是组织文化的建设，通过强化价值观和信仰灌输，加强员工的自律行为，使员工自觉遵守组织的规范。

任务六　社会责任

一、社会责任的含义

对企业社会责任的定义，人们目前还没有取得一致的看法。第一种，西方国家在这方面的代表人物——美国的基思·戴维斯对此是这样定义的：企业的社会责任就是指企业决策者在追求自身利益发展的同时，所必须承担的一种义务，即保护和改善公众利益的义务。第二种，据《哈佛商业评论》杂志的一项调查表明，大多数人认为企业社会责任是企业合法的和可实现的目标，此外还必须考虑企业的使命。第三种，据对439名主管的调查后的答案来看，其中68%的主管人员都同意下述定义：公司的责任就是认真地考虑公司的一举一动对社会的影响。尽管对企业或公司的社会责任的定义有所不同，但是这里应当明确的是，“责任”不应当理解为法律或法学意义上的法律责任，它不完全具有强制性的特征，而是一种社会规范，属于广义社会学的范畴。

由于企业所在的行业及所在的区域不同，所处时代的政治、经济、文化背景不同，其特定条件下的具体社会责任也不尽相同。因此，想要列出一个包罗万象的企业社会责任的一览表是不大可能的。但是，我们可以从企业所处的纷杂的社会关系中抽象出一些共同面临的主要社会问题，这些问题既可能是由于企业行为所导致的，也可能是由于社会本身机能失调而作用于组织的。这样我们就可以找到企业所要承担社会责任的两个领域：一个领域是企业对社会的影响，另一个领域是社会对企业的影响。第一个领域涉及企业对社会做了些什么，第二个领域是说企业能为社会做些什么。但不管是企业影响社会，还是社会影响企业，这些问题都涉及企业与社会、国家的利益问题，甚至涉及整个人类生存发展的根本利益。

（一）企业对社会的影响

企业的社会责任，来源于企业所处的社会环境中必须协调的各种复杂社会关系的客观要求。一般来说，企业与社会的关系集中体现在两个方面：其一是企业生产经营活动中直接发生的各种社会关系，其二是企业生产经营活动中间接发生的关系。企业总是以向社会提供商品或劳务而求得生存与发展的。因此，企业在生产经营活动中直接发生的那些社会关系是组织最基本的社会关系，它包括企业与职工的关系、企业与供应商的关系、企业与销售组织的关系、企业与消费者的关系以及竞争企业间的关系等等。企业作为利益主体，它为利润目标所驱使，其生产经营活动必然以实现其利润最大化为准则。同时，在其生产过程中又不可避免地产生副产品，企业在实现其经营目的的过程中必然要同其他社会组织与个人发生关系。这就要求企业在实现其生产经营活动目标的过程中，不能以损害其他社会组织和个人的利益为前提，社会不希望企业在对人们做出贡献的同时，又损害人们的共同利益。

（二）社会对企业的影响

社会对企业的影响在于某些社会机能的失调，即在于某些社会矛盾、问题对企业的影响。企业生存于社会环境中，是社会的一个器官，社会问题、社会弊端就不可避免地会影响企业。尽管社会问题的影响不要求企业承担责任，但企业对社会问题也不能采取袖手旁观的态度。因为一个健全的组织不能存在于一个病态的社会之中，即使社会的问题不是由企业引起的，但对企业本身利益而言，作为社会的成员，其生存与发展需要一个健全的社会。因此，企业必须承担社会责任。

二、社会责任的内容

企业社会责任的内容与范围是十分丰富和广泛的。除了企业经营绩效之外，至少还可以列举出被称为企业“永恒的社会责任”的四大类问题，即企业与职工的关系、企业与消费者的关系、企业与社区的关系和企业与生态环境的关系。

（一）企业对职工的社会责任

企业与职工的关系在企业生产经营成本中仅仅表现为工资和若干福利费用。然而在实际社会生活中，企业与职工的关系就要复杂得多。从企业和职工的关系建立来看，聘用或雇用的原则和标准乃至程序就反映着企业的社会责任观念。例如，对性别、民族、肤色、年龄、文化水平、技术才能、社会背景等的考虑，就涉及男女平等、民族平等、未成年人保护等一系列社会的、政治的问题。在企业内部，职工对工作的满意程度、工作环境对职工安全与健康的保障、职工劳动素质的培养和提高，以及职工参与企业管理等，都涉及劳动者法定权益是否受到企业的尊重与切实保证。企业与职工间劳动关系的解除，无论是企业经营中出现了问题还是企业解聘职工，或是职工自我选择的结果，都存在着企业对劳动者应承担的责任。企业不能只关心职工在生产经营中的作用，还必须重视政治、文化、科技等多方面素质的培养与提高。从这个意义上说，好的企业也是一所好的学校。

（二）企业对消费者的社会责任

企业是通过提供商品和劳务而与社会发生直接关系的，在企业所处的各种社会关系中，又主要是由于企业与消费者的关系而建立起来的各种社会关系。因此，商品和劳务便成为联结企业与消费者的中介和纽带，从而引出企业对社会多方面的影响。企业承担保护消费者利益的社会责任，是一个涉及多方面的复杂问题，表现形式也多种多样，如一般人们是从商品的规格、品种、质量、价格及服务等方面来评价。实际上，远远不止这些。社会责任还进一步从公平、守信、合法，尤其是从道义上要求企业。例如，鞋子坚固耐穿，并不一定符合消费者利益，假如鞋底的寿命是10年，鞋帮的寿命只有2年，费于鞋底的多余的劳动计入成本，就在一定程度上侵犯了消费者利益。因为鞋帮坏了，虽然鞋底完好，但这双鞋还是不能穿了，除非能提供修补如初的服务。即使鞋帮、鞋底同样寿命，都能穿10～20年，但却因此而提高了鞋的价格，这在无形中就侵犯了人们追求消费不断变化的利益要求。因此，从社会责任的角度看，企业应当努力实现功能与成本的最佳组合。

企业对消费者的社会责任核心是保护消费者权益。自西方发达国家倡导“消费者利益主义”以来，保护消费者权益运动已风靡世界。消费者权益包括消费者的权利和利益两层含义。消费者权利，是指经法律确认并由法律保护的、消费者在实现其消费目的活动过程中的行为尺度；而消费者利益则是消费者通过权利的履行而实现的消费需求的满足。消费者的权利和利益互相依赖，前者是基础，后者是目的，两者合起来称为“消费者权益”。

消费者权益的实质内容是消费者消费需求的满足。因此，企业有责任使消费者从消费其商品和劳务的过程中获得最大的效用和满足。但在现实生活中，损害消费者权益的问题大部分都是企业造成的。因此，企业必须端正经营道德，承担起所应当承担的社会责任。

（三）企业对生态环境的社会责任

20世纪以来，特别是20世纪40年代以来，世界各国普遍面临着生态环境恶化的严重问题。在人类以全球范围的规模、以前所未有的速度与深度改造大自然的同时，大自然面临破坏甚至被毁灭的危险。企业经营中存在着人类对大自然的征服与损害的尖锐矛盾。企业对维护生态平衡、保护环境有着不可推卸的责任。维护生态平衡，主要是指保护自然环境和控制工业污染。企业在维护生态平衡方面，首先，要严格遵守一切有关维护生态平衡的法规，在减轻噪音和减少“三废”排放量上不断采取措施，尽可能减轻对生态环境的污染；其次，要重视物质资源的开发利用，提高原材料、燃料的利用率；最后，要以积极的态度与政府相配合，承担起保护环境的社会责任。

（四）企业对社区的社会责任

企业是生活在具体的社会环境之中的，这就产生了企业与社区的关系问题。对工商企业来说，其员工大部分来自所在社区；对商店来说，其员工大部分来自所在社区，其顾客也主要是社区居民。因此，重视社区利益也是企业永恒的社会责任。美国通用电气公司曾一度忽视自己的社区责任，遇到了来自社区的各种各样的阻力和麻烦。后来，它的公共关系部受命发起了“改善社区环境”、向市民提供职业教育的机会、积极参与当地社会团体发起的各种活动、向社区提供商店和医院等服务，创造良好的社会氛围、文化氛围等活动，公司很快成为受当地人尊敬、当地人引以为傲的好邻居。

企业作为社区的居民，在社区内从事生产经营活动，凭借社区实现其经济目标，自然也应当尽社区的社会责任。这包括响应社区政府的号召、为公益事业做力所能及的贡献、为社区居民承担义务等。

企业社会责任的内容广泛、具体又复杂。以上列举的企业社会责任主要是从企业的角度来认识的。当然，企业的社会责任还有相当部分来自社会问题的影响、来自社会对企业的要求。例如，当物价涨势过猛、通货膨胀严重时，企业如何参与通货膨胀的治理，就成为企业社会责任的重要内容。总之，对企业的社会责任问题要从企业对社会和社会对企业两个方面去认识和把握，才能得出正确的结论。

三、社会责任的特征

（一）变动性

企业社会责任具有变动性的特点。从历史上看，在工业革命初期，雇童工、恶劣的劳动条件是当时尖锐的、突出的社会问题。因此，企业的社会责任也就集中在童工雇用、企业内部劳动条件等方面。而在当今时代，人口过剩、资源短缺和环境污染已成为全球性的共同问题。企业的社会责任也就围绕这三大基本问题而展开。企业社会责任之所以具有变动性，主要原因有：

（1）由于企业的社会影响是在具体的社会环境条件下产生的，总是与一定历史时期的社会经济、政治、科技、文化发展相适应的。企业承担社会责任的现实状态，就是这些因素的综合反映。因此，当这些历史条件发生重大变化时，企业社会责任的内容就会随之发生变化。

（2）人们评价企业社会责任的标准发生了变化。在20世纪40年代以前，人们评价企业承担社会责任主要是利润最大化标准，而今天人们评价企业承担社会责任的标准已经不再是单一的经济绩效指标。即便是可以被称为企业的“永恒的社会责任”的四大类问题，即企业与劳工关系、企业与消费者关系、企业与社区和企业与生态平衡关系也由于时期不同、背景不同、标准不同而有不同的评价标准。

因此说，企业承担社会责任是一个发展的、变化的概念。

（二）有限性

企业以其产品或服务而获得尽可能多的利润，既是企业存在于社会的根本条件，也是社会对企业的根本要求。如果企业完成这个特殊使命的能力受到减弱或损害，社会也必定因此而遭受更大的损失。因此，企业首要的社会责任在于履行企业的基本职能。一个经营不善而濒临破产的企业，维持自己的生存都面临着危机，还谈得上履行什么社会责任呢？不仅如此，经营不善、濒临破产的企业还会给社会造成负担和损失。因此，企业承担社会责任是有一定的前提和限度的，这种限度或有限性是由企业所取得的经济成就的能力所决定的。企业在承担社会责任的过程中，除非它能够转化成取得经济成就的盈利机会，否则就会造成成本的增加。这种增加的成本如果转嫁到消费者身上，那就必然损害消费者的利益；如果由企业内部消化，势必减少利润，影响到企业所有者、管理者、债权人和企业职工的利益和一系列由此产生的经济关系和社会关系。企业在任何时候只要忽略了在经济上取得成就的限制，承担了它在经济上无力支持的社会责任，就会很快陷入困境。为了承担社会责任而做出某些经济上不合理和难以支持的事情，永远不能说是承担了社会责任，而只能说是感情用事。

企业社会责任的有限性，说明了企业承担社会责任的限度在于企业所取得的经济成就的能力的限制。社会对企业的评价标准也应当是看它是否重视经济效益与社会效益的结合，在于它实现经济目标时所采取的方式是否损害了其他社会企业和个人的利益，在于它是否出色地完成了社会所赋予它的职责和使命。

（三）相关性

一个发达的社会需要有各种特殊的分工、特殊目标的机构。这些机构，包括政府和大多数部门。它们所能做出的最大贡献、最大的社会责任，就在于在它们的职责范围内取得的成就。而对社会最大的不负责任，也就在于承担超出其范围的职责或滥用权力，以致损害这些机构或企业的成就能力。企业作为一种社会经济组织，在实现其经营目标的活动中，对其产生的副产品，即对人、物质环境和社会环境的影响，必须要承担责任。但企业社会责任不等于企业办社会。社会并不是要求企业超越自身的职责和能力去参与一切社会问题的解决，只是要求企业作为社会的一个组成部分而与社会整体保持协调一致。这样，才能使社会各组成部分各司其职而又和谐运转。企业办社会，或者称社会的社会责任企业化，实质上是社会机能失调的产物。如果企业能够解决一切社会问题、承担一切社会责任，那么政府和社会公用福利部门就没有存在的必要了。因此，必须把企业的社会责任与社会的社会责任区别开来。企业必须能够对超出其成就能力的责任要求予以拒绝。

企业社会责任的相关性，实质上还有另一种含义。企业行为的“外溢因素”或称“社会影响”总是具有一定的相互联系，而不是各自单一独立地发挥作用。例如，企业排放

“三废”不仅会影响到企业附近的生产经营、居民生活，还会影响到周围相当范围的区域；不仅在经济领域产生问题，而且会引发社会问题和政治问题；有时还涉及国际间的纠纷；而且问题也不是单个企业或部分企业所能解决的。企业必须和有关的社会、社区、政府等诸方面共同合作，尤其是与各级政府积极合作，才能有益于社会问题的解决。这就产生了企业对某方面承担社会责任而发生的企业与政府合作的新的职责。处理好企业与政府的关系也是工商企业管理人员的一项极为重要的社会责任。企业与政府的关系也是企业的社会影响的一个领域，它在很大程度上是由于企业做了什么或没有做什么而产生的。

（四）延续性

工业革命初期，企业在向社会提供商品和劳务的同时，也把大量废气、废渣排放在环境中。但对这些工业废物的处理费用却未计入成本。延续至今，现代企业也仍然未把这笔费用计入自己的成本。这样，就把这些隐蔽而沉重的费用转嫁给了社会。其后果或是提高了公共赋税和公共支出，或是破坏了环境。

早期企业存在的社会影响问题，在今天的企业活动中不但仍然存在，而且随着社会化大生产的发展更为严重了。企业的发展产生了越来越多的“外溢因素”，经济学家称之为“外部成本”。而今天的企业却要代前人受过，但同时也在对后人制造新的影响。新出现的经济部门、行业的企业所产生的“外溢因素”的影响，往往需要一段时间才能被人们所感受到和认识到。在现实中，人们普遍感知和认识到的企业的社会影响，一般已经是持续了很长的时间。而制止这种影响，挽回影响所造成的损失，则要付出巨大的费用和漫长的时间代价。

随堂测4

应知考核

一、单项选择题

1.某公司人力资源部在公司的快速发展时期，为公司人力资源的开发利用做出了重要贡献。有人说，这在相当程度上得益于人力资源部前几年在内部进行了较细致的专业分工，从而使有关人员可以快速熟悉专业，提高业务水平。但近来公司领导发现该部门工作效率和工作质量出现了一定的滑坡，许多成员不满于单调乏味的工作。对此，你认为最好采取的措施是（　）。

A.严格内部规章制度，以改善工作作风和工作态度

B.调整该部门领导班子，促其改变当前的工作面貌

C.以工作丰富化为原则，进行工作和职务再设计

D.调整该部门的工作目标，将部门职能分解出去

2.一位在政府职能部门从事多年管理工作的中年管理者，新近被任命为某研究所的所长。面对陌生的学科专业和资深的研究人员，该所长感到有点无从下手。如果要就他如何有效地开展新工作提出原则性建议，你首选的是（　）。

A.明确各研究人员的研究目标与任务，实行责权利挂钩考核

B.充分尊重专家，努力将研究人员的个人兴趣与组织发展目标协同起来

C.充分尊重专家，按专家意见办，全力做好支持服务工作

D.以研究人员的研究兴趣和专长为基础生成组织目标

3.俗话说："一山难容二虎""一条船不能有两个船长"。从管理的角度看，对这些话的如下解释，你认为最恰当的是（ ）。

A.领导班子中有多个固执己见的人物最终会降低管理效率

B.对于需要高度集权管理的组织不能允许有多个直线领导核心

C.组织中的能人太多必然会造成内耗增加从而导致效率下降

D.组织中不能允许存在两种以上的观点，否则易造成管理混乱

4.SD公司由张萍和李楠合伙注册经营，其主要业务是为客户设计网页。到目前为止，公司一直没有招聘员工，两个人既当经理又当员工。联系正式组织和非正式组织问题，你认为对SD公司的判断最合适的是（ ）。

A.目前是一个非正式组织，当扩招员工后，将变成一个正式组织

B.是一个正式组织，但公司内部不会有非正式组织

C.是一个正式组织，同时公司内部也可能存在非正式组织

D.本身是一个正式组织，同时公司内部也一定存在非正式组织

5.沸光广告公司是一家大型广告公司，业务包括广告策划、制作和发行。考虑到一个电视广告设计至少要经过创意、文案、导演、美工、音乐合成、制作等专业的合作才能完成，（ ）组织结构能最好地支撑沸光公司的业务要求。

A.直线制　　B.职能制　　C.矩阵制　　D.事业部制

6.南方某厂订立有严格的上、下班制度并一直遵照执行。一天深夜突降大雪，给交通带来极大不便，次日早晨便有许多员工上班迟到了，厂长决定对此日的迟到者免于惩罚。对此，企业内部员工议论纷纷。在下列议论中，（ ）最有道理。

A.厂长滥用职权

B.厂长执行管理制度应征询大部分员工的意见

C.治厂制度不是厂长一人制定的，厂长无权随便变动

D.规章制度应有一定的灵活性，特殊情况可以特殊处理

7.某企业采用直线职能制的组织结构，企业中共有管理人员42人，其中厂长1人，车间主任4人，班组长18人，职能科长3人，科员16人。每一岗位均不设副职。这时，厂长的管理幅度为（ ）。

A.4　　B.7　　C.22　　D.23

8.某公司下属分公司的会计科长一方面要向分公司经理报告工作，另一方面又要遵守由总公司财务经理制定和设计的会计规章、会计报表。试问，会计科长的直接主管应该是（ ）。

A.总公司财务经理　　B.总公司总经理

C.分公司经理　　D.总公司财务经理和分公司经理

9.小王是一名合资企业的职员，在日常工作中，他经常接到来自上边的两个有时甚至是相互冲突的命令。导致这一现象的最本质的原因很可能是（ ）。

A.该公司在组织设计上层次设计过多

B.该公司在组织设计上采取了职能型结构

C.该工作在组织运作中出现了越级指挥问题

D.该公司组织设计运行中有意或无意地违背了统一指挥原则

10.某组织设有一管理岗位，连续选任了几位干部，结果都由于难以胜任岗位要求而被中途免职。从管理的角度来看，出现这一情况的根本原因最可能是（　　）。

A.组织设计上没有考虑命令统一的原则

B.管理部门在外部选聘干部还是内部提拔人员的决策上犹豫不定

C.组织设计中忽略了对任职干部特点与能力要求的考虑

D.组织设计没有考虑到权责对等原则

二、多项选择题

1.为了达到组织设计的理想效果，组织设计者需要完成的工作有（　　）。

A.职能与职务的分析与设计　　B.部门设计

C.层级设计　　D.以上均不是

2.组织设计的原则包括（　　）。

A.统一指挥原则　　B.控制幅度原则

C.权责对等原则　　D.柔性经济原则

3.职权可以分为（　　）。

A.直线职权　　B.参谋职权

C.职能职权　　D.领导职权

4.授权的原则包括（　　）。

A.重要性原则　　B.适度原则

C.级差授权原则　　D.权责一致原则

5.组织文化的功能包括（　　）。

A.整合生产力功能　　B.资产增值功能

C.导向和约束功能　　D.凝聚和激励功能

三、判断题

1.管理工作内容越多，上下左右之间的联系就越多，组织就越是需要扩大控制幅度。（　　）

2.权力是职权的部分集合，一个人可以不必拥有权力但却可以拥有职权。（　　）

3.一个组织内部要实行专业化的分工，就必须高度集权。（　　）

4.授权的过程大致可以分为授权诊断阶段、授权实施阶段、授权反馈阶段。（　　）

5.矩阵型组织结构拥有两套管理系统，一套是横向的职能管理系统，另一套是纵向的项目系统。（　　）

应会考核

案例分析

【背景资料】

江西明鑫企业集团公司的前身是江西省农业厅下属的国营明鑫生物制药厂，集团现有1 200余人，产品涉及饲料、兽药、化肥、绿色食品等6个产业，在省内外共有生产经营企业、科研机构20余个，是一家集科、工、贸为一体的大型集团公司。集团自1987年开始效益一直很好，但是进入2003年以来产品效益出现了滑坡。集团聘请一些知名专家为企业做诊断，专家经过深入调查研究认为：明鑫企业集团的管理体制不能适应其发展，必须进行大的改革。

客观地说，集团所采取的管理组织结构是比较简单的直线职能形式。在这种组织结构下，集团实行的是两级管理。上面是集团总部，下面是各个工厂、公司或科研所等。工厂、公司、科研所之间的关系是并列的，它们均直属集团总部领导。经过3天的思考，集团总经理最后认为，集团的管理组织结构必须进行调整。

【考核要求】

请根据背景资料回答下列问题：

（1）你认为明鑫企业集团的管理组织结构属于哪种类型，为什么？它具有哪些优点？又存在哪些不足？

（2）你认为明鑫企业集团应采取什么样的管理组织结构形式，为什么？

项目实训

【实训项目】

设计组织结构。

【实训目标】

掌握组织结构的类型及其特点。

【实训内容】

把学生分为若干个小组，每组5～8人，要求每组创办一家模拟公司，结合所学组织结构内容，构建公司组织框架，并制定组织目标和相关行动方案。

【实训要求】

以实训报告的形式上交，教师在课堂内组织讨论，并评价各自的优劣。教师依据实训报告和讨论课上学生的表现给出成绩。

项目五　领　导

知识目标

理解领导与管理的联系与区别、领导集体的构成、领导的权力的概念和来源；熟知领导的实质、作用，领导者的素质及条件，经济全球化对企业领导提出的新要求；掌握领导方式理论、团队领导、成功者的领导艺术。

技能目标

学生能够掌握在领导过程中运用领导艺术解决实际问题的能力。

素质目标

通过本项目的学习，能够在培养学生领导能力和领导艺术的过程中，使学生形成良好的合作精神和团队意识。

知识精讲

任务一　领导概述

一、领导的概念

（一）领导的定义

从管理学意义上来讲，领导的定义可概括为：领导是指管理者依靠其影响力，通过激励、沟通、指挥等手段，带领被领导者或追随者，去实现组织目标的活动过程。其基本含义可以从以下几个方面理解：

第一，领导包含领导者和被领导者两个方面。领导者是指能够影响他人并拥有管理的职位权力、承担领导职责、开展领导工作的人。领导者一定要有领导的对象，如果没有被领导者，领导者将变成“光杆司令”，领导工作就失去意义，领导职能也就不复存在。在领导过程中，下属都甘愿追随领导者并接受领导者的指导。

第二，领导是一种活动，是引导人们的行为过程，是领导者带领、引导和鼓舞下属去完成工作、实现目标的过程，是管理的一项重要职能。

第三，领导的基础是领导者的影响力。领导者拥有影响被领导者的能力或力量，它既包括由组织赋予的职位权力，也包括领导者个人所具有的影响力。一个领导者如果一味地行使职权而忽视社会和情绪因素的影响力，就会使被领导者产生逃避或抵触行为。当一个领导者的权力不能使下属跟随领导者时，领导工作是无效的。

第四，领导施加影响力的方式或手段主要有激励、沟通和指挥。激励是指管理者通过作用于下属来激发其动机、推动其行为的过程。沟通是指管理者为有效开展工作而交换信息、交流感情、协调关系的过程。指挥是管理者凭借权力，直接命令或指导下属行事的行为。

第五，领导的目的是实现组织的目标。不能为了领导而领导，不能为了体现领导的权威而领导。领导的根本目的在于影响下属为实现组织的目标而努力。

一般来说，领导者的任务有两项：一是实现组织目标，完成组织或上级交给的任务；二是尽可能满足组织成员物质和精神方面的需要。

（二）领导与管理的联系与区别

（1）联系。从行为方式上看，两者都是在组织内部通过影响他人的协调活动，实现组织目标的过程。从权力的构成上看，两者也都是组织层级的岗位设置的结果。

（2）区别。从本质上看，管理是建立在合法的、有报酬的和强制性权力基础上的对下属发出命令的行为。而领导则可以建立在合法的、有报酬的和强制性权力基础上，也可以并且更多的是建立在个人影响权力和专长权力以及模范作用的基础上，且两者所担负的工作内容不同。具体区别见表5-1。

表5-1　**管理和领导的区别**

比较项目	管理	领导
从职能上看	管理的范围大	领导行为属于管理的范围
从岗位上看	管理者未必是领导者	领导者必定是管理者
制订计划	为达成目标，制定出详细的步骤和计划进度，进行资源分配	展现未来的前景与目标，指明达到远景目标的战略
组织和人员配备思路	组建所需组织结构及配备人员，规定权责关系，制定具体政策和规程，建立一系列的制度监督下属的工作状况	重在指导人员。同协作者沟通，指明方向、路线。帮助人们更好地理解目标、战略及实现目标后的效益。引导人们根据需要组建工作组、建立合作伙伴关系
执行	在执行中强调采用控制的方式来解决问题。通过具体的、详细的计划监督进程和结果	一般采取鼓动和激励的方式。在思想上动员和鼓励人们克服工作中的障碍与困难，推动各项工作顺利开展
效果	一般只能发挥组织成员的现有能力	可充分挖掘组织成员的潜在能力

（三）领导的实质

领导实质上是一种对他人的影响力，即管理者对下属及组织行为的影响力，这种影响力能改变或推动下属及组织的心理与行动，为实现组织目标服务。这种影响力可以称为领导力量或者领导者影响力，管理者对下属及组织施加影响力的过程就是领导的过程。领导者对下属及组织的影响力来自两方面：一是权力（又称为制度权力）影响力；二是非权力（又称为个人权力）影响力。

（1）权力影响力。它包括法定权力、强制权力、奖励权力。它由组织正式授予管理者并受组织规章的保护。这种权力与特定的个人没有必然的联系。它只同职务相联系。权力是管理者实施领导的基本条件。没有这种权力，管理者就难以有效地影响下属，实施真正的领导。

第一，法定的权力来自于上级的任命。通常，组织会授予领导者一定的职位，从而使其占据权势地位和支配地位，有权对下属发号施令。这种支配权，是管理者的地位或在权力阶层中的角色所赋予的。

第二，强制的权力是和惩罚权相联系的迫使他人服从的力量。在某些情况下，领导者是依赖于强制的权力与权威施加影响的，对于一些心怀不满的下属来说，他们不会心悦诚服地服从领导者的指示，这时领导者就运用惩罚权迫使其服从。这种权力的基础是下属的惧怕。这种权力对那些认识到不服从命令就会受到惩罚或承担不良后果的下属的影响力是最大的。

第三，奖励的权力是在下属完成一定的任务时给予相应的奖励，以鼓励下属的积极性。这种奖励包括物质奖励如奖金等，也包括精神奖励如晋升等。依照交换原则，领导者通过提供心理或经济上的奖励来换取下属的遵从。

影响权力影响力的因素主要有：①传统观念；②职位因素；③资历。

权力是通过正式的渠道发挥作用的。当领导者担任管理职务时，由传统心理、职位、资历构成的权力的影响力会随之产生，当领导者失去管理职位时，这种影响力将大大削弱甚至消失。

（2）非权力影响力。它包括专长影响力和品质影响力。

第一，专长影响力是指领导者具有各种专门知识和特殊技能或学识渊博而获得同事及下属的尊重和佩服，从而在各项工作中显示出在学术上或专长上的举足轻重的影响力。这种影响力的影响基础通常是狭窄的，仅仅被限于专长范围之内。

第二，品质影响力是指由于领导者优良的作风、思想水平、品德修养，而在组织成员中树立的德高望重的影响力。这种影响力是建立在下属对领导者承认的基础之上的，它通常与具有超凡魅力或名声卓著的领导者相联系。

影响非权力影响力的因素有以下几方面：品格、才能、知识、感情等。由品格、才能、知识、感情因素构成的非权力影响力，是由领导者自身的素质与行为造就的。在领导者从事管理工作时，它能增强领导者的影响力。在不担任管理职务时，这些因素仍会对人们产生较大的影响。

领导工作有效性的核心内容就是领导者影响力的大小及其有效程度。管理者要实施有效的领导，最关键的就是要增强其对下属及组织影响力的强度与有效性。提高影响力的机制与途径主要有激励、沟通和指挥三种。

二、领导的作用

领导的作用具体表现在以下三个方面：

（1）指挥引导作用。在组织集体活动中，需要有头脑清晰、胸怀全局、高瞻远瞩的领导者引导组织成员认清所处的环境和形势，指明活动的方向和途径，并帮助他们最大限度地实现组织目标。尽管引导、指挥、帮助等活动在形式上略有差异，但共同的要求是：领导者要站在组织成员的前面，要以身作则，以先行者和带头人的身份来指挥、引导和鼓舞组织成员去努力实现组织目标。

（2）沟通协调作用。组织的目标是通过许多人的集体活动实现的。即使组织制定了明确的目标，但由于组织成员能力、地位和利益不同，他们所掌握的组织内外的信息不同，对组织目标的理解不同，就有可能使组织成员的目标与组织的总体目标产生偏离，甚至出现背道而驰的现象。因此，就需要领导者来加以协调，降低管理的模糊性，兼顾各方利益，充分调动组织成员的热情和积极性，朝着共同的目标前进。

（3）激励鼓舞作用。任何组织都由具有不同需求、欲望和态度的个人所组成，组织成员的个人目标不可能与组织目标完全一致，领导者活动的目的就是要根据组织活动的需要和个人素质与能力的差异，为员工创造一个宽松、和谐的发展空间，并使员工的职业发展生涯与组织的要求相符，充分调动每个成员的积极性，使其以饱满的热情和绝对的忠诚为组织目标的实现作贡献。

引导不同员工努力朝向同一目标，协调不同员工在不同时空的贡献，激发员工的工作热情，使他们在组织经营活动中保持高昂的积极性，是领导者在组织和率领员工为实现目标而努力工作的过程中必须发挥的具体作用。

三、领导者的素质及条件

一个优秀的领导者应具备四个方面素质：①思想品德素质；②知识素质，包括专业知识、管理知识、相关知识；③能力素质，包括决策能力、组织协调能力、创新能力、自我控制和自我学习能力；④身体素质。

四、经济全球化对企业领导提出的新要求

《世界经理人文摘》邀请世界经理人网站的广大用户、中国企业领导人和管理专家一起推荐和评选出了企业领导人的10大特质：①建立远景；②信息决策；③配置资源；④有效沟通；⑤激励他人；⑥人才培养；⑦承担责任；⑧诚实守信；⑨事业导向；⑩快速学习。

五、领导集体的构成

一个具有合理结构的领导班子，不仅能使每个成员人尽其才，做好各自的工作，而且能通过有效的组合，发挥巨大的集体力量。领导班子的结构，一般包括年龄结构、知识结构、能力结构、专业结构等。

（1）年龄结构。不同年龄的人具有不同的智力、不同的经验，因此，寻求领导班子的最佳年龄结构是非常重要的。领导班子应该是老、中、青三结合，向年轻化的趋势发展。

（2）知识结构。它是指领导班子中不同成员的知识水平构成。领导班子成员都应具有较高的知识水平。没有较高的知识素养，就胜任不了管理现代化组织的工作。在现代组织中，大量的先进科学技术被采用。在复杂多变的经营环境中，为了使组织获得生存，求得发展，组织领导人员必须具备广博的知识。随着我国社会经济的发展，组织员工的文化水准在不断提高，各类组织的各级领导都在向知识型转变。

（3）能力结构。领导集体应包括不同能力类型的人物，既要有思想家，又要有组织家，还要有实干家，这样才能形成最优的能力结构，在组织管理中充分发挥作用。

（4）专业结构。它是指在领导班子中各位成员的配备应由各种专门的人才组成，形成一个合理的专业结构，从总体上强化这个集体的专业力量。

任务二 领导方式

一、领导行为方式理论

（一）勒温的三种领导方式

勒温是著名的心理学家，他最早通过实验，从行为学角度对领导者的行为进行了研究。根据研究结果，他把领导方式划分为三类：专制型领导、民主型领导和放任型领导。

（1）专制型领导。它又称独裁型或权威型领导，就是领导者单独做决策，然后发布指示和命令，明确规定和要求下属或部门做什么和怎么做。对于决策，下属没有参与权和发言权。这种类型的领导者有以下特点：①独断专行，安排一切工作的程序和方法。不考虑别人意见，也不把任何信息告诉下级，下属们只能察言观色，奉命行事。②主要依靠行政命令、训斥、惩罚、纪律约束进行管理，很少有奖励。有人统计，具有专制作风的领导者与别人谈话，大约有60%的内容是采取命令和指示的口吻。③领导者很少参加群体的社会活动，与下级保持相当的心理距离。

（2）民主型领导。它是指领导者与下属共同讨论，集思广益，然后再进行决策，要求上下融合，合作一致。其特点是：①所有的决策是在领导者的鼓励和协作下由群体讨论而决定的，是集体智慧的结晶，而不是由领导者单独决定。②分配工作时尽量照顾个人的能力、兴趣和爱好；积极参加团体活动，与下级无心理上的距离。③对下属的工作不安排得那么具体，使个人有相当大的工作自由、较多的选择性和灵活性；主要应用个人权力和威信，而不是靠职位权力和命令使人服从；谈话时多使用商量、建议和请求的口气，下命令仅占5%左右。

（3）放任型领导。它是指领导者对下属实行高度的授权，下属可以完全独立地去开展工作。其特点是：领导者不为下属安排和规定工作任务和目标，下属做什么、如何做、要达到什么目标，完全由自己决定。在工作过程中，领导者也不进行经常性的监督，全凭员工个人自觉性。

（二）领导方式的连续统一体理论

美国学者坦南鲍姆和施米特也对领导方式进行了研究。他们认为，领导方式是多种多样的，从专权型到放任型存在着多种过渡类型。根据这种认识，他们提出了“领导方式的连续统一体理论”。图5-1概括出了七种典型的领导方式。

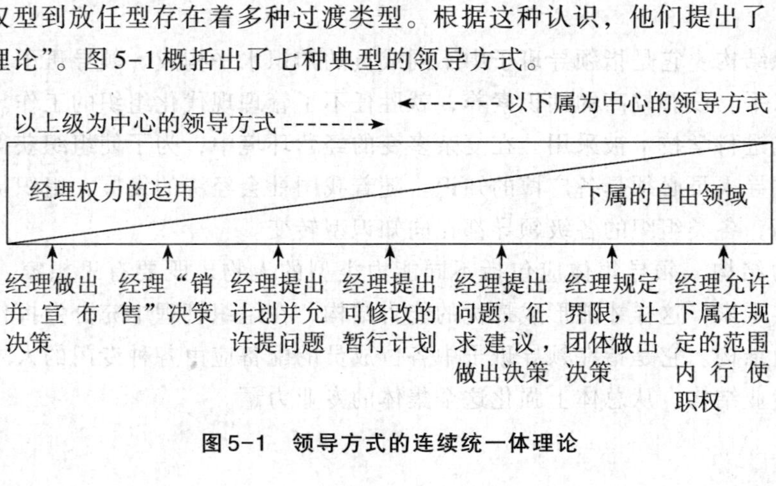

图5-1 领导方式的连续统一体理论

（1）经理做出并宣布决策。在这种方式中，上级确认一个问题，考虑各种可供选择的解决方法，从中选择一个，然后向下属宣布，以便执行。

（2）经理“销售”决策。在这种方式中，如同前一种方式一样，经理承担确认问题和做出决定的责任，但他不是简单地宣布这个决策，而是说服下属接受他的决策。

（3）经理提出计划并允许提问题。在这种方式中，经理做出了决策，并期望下属接受这个决策，但他向下属提供一个有关他的想法和意图的详细说明，并允许提出问题，这样，他的下属可以更好地了解他的意图和计划。

（4）经理提出可修改的暂行计划。在这种方式中，允许下属对决策发挥某些影响作用。确认问题和决策的主动权仍掌握在经理手中。

（5）经理提出问题，征求建议，做出决策。在这种方式中，虽然确认问题和决策仍由经理来进行，但下属有建议权。

（6）经理规定界限，让团体做出决策。在这种方式中，经理把决策权交给团体。

（7）经理允许下属在规定的范围内行使职权。在这种方式中，团体有极度的自由，唯一的界限是上级所做的规定。

（三）管理方格理论

管理方格理论是布莱克（Blake）和穆顿（Mouton）提出的。该理论可用一张方格图来表示，在这张图上，横轴表示领导者对生产的关心，纵轴表示领导者对人的关心。每条轴划分为九小格，第一格代表关心程度最低，第九格表示关心程度最高，整个方格图共有81个小方格，每一个小方格代表一种领导方式，如图5-2所示。

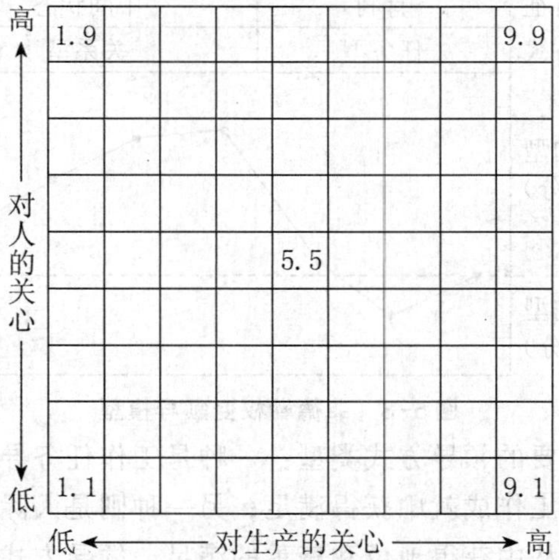

图5-2 管理方格图

布莱克和穆顿在管理方格图中列举了五种典型的领导方式：①9.1型方式（任务型）。只关心生产，不关心人。②1.9型方式（乡村俱乐部型）。此类型领导在领导过程中高度重视下级人员的需求，但缺乏对工作的计划和安排，不注意完成工作的效率，是一种轻松的领导方式。③5.5型方式（中庸之道型）。既不过于重视人的因素，也不过于重视任务因素，努力保持和谐和妥协，以免顾此失彼，遇到问题总想敷衍了事。④1.1型方式（贫乏型）。对生产和人都极不关心，只做一些维持自己职务的最低限度的工作，满足于只要工作不出差错就行。⑤9.9型方式（团队型）。对人和工作都极为关心，能使组织的目标与个人的需要最有效地结合起来，既能高度重视组织的各项工作，又能通过沟通和激励，使群体合作。下属员工共同参与管理，使工作成为组织成员自觉的行动，从而获得高的工作效率。

二、权变领导理论

权变领导理论用函数表示了影响领导方式有效性的多因素关系，这种关系为：

S=f（L，F，E）

其中，S——领导方式，L——领导者特征，F——追随者特征，E——环境。

在环境变量中任务性质（任务复杂性、类型、技术和规模）是重要的中间变量，此外还有群体的规范、组织文化、控制的范围和外部的威胁与压力等诸多要素。菲德勒模型、目标-途径领导理论、领导生命周期理论对这些中间变量影响的研究获得了广泛认可。

（1）菲德勒模型。目前，在权变领导理论方面最有影响力的当属弗雷德·菲德勒（Fred E.Fiedler）的学说。他对各类组织进行了大量调查研究之后，提出了“有效领导的权变模式”。他认为，没有什么固定的最优的领导方式，应当根据领导者的个性和面临的组织环境采取不同的领导方式，如图5-3所示。

上下级关系	好				差			
任务结构	明确		不明确		明确		不明确	
职位权力	强	弱	强	弱	强	弱	强	弱
情境类型	1	2	3	4	5	6	7	8
情境特征	有利			中间状态				不利
有效的领导方式	任务型			关系型				任务型

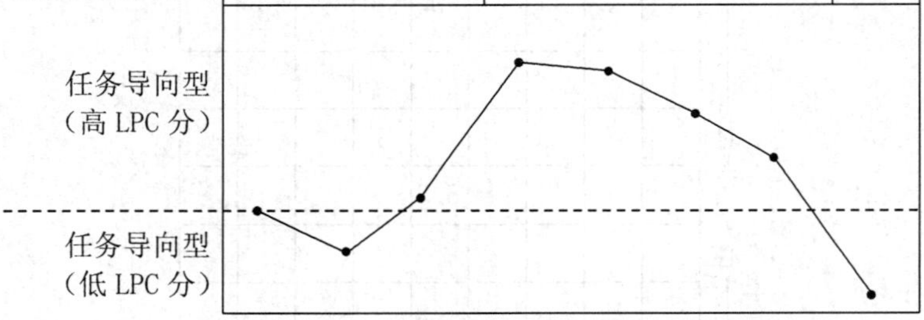

图5-3 菲德勒权变领导模型

他首先假设了两种主要的领导方式类型：一种是工作任务导向型，即领导者倾向于追求工作任务的完成，并从工作成就中获得满足；另一种则是人际关系型，即领导者倾向于追求良好的人际关系，并从中获得地位和尊重的满足。领导方式的选择取决于领导者的个性特征，更取决于所面临的组织环境。他认为，组织的环境情况主要包括三方面内容：一是领导者与下属之间的关系，即组织成员对其领导者信任、喜爱或愿意追随的程度；二是工作结构，即对工作明确规定的程度；三是地位权力，即领导者正式职位的权力强弱程度，如对下属人员是否具有奖惩及其他权力等。这三种环境情况的不同组合决定了领导者应相应地采取不同的领导方式。

一般来说，人际关系型的领导方式在对领导者有利情况为中间状态的环境中效率较高，以工作为中心的领导方式在对领导者非常有利或非常不利的环境中效率较高。所以，不能说哪种领导方式最好或不好，而必须把环境、领导者和下属的情况、工作类型等方面的因素综合起来考虑，不同的情况适合采用不同的领导方式。

（2）目标-途径领导理论。它是以弗鲁姆的期望理论和俄亥俄州立大学的双因素领导理论为依据，由豪斯（R.J.House）和米切尔（Terence R.Mitchell）等人提出的。该理论认为，领导者领导工作效率的高低要看他是否能激励下属达到组织目标并在工作中获得满足，有效的领导者应该努力协助下属找到最好的途径，确定挑战性的目标，并消除在实现过程中出现的重大障碍。

豪斯等人通过研究，提出了四种领导方式：①指令型。由领导者发布指示，下属不参加决策。②支持型。领导者对下属很友善并更多地考虑员工的要求。③成就指向型。领导者为员工确立挑战性的目标，并表示相信员工能达到这些目标。④参与型。员工参与决策和管理工作。

对于这些领导方式的采用，要考虑权变因素，即要认真分析两方面因素：一是员工的个人特点，如员工的教育程度、对成就的渴望、理解能力、愿意承担责任的程度、对独立的需求程度等；二是环境因素，其中包括工作的性质、正式权力组织、非正式组织等。权变因素的可变性导致了领导方式选用的权变特征。例如，在员工能力较低、愿意接受命令式的领导，工作的程序化特征不明显的情况下，采用指令型的领导方式较好；而在其他情况下，可能不宜采取这种领导方式。

（3）领导生命周期理论。这一理论是由科曼（A.K.Korman）首先提出并由保尔·赫西（Paul Hersey）和布兰查德（K.Blanchard）予以发展的。领导生命周期理论认为：领导者的风格，应当适应其下属的“成熟”程度。“成熟”程度主要是指成就动机、承担责任的意愿和能力以及与工作有关的学识和经验等。领导者的行为应当随着“成熟”程度作相应的调整，这样才能进行有效的领导。“高关系、高工作”类型的领导并不是经常有效的，“低关系、低工作”也并不一定经常无效，关键是要看下属的成熟程度。因此，工作行为、关系行为与成熟度之间并非一种直线关系，而是一种曲线关系，如图5-4所示。

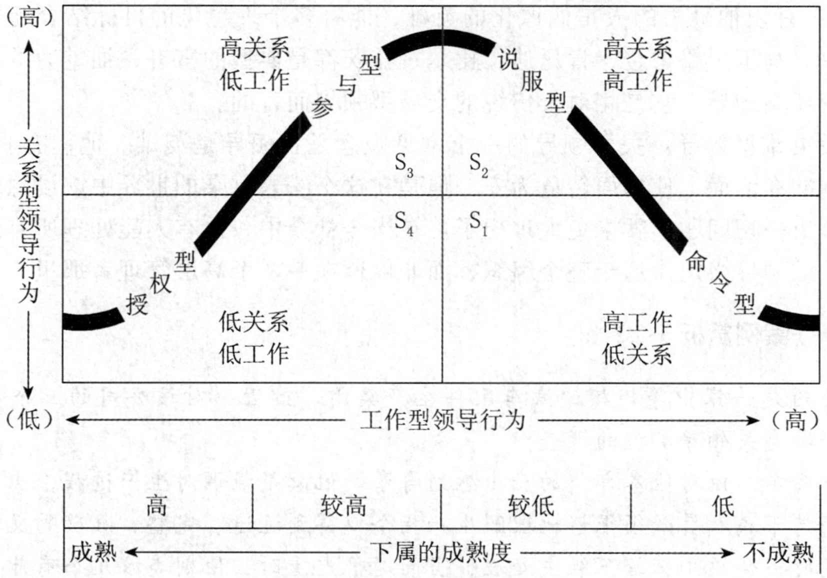

图5-4 领导生命周期理论曲线

图5-4中横坐标表示以抓工作为主的工作行为，纵坐标表示以关心人为主的关系行

为，第三个坐标是下属的成熟度。图中的四个象限代表四种领导方式：

第一象限，命令型。这个象限是高工作低关系，适用于低成熟度的情况。下属既不愿意也不能够担负工作责任，对这种成熟度低的下属，领导者可以采取单向沟通形式，明确地向下属规定任务和工作规程。

第二象限，说服型。这个象限是高关系高工作，适用于较不成熟的情况。下属愿意担负起工作责任，但他们因缺乏工作的技巧而不能胜任。这时领导应以双向沟通的方式直接进行指导，同时从心理上增加他们的意愿和热情。

第三象限，参与型。这个象限是高关系低工作，适用于比较成熟的情况。下属能够胜任工作，但却不满意领导有过多的指示和约束。这时，领导应该通过双向沟通和悉心倾听的方式与下属进行信息交流，支持下属发挥他们的能力。

第四象限，授权型。这个象限是低关系低工作，适用于高度成熟的情况。下属具有较高的自信心、能力和愿望来承担工作责任，这时，领导可赋予下属权力，让下属“自行其是”，领导者只起监督作用。

随着下属由不成熟逐渐向成熟过渡，领导行为应当按着高工作低关系→高关系高工作→高关系低工作→低关系低工作逐步推移。

权变领导理论是当代领导方式理论的一个非常重要的组成部分。它把领导行为与环境因素结合起来考察领导方式，主张根据具体的情况来确定最佳的领导方式。

三、现代领导方式理论

现代领导方式理论顺应了时代的要求，又有了一些新的进展。这些进展包括：领袖魅力式领导、变革型领导和后英雄型领导。

（1）领袖魅力式领导。关于什么是领袖魅力，罗伯特·豪斯进行了系统研究，他认为：“魅力是远远超出一般的尊重、影响、钦佩和信任的，对追随者的情感具有震撼力的一种力量。”有领袖魅力的人是偶像化的英雄，能将多个理想化的目标结合起来，给人留下深刻印象。马丁·路德金、肯尼迪、比尔·盖茨都是典型的富有领袖魅力的领导者。

（2）变革型领导。它是相对于传统的交易型领导而言的。

（3）后英雄型领导。关于领导的一个常见观念是：领导是英雄。他们有非凡的智慧，在困难时刻冲在前面，使局面转危为安。但是在这个纷繁复杂的世界中，设想一个领导者能靠自己解决一切问题，就未免太理想了。在当今社会中，没有人能处理所有急剧变化的事情。有效的领导必须渗透于整个组织，而非停留在一两个高层管理者那里。

【案例赏析 5-1】

ABC公司是一家中等规模的汽车配件生产集团。最近，对该公司的三个重要部门经理进行了一次有关领导类型的调查。

（1）安西尔。他对他本部门的产出感到自豪。他总是强调对生产过程、出产量控制的必要性，坚持下属人员必须很好地理解生产指令以得到迅速、完整、准确的反馈。安西尔遇到小问题时，会放手交给下级去处理，当问题很严重时，他则委派几个有能力的下属人员去解决问题。通常情况下，他只是大致规定下属人员的工作方针、完成怎样的报告及完成期限。安西尔认为只有这样才能产生更好的合作，避免重复工作。安西尔认为对下属人员采取敬而远之的态度对一个经理来说是最好的行为方式，所谓的“亲密无间”会松懈纪律。安西尔说，在管理中的最大问题是下级不愿意接受责任。他谈道，他的下属人员可以有机会做许多事情，但他们并不是很努力地去做。他表示不能理解以前他的下属人员如何能与一个毫无能力的前任经理相处，他说，他的上司对他们现在的工作运转情况非常满意。

（2）鲍勃。他认为每个员工都有人权，他偏重于管理者有义务和责任去满足员工需要的学说。他说，他常为他的员工做一些小事，如给员工两张下月在伽利略城举行的艺术展览的入场券。他认为，每张门票才15美元，但对员工和他的妻子来说却远远超过15美元。通过这种方式，也是对员工过去几个月工作的肯定。鲍勃说，他每天都要到工厂去一趟，与至少25%的员工交谈。鲍勃不愿意为难别人，他认为安西尔的管理方式过于死板，安西尔的员工也许并不那么满意，但除了忍耐别无他法。

鲍勃说，他已经意识到在管理中有不利因素，但大都是由于生产压力造成的。他的想法是以一个友好、粗线条的管理方式对待员工。他承认尽管在生产率上不如其他单位，但他相信他的雇员有高度的忠诚与士气，并坚持他们会因他的开明领导而努力工作。

（3）查理。他认为，他面临的基本问题是与其他部门的职责分工不清，不论是否属于他们的任务都安排在他的部门，似乎上级并不清楚这些工作应该由谁做。查理承认他没有提出异议，他说这样做会使其他部门的经理产生反感。他们把查理看成是朋友，而查理却不这样认为。查理说过去在不平等的分工会议上，他感到很窘迫，但现在适应了，其他部门的领导也不以为然了。查理认为纪律就是使每个员工不停地工作，预测各种问题的发生。他认为作为一个好的管理者，没有时间像鲍勃那样握紧每一个员工的手，告诉他们正在从事一项伟大的工作。他相信如果一个经理声称为了决定将来的提薪与晋职而对员工的工作进行考核，那么，员工则会更多地考虑他们自己，由此而产生很多问题。他主张，一旦给一个员工分配了工作，就让他以自己的方式去做，取消工作检查。他相信大多数员工知道自己把工作做得怎么样。如果说存在问题，那就是他的工作范围和职责在生产过程中发生的混淆。查理的确想过，希望公司领导叫他到办公室听听他对某些工作的意见。然而，他并不能保证这样做不会引起风波而使情况有所改变。他说他正在考虑这些问题。

请根据上述资料回答下列问题：

（1）你认为这三个部门经理各采取了什么领导方式，试预测它们各将产生什么结果。

（2）是否每一种领导方式在特定的环境下都有效？为什么？

案例精析5-1

任务三　领导艺术

一、领导的权力

领导者之所以能够实现对下属的领导，基础是权力。领导是由权力派生出来的。

(一) 权力的概念

权力是影响领导者与被领导者之间关系的一种重要力量。从领导者角度来说，权力是领导者影响被领导者行为的一种力量，这种力量有助于被领导者服从和追随领导者。从被领导者的角度来说，权力还表现为一种依赖关系。一个人对另一个人依赖越大，受其影响程度越大，即后者对前者的权力越大。

(二) 领导权力的来源

领导者的权力主要来自两个方面：一是职位权力，简称职权。这种权力是组织授予的，随职位的变化而变化，职位权力包括法定权力、奖励权力和强制权力。人们往往迫于压力和习惯而不得不服从这种职位权力。二是个人权力。这种权力来自领导者自身，由于自身的某些特殊条件才具有的，包括专长权力和个人影响权力。这种权力不会随职位的消失而消失，所产生的影响力是长远的。

(1) 法定权力。它是指组织内各领导职位所固有的合法的、正式的权力。

(2) 奖励权力。它是指提供奖金、提薪、升职、赞扬、理想的工作安排和其他任何会令人愉悦的东西的权力。

(3) 强制权力。它是领导者对其下属具有的绝对强制其服从的力量。下属如不服从领导者的命令或指示，将会受到惩罚。

(4) 专长权力。它是由个人的特殊技能或某些专业知识而形成的权力。它来自下级的信任，即下级认为领导者具有专门的知识、技能，能够帮助他们排除障碍，克服困难，实现组织目标和个人目标，因此愿意跟随。

(5) 个人影响权力。它是指与个人的品质、魅力、资历、背景等相关的权力。它来自下级的尊敬，即领导者具有良好的品质和作风，受到下级的敬佩，进而使下级愿意接受其影响。

二、团队领导

目前，在知识经济的大背景下，团队合作的形式越来越多，团队领导的作用也日益重要，这种类型的领导特征的研究也成为管理科学的热点问题。研究发现，团队领导应主要具有下列特征：

第一，这种领导要培养分享信息的耐心，相信他人并学会充分授权。工作团队和项目小组是这种组织的典型模式，其成员作用的发挥不同于传统的科层式组织，不是因为严格管理出绩效，而更多的是依赖团队成员的自我管理，因此，团队领导要善于授权。

第二，团队领导还需要具有很好的平衡能力或协调能力，团队成员是为了特定目标组合而成的，每一个人都是某一方面的专家或人才，每个人在团队中发挥的作用都十分重要，但团队之间很好的配合、协同效应又是这种组织最大的优点，许多情况下，协作和配合是建立在团队领导很好的平衡或协调基础上的。

第三，团队领导也要善于承担责任，这些责任包括指导小组成员、推动项目进展、处理关键问题、考察团队与个人绩效、实施控制和有效沟通。就是说团队领导者更重要的应是一个引导者，而不是说教者，更不是高高在上的“圣人”。

管理学家斯蒂芬·罗宾斯将团队领导者定义为四种特定的角色：一是他们是与外部相关者进行联系的沟通者，这些外部相关者主要是上级管理者、其他内部团队、消费者和供应商。团队领导代表了团队，获取必要的资源，确认他人对团队的期望，从外界获取信息并与团队成员分享。二是他们是困难解决者。团队领导者针对项目进行中的问题提出战略性的意见，从外部相关者处获得必需的资源。三是他们是冲突管理者，当团队成员之间出现争议，甚至冲突时他们负责调停解决，以减少团队内部冲突的干扰。四是他们是教练，其责任是明确期望和角色、教导员工、提供支持、做一切可以帮助团队成员提高工作绩效的事情。

三、成功者的领导艺术

所谓领导艺术，就是领导者在其知识、经验、才能和气质等因素基础上形成的，巧妙地运用各种领导条件、领导原则和领导方法的基本技能。领导艺术的内容非常丰富，一般包括领导他人的艺术、处理事务的艺术和利用时间的艺术等几个方面，贯穿于领导过程的始终。

（一）领导他人的艺术

（1）建立良好的上下级关系。领导者在进行领导工作中，不能只依靠职位权力，更要凭借个人影响力，与下属建立良好的关系，以取得下属的信任与合作。要建立良好的上下级关系，除了要作风正派、品德高尚外，还要求领导者运用一些领导技巧：平易近人、信任对方、关心他人、一视同仁。

（2）要善于授权。授权是指领导者要适当给予下属一定的权力和责任，使下属在一定范围内，有处理问题的自主权和决定权。领导者如果能合理授权，不仅可以使自己摆脱日常事务的烦扰，而且能够使被授权人受到很好的锻炼和获得成就感的激励。

（二）处理事务的艺术

领导者在思考问题时，不论过程多么复杂，都包含两个阶段：一是试图了解事物的缘由，即“向后思考”；二是把握事物未来的发展方向，即“向前思考”。向后思考是指领导者运用直觉和联想，进行诊断和判断。向前思考是根据一定的已知数据资料、数学模型以及个人经验等对事物未来发展情况的预测能力。一般人“向前思考”的正确性都很低。

（三）利用时间的艺术

高效合理地利用时间是有效领导者的最重要的特点之一。因为时间是最稀缺的资源，它的供给没有弹性、无法再生、没有替代品，做任何事又都离不开它。领导者能否合理地利用时间，对整个组织成败关系重大。因此，领导者必须善于安排自己的时间，把它用在最主要的工作上。那么，怎样才能高效率地利用时间呢？

（1）记录自己的时间消耗。领导者要珍惜自己的时间，把有限的时间用在自己应该做的领导工作上，应当养成记录自己时间的习惯。每做一件事就记录一次，写明几点到几点办什么事。每隔一定时间，对自己的时间消耗情况进行分析。这时，就会发现自己在时间的利用上有许多惊人的不合理之处，从而就可找到合理利用自己时间的措施。

（2）学会合理地使用时间。合理地使用时间是很难用一个统一的标准来衡量的。它是因人而异的，因组织的特点、组织的管理体制、组织结构、组织领导者的分工以及各人的职责和习惯而异。现实中，只能以好的经验作参考。

（3）提高开会的效率。开会是交流信息的一种有效方式。领导离不开开会，但开会也要讲求艺术。企业领导者每年要开几百次会，但重视研究和掌握开会艺术的人却不多。有许多领导者整天沉沦于文山会海之中，似乎领导的职能就是开会、批文件，而开会是否解决了问题、效率如何，却全然不顾。只要开了会，该传达的传达了，该说的说了，就算尽到了责任。

【案例赏析5-2】克罗克的走动管理

麦当劳快餐店的创始人是克罗克，他不喜欢坐在办公室里，大部分的工作时间都用在走动管理上，即到下属各公司、部门走走、看看、听听、问问。麦当劳公司曾有一段时间面临严重亏损的危机，克罗克发现其中一个重要原因是公司各职能部门经理有严重的官僚主义问题，习惯靠在舒适的椅背上指手画脚、抽烟和闲聊。于是，克罗克想出一个奇招，将所有经理椅子的靠背锯掉，开始很多人骂克罗克是一个疯子，但不久大家开始悟出他的一番“苦心”，他们纷纷走出办公室，深入基层，开展“走动管理”，及时了解情况，现场解决问题，终于使公司扭亏为盈。

案例精析5-2

资料来源　陈国海.组织行为学［M］.北京：清华大学出版社，2013.

请根据领导科学的有关理论，分析上述案例。

应知考核

随堂测5

一、单项选择题

1.王先生是某公司的一名年轻技术人员，一年前被调到公司企划部任经理。考虑到自己的资历、经验等，他采取了较为宽松的管理方式。试分析王先生的领导风格最有助于产生较好管理效果的是（　）。

A.企划部任务明确，王先生与下属关系好但职位权力弱

B.企划部任务明确，王先生与下属关系差但职位权力强

C.企划部任务不明确，王先生与下属关系差但职位权力弱

D.企划部任务不明确，王先生与下属关系好但职位权力强

2.总经理办公室的王翔受命组建企业的信息中心。为此他在企业内挑选了一些人员作为信息中心的工作人员，包括小陈、小蔡和老林等。其中小陈是王翔的中学同学。在王翔看来，小陈虽然人比较朴实，但能力实在有限，做工作虽然不至于犯什么错误，但动作太慢。尽管如此，王翔觉得小陈其他方面，如为人等还是不错的，又是老同学，便选中他到信息中心工作。据此可以判断（　）。

A.王翔属于任务导向型领导　　B.王翔属于关系导向型领导

C.王翔属于民主型领导　　D.王翔属于专制型领导

3.有这样一些活动或事件：①教普通物理的孔教授宣布期末除了有统一的考试外，还

必须进行由他亲自主持的口试；②供销部副部长柳明争取到了与所有供货商进行价格谈判的全权代表资格；③调到企划部任部长的张宠彪苦读MBA教程并学到了许多东西；④集团公司总裁陈理强聘请了两位既有理论造诣又有丰富实践经验的学者作为自己的顾问。关于上述活动，以下哪一种说法有问题？（　）

A.①与②导致相同种类的权力

B.③与④导致相同种类的权力

C.①与③都可增加权力，但增加的权力种类不同

D.①~④都不会对相应当事人的权力产生什么影响

4.早晨8点30分，公司常务副总、董事老杜接到市政府电话，通知企业开展冬季消防检查；10分钟后老杜打电话给保卫部，通知他们去处理这项任务；9点15分，老杜接到库房电话，被告之房屋后墙再次被人砸了个洞，又有几十箱产品被偷走；8分钟后，老杜打电话给市公安局请他们改善本地治安情况……整个上午老杜接电话、打电话，倒也挺忙。根据管理方格理论，你认为老杜最接近哪种类型的领导者？（　）

A.1.1型　　B.5.5型　　C.9.1型　　D.1.9型

5.根据领导生命周期理论，领导者的风格应该适应其下属的成熟程度而逐渐调整。对于建立多年且员工队伍基本稳定的高科技企业的领导来说，其领导风格逐渐调整的方向应该是（　　）。

A.从参与型向说服型转变　　B.从参与型向命令型转变

C.从说服型向授权型转变　　D.从命令型向说服型转变

6.不少人分不清管理和领导这两个概念的差别。其实，领导是指（　）。

A.对下属进行授权以实现组织既定目标的过程

B.对所拥有的资源进行计划、组织、指挥、监控以实现组织目标的过程

C.通过沟通，影响组织成员，使他们追随其所指引的方向，努力实现组织目标的过程

D.通过行政性职权的运用，指挥组织成员按既定行动方案去实现组织目标的过程

7.随着下属人员的成熟度由较低转为较高，管理者的领导风格以及其他相关的管理措施应作调整的是（　）。

A.管理者可以赋予下属自主决策和行动的权力，管理者本人只起监督作用

B.管理者应通过双向沟通方式与下属进行充分交流，对下属工作给予更多的支持

C.管理者应改进沟通以便更加有效地指导和推进下属的工作

D.管理者应采取单向沟通方式进一步加强对下属工作的检查、监督，使他们继续发展

8.某公司销售部经理被批评为“控制得太多，而领导得太少”。据此，你认为该经理在工作中存在的主要问题最有可能是（　　）。

A.对下属销售人员的疾苦没有给予足够的关心

B.对销售目标任务的完成没有给予充分的关注

C.事无巨细，过分亲力亲为，没有做好授权工作

D.没有为下属销售人员制定明确的奋斗目标

9.有人说教师不是管理者，但也有人有不同的意见，正确的观点是（　　）。

A.教师是管理者，因为在教学过程中同样要行使计划、组织、控制的职能

B.教师不是管理者，因为教师没有下属

C.教师是管理者，因为教师的工作是为实现教学目标服务的，是一种管理工作

D.教师不是管理者，因为没有行政级别而只有职务的高低

10.某大型企业的陈先生多年担任总工程师职务，前不久正式退居二线，但他的继任者进行重大工程技术决策前，总还是要主动前去征询他的意见，之所以出现这种情况，你认为主要是陈先生拥有（　　）的影响力。

A.任职多年　　B.德高望重　　C.势力较大　　D.技术专长

二、多项选择题

1.生命周期理论提出的领导方式包括（　　）。

A.指导型领导　　B.推销型领导　　C.参与型领导　　D.授权型领导

2.领导的行为理论认为（　　）。

A.存在着特定的领导者行为方式使领导有成效

B.领导者所处的环境因素制约着领导行为方式的有效性

C.领导者是天生的

D.可通过后天实践、学习获得领导者资格

3.下列关于领导与管理的说法中错误的有（　　）。

A.领导就是管理　　B.领导包括管理

C.领导是管理的一项职能　　D.所有的领导都是管理

4.王先生早年是从事一线生产的熟练技术工人，由于个人技术的熟练、良好的品德和合作能力，组织上通过对他进行不断的培训，使他终于成为一名颇具管理头脑的中层管理者——生产部经理。上任后，他热情待人，亲自到生产一线与工人商讨技术问题；工人由于疏忽而出现差错，他并不是简单地批评指责，而是主动帮助员工分析解决问题的根源，帮助他们提高技术水平，一段时间之后，员工看到经理经常亲临生产作业现场，帮助员工发现并纠正问题，待人热情，工作松懈、偷懒等现象明显减少。你认为是（　　）使王经理产生如此大的影响。

A.个人影响权力　　B.专长权力　　C.法定权力　　D.以上三项都是

5.对领导的定义理解正确的有（　　）。

A.领导者必须有部下或追随者

B.领导者必须位于一定的职位之上

C.领导者拥有影响追随者的能力或力量

D.领导的目的是通过影响部下来实现组织的目标

三、判断题

1.所有的领导者都处于管理岗位。（　　）

2.领导者拥有的影响追随者的能力或力量都来自于由组织赋予领导者的职位和权力。（　　）

3.领导的管理职能能否实现，与行使领导的个人影响权力的领导者类型有关。（　　）

4.管理人力资本的能力是变革型领导者最重要的技能。（　　）

5.战略领导者一般是指组织的高层管理人员，尤其是首席行政长官（CEO）。（ ）

四、简答题

1.简述领导与管理的联系与区别。

2.简述领导者的素质及条件、经济全球化对企业领导提出的新要求。

3.简述领导方式理论。

4.简述影响领导效果的因素。

5.简述成功者的领导艺术。

应会考核

案例分析

【背景资料】

得利斯集团总裁郑和平酷爱读书，每每看到精彩的文章，总要推荐给员工。一次，某杂志“名牌列传”专栏刊载的一篇文章《“同仁”最是真》引起他的共鸣，郑总一连在15处文字下划了着重号。这些内容集中反映了：做精品要严格规范，精益求精；做事要兢兢业业，埋头苦干；做人要认认真真、实实在在……郑总认为同仁堂造药、得利斯造食品都是吃的东西，是关系到人的身体健康的东西，两者具有很多相似之处。郑总不仅自己阅读研究这篇文章，而且向全体员工推荐，他希望这篇文章对全体员工有所启示。下面是郑总对此文章划着重号的部分内容以及他的批示。

成药配方独具特色，考料炮制可谓一丝不苟，紫血丹的配方需用金锅银铲，乐家老太收集了各房的金首饰100两，放在锅里煮，日夜守候着。一次，老板服用本堂生产的银翘解毒丸时，口感有渣滓，便一追到底，发现是箩底的细绢并丝，造成箩目过大，他当场用水果刀划破所有萝底，令工人更换……

俗话说：字要习，马要骑，拳脚要踢打，算盘要拨拉，久练即熟，熟能生巧……同仁堂选料是非上乘不买，非地道不购……火候不济，功效难求，火小了，香出不来，香入脾；如果火大，炒焦了，焦气入心经，所以又有火候太过、气味反失一说。一颗牛黄上清丸就有100多道工序，药真工细，同仁堂一等品出厂达标率达100%。

“炮制虽繁必不敢省人工，品味虽贵必不敢减物力。”同仁堂人也琢磨同仁堂老而不衰的谜，说法不一，却有一点共识：传统也罢，现代也罢，兢兢业业、一丝不苟的敬业精神，啥时都重要。一位女工出远门回来后写道：“我深深懂得，踏踏实实工作，认认真真做人，才是最根本的，因为我的根基在同仁堂!”

批语：同仁堂造药，得利斯造食品，都是入口的东西，但愿《“同仁”最是真》这篇文章能给我们的员工一点启示!

资料来源 国试书业.管理学原理·自学考试同步训练［M］.武汉：华中师范大学出版社，2010.

【考核要求】

问题：

（1）你对总裁推荐这篇文章的做法是否赞成？

（2）构建学习型组织对企业的领导者提出了什么要求？

（3）学习型组织中员工的角色发生了什么样的变化？

项目实训

【实训项目】

读伟人或企业家传记。

【实训目标】

熟悉各种领导方式的特点。

【实训内容】

要求每个学生阅读至少一篇伟人或企业家传记，总结其领导风格与特点。

【实训要求】

要求学生写出实训报告，在课内进行交流。教师根据学生的实训报告和讨论课上的表现给予评价。

项目六　控　制

知识目标

理解控制的概念、特征；熟知控制的原则、内容及重要性；掌握控制与其他管理职能的关系、控制管理系统的组成、控制的类型、进行控制的前提条件、控制的步骤、控制的方法。

技能目标

学生能够掌握控制在组织中的应用、方法、步骤；掌握控制系统建立的方法和技巧。

素质目标

通过本项目的学习，能够培养起学生认识到“无规矩不成方圆”在工作、生活中的现实意义；让学生的情感由外部控制进入自觉的内部控制，逐渐成为习惯，由低级情绪上升为高级社会情感，优化个性。

知识精讲

任务一　控制概述

一、控制的概念

管理控制是管理者监视组织的各项活动，保证组织计划与实际运行状况动态适应的管理职能。作为一种管理职能，控制就是指为了实现组织目标，以计划为标准，由管理者对组织活动过程进行监测，将监测结果与计划目标相比较，找出偏差，分析其产生原因，并予以纠正的一系列活动过程。简单地说，控制就是管理者监督各项活动，以保证这些活动按计划进行，并纠正各种重要偏差的过程。

控制的概念可以从以下三个方面理解：①控制有很强的目的性，即控制是为了保证组织中的各项活动按计划进行；②控制是通过“监督”和“纠偏”来实现的；③控制是一个过程。

由此可见，控制既是一次管理循环的终点，是保证计划得以实现和组织按既定的路线发展的管理职能，又是新一轮管理循环的起点，要保证组织的活动按照计划进行，控制是必不可少的。在现代管理活动中，管理控制的目的主要有两个：

第一，维持组织活动正常运行。其主要解决经常发生变化的迅速而又直接影响组织活动的“急性问题”，控制应随时将计划的执行结果与标准进行比较，若发现有超过计划允许范围的偏差时，则及时采取必要的纠正措施，使组织内部系统活动趋于相对稳定，实现组织的既定目标。

第二，在维持组织活动正常运行的基础上打破现状，实现管理创新，解决长期存在的影响组织素质的“慢性问题”；要根据内外环境的变化，针对组织新的要求和不断发展的需求，打破现状，重新修订计划，确定新的管理控制标准，使之更先进、更合理。

二、控制的特征

（1）管理控制具有目的性。在进行管理控制的时候，必须先明确控制的目的性，这样才能进行针对性的控制，及时发现问题。

（2）管理控制具有整体性。这包括两层含义：一是管理控制是组织全体成员的职责，是指完成计划是组织全体成员共同的责任，参与控制是全体成员的共同任务；二是控制的对象是组织的各方面，为了确保各部门和各单位工作上能协调一致，需要了解各部门和各单位的工作情况并予以控制。

（3）管理控制具有动态性。管理工作中的控制过程不同于其他商品生产的控制过程，其他商品就像电器类，它的控制过程是高度程序化的，具有稳定性，而组织不是这样的，它很容易受到内部条件和外部环境的影响，因为内部条件和外部环境具有不稳定性，随时都有可能发生变化，从而决定了控制标准和方法不可能永远不变。管理控制应具有动态性，才能提高管理活动的适应性和有效性。

（4）管理控制是作为人的控制并由人来控制。管理控制是保证组织工作按计划进行并实现既定目标的管理活动，而组织中的各项工作都是由人来完成的，各项控制活动也是要靠人来执行的。

（5）管理控制是提高员工能力的重要手段。控制不仅是监督，更重要的是指导和帮助。管理者可以通过控制发现员工在工作中的偏差，并帮助员工分析偏差产生的原因，端正员工态度，指导他们。这样，既达到了控制的目的，又提高了员工的工作能力和自我控制能力。

三、控制的原则

控制是一项重要的管理职能，也是常常出现问题的职能。在许多情况下，人们制订了良好的计划，也有了适当的组织，但由于没有把握住控制这一环节，最后还是达不到预期的目的。所以，我们必须认真思考和研究如何有效地进行控制工作。有效的控制必须具备一定的条件并遵循科学的控制原则。下面介绍几种主要的控制原则。

（1）未来导向原则。它是指控制工作应当着眼未来，而不是只有出现了偏差才进行控制。由于在整个控制系统中存在着时滞，所以管理人员应能够有效地预防偏差或及时地采取措施纠正偏差。也就是说，控制应该是面向未来的。实际上这条原则往往被忽视。主要原因是现有的管理工作水平不太容易预测未来的不确定因素，管理人员一般仍依赖历史数据。我们要投入更多的精力来从事面向未来的控制，对于增强工作的主动性具有重要的意义。

（2）关键点原则。它是指控制工作要突出重点，不能只从某个局部利益出发，要针对重要的、关键的因素实施重点控制。事实上，组织中的活动往往错综复杂，管理者根本无法对每一个方面实施完全的控制，应该将注意力集中于计划执行中的一些关键影响因素。因此，找出或确定这些关键因素，并进行重点控制，是一种有效的控制方法。控制住了关键点，也就基本上控制了全局。

（3）例外原则。它是指控制工作应着重于计划实施中的例外偏差（超出一般情况的特别好或特别坏的情况）。这可使管理者把精力集中在重要问题上。但是，只注意例外情况是不够的，对例外情况的重视程度不应仅仅依据偏差的大小而定，同时需要考虑客观实际情况。在偏离标准的各种情况中，有一些是无关紧要的，而另一些则不然，某些微小的偏差可能比某些较大的偏差影响更大。因为在一个特定的组织中，不同工作的重要程度各不相同。例如，在某一企业中，对“合理化建议”的奖励超出20%可能无关紧要，而产品的合格率下降1%却可能使所有产品滞销。

因此，在实际工作中，控制的例外原则必须与关键点原则相结合，把注意力集中在对关键点的例外情况的控制上。关键点原则强调选择控制点，而例外原则强调观察在这些控制点上所发生的异常偏差。

（4）及时性原则。控制的及时性是指在控制工作中及时发现偏差，并能及时采取措施纠正。一个有效的控制系统必须能够提供及时的信息。信息是控制的基础。为提高控制的及时性，信息的收集和传递必须及时。如果信息的收集和传递不及时，信息处理的时间又过长，则偏差就不能及时纠正。当采取纠正措施时，如果实际情况已经发生了变化，这时采取的措施如果不变，不仅不能产生积极作用，反而会带来消极影响。

控制信息滞后往往会造成不可弥补的损失。时滞现象是反馈控制系统一个难以克服的困难。较好的解决办法是采用前馈控制，使管理者尽早发现乃至预测到偏差的产生，采取预防性措施，使工作的开展在最初阶段就能够沿着目标方向进行，即使有了偏差，也能及时纠正，把损失降到最低限度。

（5）客观性原则。它是指在控制工作中，管理者不能凭个人的主观经验或直觉判断，而应采用科学的方法，尊重客观事实。

控制工作的客观性要求控制系统应尽可能提供和使用无偏见的、详细的、可以被证实和理解的信息，同时，还要求必须具有客观的、准确的和适当的控制标准。管理难免有许多主观的因素，但是对于下属工作的评价，不应仅凭主观来判断。在整个控制过程中，主观判断不仅可能使绩效的衡量得不出明确的结论，而且会使纠正偏差的力度难于把握，从而使现实工作更加混乱。为了保证控制的客观性，就要求尽可能将衡量标准加以量化。量化程度越高，控制越规范。客观标准可以是定量的，也可以是定性的，但要做到客观，关键问题是使标准在任何情况下都是可测定和可考核的。

（6）准确性原则。一个控制系统要想行之有效，必须具备准确性。一个提供不准确信息的控制系统将会导致管理者在应该行动的时候没有行动，没有出现问题反而采取了行动。基于不准确信息的种种决策，往往是错误的决策，会使整个组织蒙受损失。

现实中由于各种因素的影响，常常将不准确性带入控制系统之中。因此，管理者需要选择适用的、精确的绩效衡量方法和工具来避免产生误差，同时还要采取预防措施，运用先进的管理技能避免出现弄虚作假行为。

（7）经济性原则。控制活动需要经费，是否进行控制，控制到什么程度，都要考虑费用问题，应将控制所需的费用同控制所产生的结果进行比较。当通过控制所获得的价值大于它所需费用时，才有必要实施控制。所以，从经济性的角度考虑，控制系统并不是越复杂越好，控制力度也不是越大越好。控制系统越复杂，控制工作力度越大，意味着控制的投入也越大。而且在许多情况下，这种投入的增加并不一定会导致计划能更顺利地实现。管理者应尝试使用能产生期望结果的最少量的控制。如果控制能够以最小的费用或其他代价来实现预期的控制目的，那么这种控制系统就是最有成效的。

四、控制的内容

美国管理学家斯蒂芬·罗宾斯（Stephen P.Robbins）认为控制的内容包括对人员、财务、作业、信息和组织绩效等五个方面的控制。

（1）对人员的控制。组织的目标任务是由人来完成的，为了使员工按照管理者所制订的计划去实现组织的目标任务，就必须对人员进行有效的控制。对人员进行控制最常用的方法之一就是直接巡视，及时发现问题，及时解决；另一方法是对员工工作表现进行评估。通过评估，针对员工的工作表现，进行奖励或惩罚，并对员工存在的问题进行指导、帮助和解决。

（2）对财务的控制。利润是许多组织尤其是企业追求的主要目标之一，为了实现企业的利润目标，必须对财务进行控制。这主要包括审核自身的财务报表，以保证有一定的资金支付各种费用，当然，我们也应对费用进行控制，以保证成本不会提高和各项资产都得到充分有效的利用。

（3）对作业的控制。它就是对企业从生产要素投入到最终产品和服务产出的转换过程的控制。典型的作业控制包括监督生产活动以保证其按计划进行；评价购买能力，以尽可能低的价格提供所需要的一定质量和数量的原材料；监督企业的产品或服务的质量，以保证满足预定的标准；保证所有的设备得到良好的维护。

（4）对信息的控制。知识和信息在现代知识经济时代是重要的资源。准确、及时、适量、经济的信息，会大大提高企业的效率。因此，在企业中对信息的控制显得尤为重要。

（5）对绩效的控制。在企业内部，绩效是高层管理者的控制对象，企业目标是否实现都从这里反映出来。在企业外部，证券分析人员、潜在的投资者、贷款银行、供应商、消费者以及政府部门也十分关注企业的绩效。要有效实施对绩效的控制，关键在于科学地衡量和评价企业绩效。

五、控制的重要性

法约尔曾经指出，控制必须施之于一切的事、人和工作。这是因为即使有完善的计划、有效的组织和领导，也不能保证组织目标的自然实现，而需要进行强有力的控制与监督。罗宾斯指出，有效的管理始终是督促他人、控制他人的活动，以保证应该采取的行动得以顺利进行，以及他人应该达到的目标得以实现。控制的重要性可以从以下五个方面来理解：

（1）控制职能普遍存在于任何组织、任何活动当中。这反映了控制的普遍性。因为在现代管理系统中，人、财、物、信息等要素的组合关系是多种多样的，外部环境的影响很大，内部运行机制和结构有时变化也很大，加上组织关系错综复杂，不确定因素很多，预测不可能完全准确，制订出的计划在执行过程中不仅可能会出现偏差，而且会发生未曾预料到的情况。这时，控制工作就起到了执行和完成计划的保障作用以及在管理控制中产生新的计划、新的目标和新的控制标准的作用。所以说，控制是一项普遍而广泛的管理职能。

（2）控制职能存在于管理活动的全过程中。控制职能作为实现目标及改进工作的有效手段，存在于管理活动的全过程中。尽管计划可以制订出来，组织结构可以调整得非常有效，员工的积极性也可以调动起来，但是这些仍然不能保证所有的行动能按计划执行，不能保证管理者追求的目标一定能达到，必须依靠控制工作在计划实施的各个阶段通过纠正偏差的行动来实现。因此，控制职能存在于管理活动的全过程中，它不仅可以维持其他职能的正常活动，而且在必要的时候可以改变其他管理职能的活动。这种改变有时可能很简单，只在指导中稍做些变动即可。但在许多情况下，正确的控制工作可能导致确立新的目标，提出新的计划，改变组织结构，改变人员配备，以及在指导和领导方法上做出重大改革，使组织的工作得以创新和提高。

（3）控制职能有利于适应组织环境的不确定性。组织的目标计划，是组织对未来一定时期内的奋斗方向和行动步骤的描述，任何组织的目标和计划都是在特定时间、环境下制定的，如果组织的实际活动能按计划进行，那么也就无需进行控制，但这种情况只会发生在静态环境中。变化是永恒的，静止是相对的，现代组织所面临的环境大都是复杂多变和不确定的。在计划实施过程中，组织内部相关因素都有可能发生变化。为了保证目标、计划更符合实际的组织环境，适应变化了的环境，保证组织目标、计划的实现，组织就必须通过控制来及时了解环境变化的程度和原因，通过控制来准确把握计划与实际发生差异的程度和原因，从而采取有效的调整和修正措施。

（4）控制职能可以避免管理失误。任何组织在其发展中，都不可避免地会犯一些错误。认识并纠正错误是管理水平提高的重要标志，也是组织发展的必要前提，而控制是任何组织发现错误、纠正错误的有效手段。通过对实际活动的反馈，管理者可以及时发现失误；通过对产生偏差的原因进行分析，可使管理者明确问题之所在，从而采取措施纠正偏差。因此，控制是改进工作、推动工作不断前进的有效手段。

（5）控制职能保证组织活动顺利进行。随着社会生产力的不断发展，现代各种组织的规模和内部结构也日趋庞大与复杂。每一个组织要实现自身的目标，都必须从事一系列艰巨的工作，而每一项工作又都可能涉及组织的各个部门，因此组织不仅要制定明确的目标并把总目标分解，而且在实施过程中要进行大量的组织协调工作。为了避免本位主义，使各部门的活动紧紧围绕着组织目标，保证每一项具体活动或工作的顺利进行，组织就必须进行大量的控制工作。

总之，控制是管理工作的最重要职能之一，是保证组织计划与实际运作动态适应的管理职能。控制是保证一个组织目标实现而采取的各种必要活动所不可缺少的措施。

六、控制与其他管理职能的关系

控制是管理职能环节中的重要一环。控制以计划、组织、人员配备、领导等职能为基础，并对其有积极的影响。

（1）控制与计划的关系。计划为控制工作提供标准，没有计划，控制也就没有依据。计划起指导性的作用，而控制是为了保证组织的产出与计划相一致，控制到什么程度、怎么控制都取决于计划的要求；计划预先指出了所期望的行为和结果，而控制是按计划指导实施的行为和结果，有时会导致计划的改变；制订有效的计划需要信息，而这些信息多数是通过控制得到的；一些有效的控制方法，如预算、政策、程序、规则等，同时也是计划方法或计划本身。所以，计划越周密、全面，标准越清晰、具体，控制就越容易；而控制工作越合理、高效，计划的实现就越有保障。如果只编制计划，而不对其执行情况进行控制，计划目标就很难得到实现。

（2）控制与组织的关系。管理者在设计组织结构时面临的首要问题是建立组织结构和权责关系，以使组织成员最有效地运用资源。管理的组织职能和控制职能是不可分割的，有效的管理者必须学会使它们协调地发挥作用。通过控制，管理者监督和评估组织战略和结构是否在按自己的意图发挥作用，如何改进它们，以及如果它们不能发挥作用，应该如何改变它们。所以，从组织控制的角度来说，控制是管理者监督和规范组织的各项活动以保证它们按计划进行并纠正各种重要偏差的过程。然而，控制并不意味着只在事情发生后做出反应，它还意味着将组织保持在正常的运行轨道并预测可能发生的事情。由此可见，管理的控制职能是对组织的管理活动及其效果进行衡量和纠正，以确保组织的目标以及为此而拟订的计划得以实现。

（3）控制与人员配备的关系。人员配备职能的发挥不但为组织计划的贯彻执行提供了充足的人力资源，还为控制职能的发挥奠定了基础。人员选聘、培训和考核工作本身就是人员控制的重要内容，而控制职能则通过对计划执行过程中产生偏差的原因进行分析，对由于人员配备职能的原因造成的偏差采取措施进行纠正。

（4）控制与领导的关系。领导职能的发挥既反映在计划方案的编制中，也反映在组织结构的建立上，同时还反映在控制职能的发挥中。这意味着领导职能的发挥影响到组织控制系统的建立和控制工作的质量。相应地，控制职能的发挥又有利于改进领导者的领导工作，提高领导者的工作效率。

总之，计划、组织、人员配备、领导等职能是控制的基础，控制是在此基础上对具体组织活动的实施进行检查和调整，离开了一定的计划、组织、人员配备和领导，控制就无法正常进行。反过来讲，控制是计划、组织、人员配备、领导有效进行的必要保证，离开了适当的控制，计划、组织、人员配备、领导等职能都可能流于形式，得不到有效执行。因此，控制与其他职能之间的关系密不可分，同时，控制也会影响到目标与计划的修改、组织机构的设计、人员的调整以及领导方式的改变。

七、控制管理系统的组成

任何组织，如果没有一个适合组织发展的管理控制系统，都无法有效地贯彻它的计划。组织中的控制活动是通过组织的控制管理系统来完成的，而控制管理系统主要包括以下几个方面：①控制的目标，即进行控制活动的目的，也是进行控制活动的依据。组织中的控制必须有一个目标，但这个目标必须服从组织发展的主要目标。②控制的主体，即各级管理者及其所属的各职能部门。③控制的对象，控制系统控制的对象应是组织的整个活动。④控制的方法和手段，即为达到有效的控制所采用的各种科学方法和手段。控制管理系统的基本结构如图6-1所示。

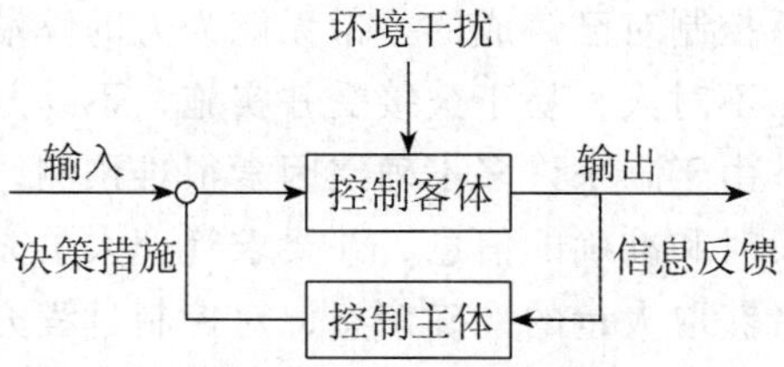

图 6-1　控制管理系统的结构

在具体研究一个控制管理系统时，还应当明确控制对象是什么，控制对象有哪些变化。如库存控制系统的控制对象是仓库，而控制对象仓库的存货变化就是库存量。根据控制对象变化的实际值和预期值之间的偏差，对控制对象施加控制作用以减少偏差。控制机构由偏差测量机构、决策机构和执行机构组成。偏差测量机构可以是计算测量的装置，它应能连续不断地测定实际值与预期值之间的偏差。决策机构是核心机构，它能根据偏差做出控制决策。执行机构用以执行纠正偏差的决策命令，作用于控制对象。

上面考察的控制形式是将控制对象与控制机构明确地区别开来，在这种情况下，所涉及的是外部对于对象的控制。但是，控制并不总是由外部机构来实施的。在管理中，很多控制是自我控制，即人们以自己的方式行事。自我控制是一种内部控制，因为在同一个人身上集中了控制的原因和理由。就管理控制而言，在大部分情况下，内部控制与外部控制是相互配合发挥作用。管理控制的负责人也被视作其希望控制对象的一部分：他实施的是一种自我控制。而且，从本质上来说，管理控制更倾向于让管理负责人自己来进行已经发生偏差形势的纠正。

任务二　控制类型

一、前馈控制、同步控制和反馈控制

控制可以发生在活动开始前、活动进行过程中、活动完成之后。按控制点的位置不同可分为前馈控制、同步控制、反馈控制，如图 6-2 所示。

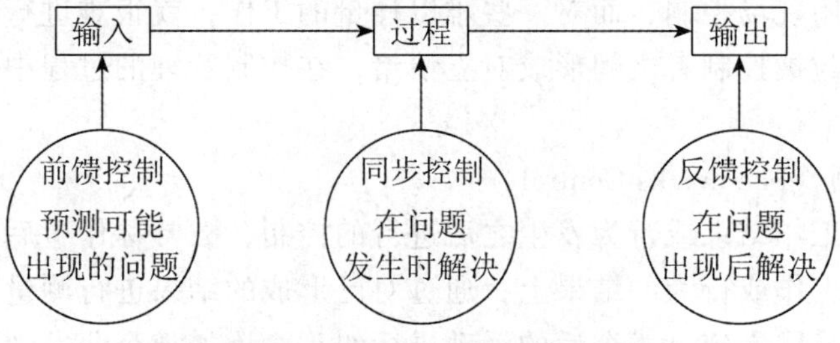

图 6-2　前馈控制、同步控制和反馈控制

（一）前馈控制（Feedforward Control）

在活动开展之前就认真分析研究，进行预测并采取防范措施，使可能出现的偏差在事先就可以筹划和解决的控制方法，叫作前馈控制，又称预先控制或事前控制，它是最理想的控制类型。

（1）前馈控制的优点。包括：①防患于未然。前馈控制是在工作开始之前进行的，可

以防患于未然，以避免事后控制对已铸成的差错无能为力的弊端。②适用于一切领域所有工作。③针对条件的控制，不对人，易于被接受并实施，不易与员工发生冲突。

（2）前馈控制的缺点。由于未来许多不确定因素很难预测，所以，及时、准确的信息难以保障。前馈控制需要及时和准确的信息，并要求管理人员充分了解前馈控制因素与计划工作的影响关系。管理者获取大量的准确信息，对控制过程充分了解，并及时掌握新情况和新问题，从现实来看，是很难做到的。因此，组织也必须依靠其他方式的控制。

前馈控制可以是针对人力资源、原材料、资金等的控制。比如，人力资源必须适应任务要求、数量和在素质方面有能力完成指派的任务，并控制机构臃肿、人浮于事的现象。

前馈控制的方案应当是一个动态的方案。首先，要将所有可能的信息以及它们的影响因素，还有在实施过程中可能出现的干扰都预先加以详尽分析，并以此制订实施方案。其次，方案要考虑若出现某些干扰时应该怎么办，要有各种应急措施方案，同时还要充分做好出现某些变故的思想上和物质上的准备。换句话说，前馈控制应该将各种可能出现的变故都预先估计到，并做好各种准备工作。

（二）同步控制（Concurrent Control）

同步控制又称现场控制或现时控制，是指计划实施过程中，于现场及时发现存在的偏差或潜在的偏差，及时提供改进措施以纠正偏差的一种方式，它主要是基层主管人员采取的一种控制工作方法，通过深入现场亲自监督、检查、指导来控制下属人员的活动，其内容有：向下级指示恰当的工作方法和工作过程；监督下级的工作以保证计划目标的实现。

同步控制主要发挥两大作用：一是监督作用，即按照预定的标准检查正在进行的工作，以保证目标的实现；二是指导作用，即管理者针对工作中出现的问题，根据自己的经验指导下属改进工作，或与下属共同商讨纠正偏差的措施以便使工作人员能正确地完成所规定的任务。

同步控制的优点是：具有工作监督和技术指导的职能，可以防微杜渐，有助于提高员工的工作能力和自我控制能力。同步控制的缺点是：①运用同步控制受管理者的时间、精力和业务水平的限制。管理者不可能每时每刻对所有项目都进行现场控制，只能在关键时间或在关键项目上使用这种控制方式。②同步控制的应用范围较窄。一般来说，对于便于计量的工作一般运用现场控制，而对一些难以计量的工作，就很难进行现场控制。③同步控制容易在控制者与被控制者之间形成对立情绪，在控制管理的过程中使控制者或被控制者受到伤害。

（三）反馈控制（Feedbacks Control）

反馈控制是在工作结束或行为发生之后进行的控制，故常称作事后控制。这种控制把注意力主要集中于工作或行为的结果上，通过对已形成的结果进行测量、比较和分析，发现偏差情况，依此采取措施，对今后的活动进行纠正。比如，企业发现不合格产品后追究当事人的责任且制定防范再次出现质量问题的新规章，发现产品销路不畅而相应做出减产、转产或加强促销的决定，以及学校对违纪学生进行处罚等等，这些都属于反馈控制。

（1）反馈控制的优点：①在周期性重复活动中，可避免下一次活动发生类似的问题。②可以消除偏差对后续活动过程的影响，如产品在出厂前进行最终的质量检验，剔除不合格品，可避免这些产品流入市场后对品牌信誉所造成的不利影响；人们可以总结经验教训，了解工作失误的原因，为下一轮工作的正确开展提供依据。③可以通过信息反馈及纠偏行动来保证组织系统的稳定性，为组织员工的奖惩提供依据。

反馈控制可以总结规律，为下一步工作创造条件，实现良性循环，提高效率。因此，在实际工作中，反馈控制得到了相当广泛的应用。

（2）反馈控制的弊端。当管理者获得有关信息时，损失已经造成了，这就好比“亡羊补牢”一样，只能在以后的工作中加以改进，所以反馈控制是控制工作中被动选择的一种控制方式。

二、间接控制和直接控制

根据控制手段进行分类，控制可分为间接控制和直接控制。

（1）间接控制。它是指根据计划和标准考核工作的实际结果，分析出现偏差的原因，并追究责任者的个人责任以使其改进未来工作的一种控制方法，多见于上级管理者对下级人员工作过程的控制，运用这种控制方式需要明确几个前提条件：①工作成效可以相互比较，并且也可以计量；②员工对工作任务负有明确的、可以分割的责任，这种责任和员工之间的尽责程度可以相互比较；③分析偏差和追究责任所需的时间、费用等是有充分保证的；④出现的偏差可以预料并能及时发现；⑤有关责任单位和责任人对出现的偏差会采取纠正措施。

事实上，由于管理活动的复杂性，很多管理部门或职位的绩效是很难计量和相互比较的；很多活动的责任是由多个部门共同承担的，而且工作绩效也可能与个人责任无关；有时上级主管人员可能不愿意花时间和费用去分析引起偏差的事实真相；另外，推卸责任是很普遍的现象。因此，间接控制并非普遍有效的控制方法，它尚存在着许多不完善的地方。

（2）直接控制。它是相对于间接控制而言的。它是指通过提高管理人员素质，使他们改善管理工作，从而防止出现因管理不善而造成的不良后果的一种控制方式。这种控制方式的特点是通过培训等形式，着力提高管理人员的素质和责任感，并在控制过程中实施自我控制。其核心思想着眼于培养更好的管理人员，使管理人员能熟练地应用管理的概念、原理和技术，能以系统的观点来进行管理。因此，主管人员及其下属的素质越高，就越不需要进行间接控制。

直接控制的优点有：管理人员的质量可以得到提升，避免用人不当，从而使出现偏差的概率得到控制；可加速采取纠正偏差的措施并使其更加有效；由于提高了管理人员的素质，减少了偏差的发生，也就有利于减轻间接控制的负担，节约经费开支；管理人员的素质提高了，他们的威信也就得到了提高，下级人员对他们的信任和支持也会增加，这样就有利于整个组织目标的顺利实现。

三、预防性控制和更正性控制

根据控制活动的性质进行分类，可以把控制划分为预防性控制和更正性控制。采取预防性控制措施是为了防止人、财、物等资源的损耗。使用这种控制措施要求对整个运行活动的关键点有比较深刻的理解，要能预见问题。采用更正性控制往往是由于管理者没有预见到问题，或者管理者认为某些事情出现错误之后，更正性控制要比预见问题的预防性控制更容易些。

（1）预防性控制。它是为了避免产生错误又尽量减少今后的更正活动。例如，国家加强法治工作，制定较详细的法律条文并大力宣传，就是预防性控制措施。人人执法，人人懂法，就可以最大限度地减少那些由于不执法、不懂法而导致的违法行为。一般说来，规章制度、工作程序、人员训练和培养计划都起着预防性控制的作用。在设计预防性控制措施时，人们所遵循的原则都是为了更有效地实现组织目标。然而，要使这些预防性的规章制度等能够真正被执行，必须有良好的监控机构作为保证。

（2）更正性控制。在实际管理工作中，更正性控制使用得更普遍一些，其目的是，当出现偏差时，使行为或实施进程返回到预先确定的或所希望的水平。例如，国家发现某些地区走私现象严重，为了改变这种现象，在交通要道和关口设立了一些检查站，以希望减少走私活动。再如，审计制度增加了管理部门采取迅速更正措施的能力，因为定期对企业进行检查，有助于及时发现问题并及时采取措施解决问题。

四、正式组织控制、群体控制和自我控制

根据控制来源可以把控制划分为三种类型，即正式组织控制、群体控制和自我控制。

（1）正式组织控制（他控）。它通过建立一些正式机构或规定来进行控制。像规划、预算和审计等部门是正式组织控制的典型例子。组织可以通过规划指导组织成员的活动，通过预算来控制消费，通过审计来检查各部门或个人是否按照规定进行活动，并提出更正措施。例如，按照规定对在禁止吸烟的地方抽烟的员工进行罚款，以及对违反操作规程者给予纪律处分等等，都属于正式组织控制的范围。

（2）群体控制（互控）。它基于群体成员们的价值观念和行为准则，是由非正式组织发展和维持的。非正式组织有自己的一套行为规范，尽管这些规范并没有明文规定，但非正式组织中的成员都十分清楚这些规范的内容，都知道如果自己遵循这些规范，就会得到奖励。这种奖励可能是其他成员的认可，也可能是强化了自己在非正式组织中的地位。如果违反这些行为规范就可能遭到惩罚，这种惩罚可能是遭受排挤、讽刺，甚至是被驱逐出该组织。

（3）自我控制。它是个人有意识地去按某一行为规范进行的控制活动。例如，一个员工不愿意把公家的东西据为己有，可能是由于他具有诚实、廉洁的品质，而不单单是怕被抓住遭惩罚，这是有意识的个人自我控制。

自我控制能力取决于个人本身的素质。具有良好修养的人一般自我控制能力较强，顾全大局的人比仅看重个人利益的人有较强的自我控制能力；具有较高层次需求的人比具有较低层次需求的人有较强的自我控制能力。

以上三种控制有时是相互一致的，有时又是相互抵触的。这取决于组织对其成员的教育和吸引力，或者取决于组织文化。有效的控制管理系统应该综合利用这三种控制类型并使它们尽可能和谐，防止它们发生冲突。

五、集中控制、分散控制和分级控制

按控制组织结构的不同，控制可分为三大类：集中控制、分散控制和分级控制。

（1）集中控制。它是指全系统的控制活动由一个集中的控制机构来完成。这种形式的特点是：所有信息（包括内部、外部）都流入控制中心，由控制中心集中加工处理，并且

所有的控制指令也全部由控制中心统一下达。集中控制是一种较低级别的控制，只适合于结构简单的系统，如小型企业、家庭作坊。

集中控制的优点有：信息完整、集中；控制目标易协调、统一。它的缺点有：信息传输效率低；控制滞后性强；系统适应性差。

（2）分散控制。它是指系统中的控制部分表现为若干个分散的、有一定相对独立性的子控制机构，这些机构在各自的职责范围内各司其职，各负其责，互不干涉，各自完成自己的目标。当然，这些目标是整个目标体系中的分目标。

分散控制的特点与集中控制相反，不同的信息流入不同的控制中心，不同的控制指令由不同的控制中心发出。分散控制适用于结构较松散的组织系统，如城市各交叉路口的交通管理，企业集团公司对其下属企业的管理等等。

分散控制的优点有：针对性强，信息传递效率高，控制效率高；操作简单，系统适应性强。它的缺点有：信息不完整，整体协调性较差。

（3）分级控制。它又称等级控制，是指系统的控制中心分解成多层次、分等级的控制体系，一般呈宝塔形，同系统的管理层次相呼应。分级控制的特点是：综合了集中控制和分散控制的优点，其控制指令由上往下传，越往下越详细，反馈信息由下往上传，越往上越精练，各层次的监控机构有隶属关系，职责分明，分工明确；分级控制中心传递的信息有详有略，使各级部门能快速了解情况，迅速做出反应；整体目标易协调；系统组织适应性强。

【案例赏析6-1】

如果你在好莱坞或贝弗利山举办一个晚会，肯定会有一些名人来参加，如尼科尔森、麦当娜、克鲁斯、切尔、查克·皮克。“查克·皮克？”“当然！”没有停车服务员你不可能开一个晚会，在南加州停车行业内响当当的名字就是查克·皮克。查克停车公司的雇员有100多人，其中大部分是兼职的，每周至少为几十个晚会办理停车业务。在一个忙碌的周六晚上，可能要同时为6～7个晚会提供停车服务，每一个晚会可能需要3～15位服务员。

查克停车公司是一家小企业，但每年的营业额差不多有100万美元。其业务包含两项内容：一项是为晚会提供停车服务；另一项是不断地在一个乡村俱乐部办理停车经营特许权合同。这个乡村俱乐部要求有2～3个服务员，每周7天都是这样。但是查克的主要业务来自私人晚会。他每天的工作就是拜访那些富人或名人，评价道路和停车设施，并告诉他们需要多少个服务员来处理停车的问题。一个小型的晚会可能只要3～4个服务员，花费大约400美元，然而一个特别大型的晚会的停车费用可能高达2 000美元。

尽管私人晚会和乡村俱乐部的合同都涉及停车业务，但收费方式却很不相同。私人晚会是以当时出价的方式进行的。查克首先估计大约需要多少服务员为晚会服务，然后按每人每小时多少钱给出一个总价格。如果顾客愿意“买”他的服务，查克就会在晚会结束后寄出一份账单。在乡村俱乐部，查克根据合同规定，每月要付给俱乐部一定数量的租金来换取停车场的经营权，他收入的唯一来源是服务员为顾客服务所获得的小费。因此，在私人晚会服务时，他绝对禁止服务员收取小费，而在俱乐部服务时小费是他唯一的收入来源。

案例精析 6-1

问题：

（1）你是否认为查克的控制问题在两种场合下是不同的？如查克确实如此，为什么？

（2）在前馈、反馈和同步控制三种类型中，查克应采取哪一种手段对乡村俱乐部业务进行控制？对私人晚会停车业务，又适宜采取何种控制手段？

任务三　控制程序

一、控制的前提条件

任何形式的控制都需要一定的前提条件。这些条件影响控制过程的顺利进行，控制的基本前提条件有以下几方面：

（1）要有一个科学的、切实可行的计划。控制就是保证目标和计划的实现，如果没有计划，就无法进行控制。因此，有效控制是以科学的计划为前提的。

（2）要有专门从事控制职能的组织机构。控制工作主要是根据各种信息，纠正计划执行中出现的偏差。要做到这一点，就要有专门从事控制工作的组织机构，建立健全与控制工作有关的规章制度，明确由何部门、何人来负责何种控制工作，有了控制机构和相应的规章制度，控制工作就能收到预期的效果。

（3）控制要有反馈渠道。控制工作中的一个重要步骤就是将计划执行后的信息反馈给管理者，以便管理者对实际与计划进行比较分析。这种信息反馈的速度、准确性如何，直接影响到控制指令的正确性和纠偏措施的有效性。

二、控制的步骤

各种不同组织的控制系统都有自己的运行程序，控制的基本程序一般包括确定控制标准、衡量实际业绩和采取纠偏行动三个步骤。

（一）确定控制标准

控制主要是对组织活动加以监督和约束，以求实现所期望的目标，为此必须首先确定一些标准，作为共同遵守的衡量尺度，作为比较的基础。没有科学合理的控制标准，就无法对管理活动进行控制。控制标准的制定要以计划和组织目标为依据，综合考虑控制对象的特点等多种因素，找到关键的控制环节，同时，也离不开制定标准的科学方法。

（1）选择控制目标。管理者在管理过程中一般都会对影响组织实现成果的因素进行全面的控制，但这种全面控制往往是不现实的，也是不经济的。所以，管理者应确定控制的目标，选择那些对实现组织成果有重大影响的因素作为重点控制的对象。

（2）制定控制标准。

第一，控制标准的要求。能在控制过程中发挥应有作用的控制标准需要满足如下基本要求：关键点控制、前瞻性、简明性、适用性、一致性、可行性、可操作性和灵活性。

第二，制定控制标准的过程。控制标准的制定是一个科学决策过程。这一过程的展开，首先要明确控制对象，然后选择好控制点，再确定具体的控制标准。

首先，确立控制对象。进行控制首先遇到的问题是“控制什么”，这是在决定控制标准之前首先需要解决的问题。组织活动的成果应该优先作为管理控制工作考虑的重点对象。对此，管理者需要明确组织活动想要实现什么样的目标，详细规定组织中各层次、各部门人员应取得什么样的工作成果。按照该目标体系的要求，管理者就可以对有关成果指标的完成情况进行考核和控制。

其次，选择关键控制点。关键控制点一般有以下特征：会影响整个工作运行过程的重要操作与事项；能在重大损失出现之前显示出差异的事项；能反映组织主要绩效水平的时间与空间分布。

最后，制定控制标准。由于控制的对象不同，控制标准的类型很多。例如，以计划过程中形成的可考核的目标直接作为控制标准；通过一些科学的方法将某一计划目标分解为一系列具体可操作的控制标准。

（3）制定标准的方法。

第一，统计方法。根据组织的历史资料和其他单位的资料来确定控制标准。根据历史资料确定标准，需要有比较系统的、准确的统计资料，并充分考虑到各种因素变化的情况。所采用的统计资料越全面、系统，准确度越高，各种变动因素考虑得越周到，制定出来的标准就越合理。历史的统计资料作为某项工作确定标准的依据，具有简便易行的好处，但是据此制定的工作标准可能低于同行业的先进水平。

第二，工程技术方法。在客观分析工作状况的基础上，利用准确的技术参数和实测数据来制定工作标准。这种方法比较科学，测定的标准也较为可靠，但需要的工作量较大，也比较复杂。

第三，经验估计法。根据经验和判断来估计预期结果，建立标准。这种方法比较简单，它主要是根据管理者的经验和主观判断来确定标准，因而又称为主观标准。越是复杂的任务，采用主观标准就越多。因此，要注意利用各方面管理人员的知识和经验，综合大家的判断，列出一个相对先进合理的标准。

（二）衡量实际业绩

为了确定实际业绩，管理者必须得到有关的信息，所以控制的第二步就是衡量。衡量的结果一般来说有两种，或者事情正在按计划进行，或者事情的进程与计划存在着差距。假如事情正在按计划进行，继续进行就可以了。假如事情没有按计划进行，就意味着实际的进程与计划之间存在着偏差，就要分析偏差产生的原因，然后进行第三步工作。

衡量实际业绩，就是要采集实际工作的数据，了解和掌握工作的实际情况。在衡量的过程中，管理者应注意以下三个问题：一是通过衡量业绩，检验标准的客观性和有效性；二是确定适宜的衡量频度，控制过多或不足都会影响控制的有效性，一般情况下，需要控制的对象可能发生重大变化的时间间隔是确定适宜的衡量频度所需考虑的主要因素；三是应该建立有效的信息反馈网络，使反映实际工作情况的信息适时地传递给适当的管理人员，使之能与预定标准相比较，及时发现问题。

（1）确定衡量方式。

第一，衡量的项目。衡量什么是衡量工作的起点和前提，管理者应该针对决定实际工作成效好坏的重要特征项目进行衡量。但实际中容易出现一种趋向，即侧重于衡量那些易衡量的项目，而忽视那些不易衡量、较不明显但实际相当重要的项目。实绩衡量应该围绕好绩效的主要特征项来进行，而不能够偏向那些易衡量的项目。

第二，衡量的方法。要获得实际工作绩效方面的资料和信息，管理者可采用观察、报表与报告、抽样调查、召开会议、推断等方法。以上几种方法各有利弊，在运用时应该多种方法结合使用，以保证所获信息的准确性。

第三，衡量的频度。即衡量实绩的次数或频率，通俗地说就是间隔多长时间衡量一次。当然，对不同的衡量对象，应该有不同的衡量频率。适宜的衡量频率是有效控制的体现，衡量频率过高，不但会增加成本，而且可能影响有关人员的积极性；但衡量频率过低，则可能无法及时发现重大偏差，从而影响组织目标的实现。

第四，衡量的主体。衡量实际工作成效的人可以是工作者本人，还可以是同一层级的其他人员、上级主管人员或职能部门的人员等。衡量的主体不同，会对控制方式和效果产生不同影响。有效的控制应该采取三者结合并以自我控制为主的方法。

第五，建立信息反馈系统。斯蒂芬·罗宾斯认为，在衡量实际业绩时有四种最常用的信息来源：亲自观察、统计报告、口头报告和书面报告。上述四种信息来源最好能综合使用。这样，既能增加信息来源的数量，又能提高获得可靠信息的可能性。管理控制工作的有效性对信息有如下要求：①信息的及时性。一是对那些事过境迁后不能追忆和不能再现的重要信息要及时记录；二是信息的加工、检索和传递要快。②信息的可靠性。它除了与信息的精确程度有关外，还与信息的完整性成正比关系。通常要求在信息的可靠性与及时性之间做出折中选择。③信息的适用性。应提供尽量精炼而又能满足控制要求的有用信息。

（2）通过衡量成效，检验标准的客观性和有效性。衡量工作成效是以预定的标准为依据来进行的。如果偏差是在标准执行中出现的问题，那么需要纠正执行行为本身；如果是标准本身存在的问题，则要修正和更新预定的标准。这样利用预定标准去检查各部门、各阶段和每个人工作的过程就同时也是对标准的客观性和有效性进行检验的过程。

（三）采取纠偏行动

对实际工作成效加以衡量后，下一步就应该将衡量的结果与标准进行对比。如果有较大的偏差，则要分析造成偏差的原因并采取纠正措施；如果没有偏差，则宜首先分析控制标准是否有足够的先进性，在认定标准水平合适的情况下，将之作为成功经验予以分析总结，以用于今后的或其他方面的工作。这一步骤是控制过程的关键。

我们还可把纠偏行动分为立即纠偏行动和根本性纠偏行动。立即纠偏行动（Immediate Corrective Action）又称补救性纠偏行动，是指立即纠正出现的问题，使业绩回到设定的轨道上来。根本性纠偏行动（Basic Corrective Action）是指找出偏差是如何出现的、为何出现等问题的答案，然后采取行动纠正偏差的根源。

采取纠偏行动这一步骤反映了控制的强制性。为了保证纠偏措施的针对性和有效性，必须在制定和实施纠偏措施的过程中注意下述问题：

（1）找出偏差产生的主要原因。实际上，并非所有的偏差都会影响企业的最终成果，有些偏差可能是由于计划本身和执行过程中的问题造成的，而另一些偏差则可能是由于某些偶然、暂时、局部性的因素引起的，从而不一定会对组织活动的最终结果产生重要影响。因此，在采取纠偏措施之前，必须先对反映偏差的信息进行评估和分析。首先，要判断偏差的严重程度；其次，要探寻导致偏差产生的主要原因。

（2）确定纠偏措施的实施对象。在管理控制过程中，需要予以纠偏的可能不仅是企业的实际活动，也包括指导这些活动的计划或事先确定的衡量这些活动的标准。纠偏措施的实施对象可能是组织所进行的活动，也可能是衡量的标准，甚至是指导活动的计划。预定计划或标准的调整是由两种原因决定的：一是原先的计划或标准制定得不科学，在执行中发现了问题；二是由于内外部环境发生了变化，原来正确的计划和标准不再适应新形势的需要。

任务四 控制方法

一、预算控制

（一）预算的概念

预算是一种预测，它是对未来一段时期内将组织的决策目标及其资源配置规划加以定量化并使之得以实现的内部管理活动或过程，简单地说，是某一个时期具体的、数字化的计划。确定预算数字可以采用统计方法、经验方法或工程方法。因此，它或是按财务项目(如收入和费用以及资金等)，或是按非财务项目（如直接工时、材料、实物销售量和生产量等）来表明组织的预期成果。

（二）预算的作用

预算是各领域管理者的最基本的一种控制工具。无论是企业还是政府机关、文化组织等，都需要运用预算来进行控制。

（1）预算是一种计划的工具，编制预算能使确定目标和拟定标准的计划工作得到改进。预算是主要控制手段之一。编制预算实际上就是控制过程的第一步——建立标准。由于预算是以数量化的方式来表明管理工作的标准，从而本身就有可考核性，因而有利于根据标准来评定工作的成效，衡量业绩（控制过程的第二步)，并采取纠正措施，纠正偏差(控制过程的第三步)。

（2）预算也是一种控制手段，有利于改进组织的协调和控制工作。当为组织的各个职能部门都编制了预算时，就为协调组织的活动提供了基础。同时，由于对预期结果的偏离将更容易被查明和评定，预算也为控制工作中的纠正措施奠定了基础。

（三）预算的种类

预算的种类很多，对企业而言，主要有：①收支预算，这是一种最基本的预算形式，使用金额表示，例如销售及相应费用预算；②现金预算，主要反映计划期间预计的现金收支的详细情况，在完成了初步的现金预算后，就可以知道企业在计划期间需要多少资金，财务主管人员就可以预先安排和筹措，以满足资金的需求，例如现金流量表；③投资预算是对企业的固定资产的购置、扩建、改造更新等，在可行性研究的基础上编制的预算，它具体反映在何时进行投资、投资多少、资金从何处取得、何时可获得收益、需要多少时间回收全部投资等。随着社会的发展，出现了许多现代预算控制方法，主要有弹性预算和零基预算。

1.弹性预算

它就是按不同的生产量编制不同的预算，是企业按照预算期内不同的经营活动水平，考虑了固定成本、变动成本与经营活动水平的关系而编制的一种预算，这种预算方法比较符合实际，能有效地控制费用支出。

弹性预算的具体编制步骤是：第一，选择和确定与预算内容相关的业务量计量标准和范围，如产销量、材料消耗量、直接人工小时、机器工时和价格等。第二，计算、确定各经济变量之间的数量关系，预测计划期或预算期可能达到的各种经营活动业务量。第三，计算各种业务量的财务预算数额，并以列表、图示或公式等方式表示。

弹性预算一方面能够适应不同经营活动情况的变化，扩大了预算的适用范围，更好地发挥预算的控制作用，避免在实际情况发生变化时，就要重编预算或作修改；另一方面，能够使预算实际执行情况的评价和考核建立在更加客观的基础上。为了加强预算控制，企业应根据自身情况选择相应的项目编制弹性预算。

2.零基预算

它是指以零点为基础而编制的预算，也就是排除过去和现实中存在而又可以避免的种种消极因素的影响，把各项生产经营业务视为从头开始的新工作加以安排，客观考虑其获取收益、发生开支和实现利润的可能性，并据以制定预算。

（1）零基预算的优势，包括：①零基预算作为一种预算模式，能提高费用使用效益，每项费用数额要依据成本-效益分析确定，这就要求合理分配资金，充分发挥每项费用的使用效益；②采用零基预算可以调动各级管理人员的积极性，零基预算不受原有开支水平的限制，需要各级管理人员充分发挥主观能动性和创造性，根据具体情况制订方案。

（2）零基预算的编制程序，包括：①拟订方案。根据企业的预算总目标和总方针，制订本部门每一项独立的生产经营业务活动的方案，确定活动目标，计算需要的支出和费用。②评定方案。对每一项业务活动所需要的费用进行成本-效益分析，计算每一项支出和费用可能取得的效益，根据费用项目的性质来权衡轻重、排列顺序、区别等级。③落实方案。根据可动用的资金或企业分给本部门所能使用的资金，结合对每项费用的评价，按照排列顺序分配资金、落实方案。

（3）零基预算编制的缺点，包括：①在编制零基预算时，其目的仍与上一年相同，并在此基础上对增量进行调整。因此，企业管理人员只会关注其中与上一年不同的地方，这等于又回到增量预算上了。②从企业内部选择管理人员多是从基层提拔上来的，他们掌握着以前所从事工作方面的知识和信息，对基础预算已经非常了解，所以现在只需熟悉基础预算的变动就可以了。因此，在实际工作中，零基预算很可能犹如画圆，费了半天劲，由终点又回到了起点。

（四）预算的优缺点

1.预算的优点

第一，它可以对组织中复杂纷繁的业务，采用货币形式来加以控制，便于对各种不同业务进行综合比较和评价。电视广告、原材料数量以及债务和保险等都可以用成本与收益在预算中反映出来。货币语言有其局限性，但是，它适于进行总结和比较。货币，与企业、政府甚至军事部门管理中的任何其他衡量手段相比，更能应用于广泛的领域。财政预算正是利用了货币的这种独特性质。

第二，预算方法的使用有利于日常的工作记录和信息系统的改善。例如，为了进行税款申报以及内部管理等，必须保持精确的会计记录。

第三，预算有利于节约成本。预算内所列的都是将影响到利润或亏损的东西。因此，在预算中受到控制的项目，很容易节约费用，获取更多的利润。

第四，可以有效地激励管理人员。作为对其他有效的管理活动的激励因素，预算具有重大的作用。采用了预算控制，参与这些活动的管理人员的积极性和主动性可以被充分地调动起来。

2.预算的缺点

预算是一种有效的控制手段，但是，预算工作中存在着一些使预算控制失效的危险倾向，这就是预算的缺点。主要表现在以下几个方面：

第一，预算过繁。由于对细微的支出也作了详细的规定，致使管理人员管理自己部门所必要的自由都丧失了。所以，预算究竟应当细微到什么程度，必须联系授权的程度进行认真酌定。过细过繁的预算等于使授权名存实亡。

第二，预算工作存在让预算目标取代组织目标的危险。在这种情况下，管理人员只是热衷于使自己部门的费用尽量不超过预算的规定，却忘记了自己的首要职责是实现企业的目标。预算目标取代组织目标通常是由两个方面的原因引起的：首先，没有恰当地控制预算的度；其次，为职能部门或作业部门设立的预算标准，没有很好地体现计划的要求，与企业的总目标缺乏更直接、更明确的联系，从而使得这些部门的管理人员只是考虑如何遵守预算和程序的要求，而不是从企业的总目标出发来考虑如何做好自己的工作。

第三，预算工作存在鼓励虚报、保护落后的危险。预算有一种因循守旧的倾向，过去所花费的某些费用，可以成为今天预算同样一笔费用的依据；如果某个部门曾支出过一笔费用购买物料，这笔费用就成了今后预算的基数。此外，管理人员常常知道在预算的层层审批中，原来申请的金额多半会被削减。因此，申报者往往将预算费用的申请金额有意扩大，远远大于实际需要，所以必须有一些更有效的管理方法来扭转这种倾向，否则预算很可能会变成掩盖效率低下的管理人员的保护伞。

二、非预算控制

非预算控制是采用非预算方式进行的控制方法，主要有人员行为控制、经济分析、报告与视察、审计法、网络分析技术、市场控制、目标管理和价值工程等方法。现主要介绍以下几种：

（一）人员行为控制

管理控制主要是对人员的行为进行控制，这是因为任何组织当中最关键的资源都是人，任何高效的组织都配备着有能力、能高效地完成指派任务的优秀人才，这可以从周围许多组织的情况得到证明。怎样选择人员、怎样使员工的行为更有效地趋向组织目标，这就涉及人员行为的控制问题。常用的绩效评定方法有以下几种。

（1）鉴定式评价法。这种方法是最简单、最常用的绩效评价办法。具体做法是，评价人写一篇针对被评价者长处和短处的鉴定，管理者根据该鉴定给予被评价者一个初步的估计。这种方法的基本假设是评价人确切地知道被评价者的优缺点，对他有很好的了解，并且能够客观地撰写鉴定。然而，在实际工作当中，上述基本假设有时并不完全满足。况且，由于鉴定的内容不同，标准也不一致，所以用此种方法只能给人一种初步的估计，完全依赖这种办法往往会造成评价的失误。这种方法适用于调换或任免等人事方面的决策工作。

（2）强选择列等法。这种方法是为了克服偏见和主观意念，建立比较客观的评价标准。做法是管理者列出一系列有关被评价者的可能情况，然后让评价者在其中选择最适合被评价者的条目，并打上标记。管理者据此加权评分，得分高者就是好的，得分低者就是差的。这种方法比较准确，但它只限于性质类似或标准的工作，超出这个范围其准确性将大为降低。

（3）成队列等比较法。这种方法是把要评价的人员两两进行比较，即每个人都同所有的人比较一次，然后按照某种评价标准进行选择。比如，被评价的人员一年来对企业的贡献，或在工作中的开拓和进取精神等。在两两比较时，选择较好的一个打上标记。当全部比较完毕后，标记最多者就是最出色的一人，而无标记者则是最差的一人。但是，这种方法有一个缺陷，就是比较标准只是单一项。如果要用多种标准进行综合衡量，只能对每种标准都进行一次比较，然后每个标准给出一个权数，再进行加权比较来确定次序。这样就使工作量进一步加大，特别是在要被评价的人数较多时更是如此。此外，这种方法由于是依据主观判断进行的，有时会产生较大误差，这时最好由几个人同时单独进行评价工作，然后取平均值以减少这种误差。成队列等比较法和强选择列等法都适用于评定工资、奖金等方面。

（4）偶然事件评价法。采用此种方法时，管理人员要持有一份记录表，随时记录员工积极或消极的偶然事件，根据这种记录定期对员工的工作绩效进行评价。根据这种偶然事件进行评价比较客观，但关键是能否把员工的所有偶发事项全部记录下来。另外，对员工来说有各种责任制，如果责任制所规定的工作标准得到员工的赞同，这种方法就能有效地调动员工的积极性，否则员工还会有不公平感。这种方法和目标管理配合起来使用，可以有效地监控员工的工作。

上述方法的基本原则都是要尽量客观、准确地对人员绩效进行评价，以满足组织各方面工作对人的要求。然而，由于人的行为是由人的思想、性格、经验、社会背景等多种因素综合作用的结果，而这些因素本身又很难用精确的方法加以描述，这就使对人员的行为控制成了管理控制中相当复杂和困难的一部分，在这部分控制过程中，对人的行为和绩效进行评价最为困难。

（二）经济分析

利用经济学方法对组织活动进行经济分析，是管理控制的重要手段。盈亏平衡分析法、贴现收益分析法和财务报表分析法是常用的经济分析方法。

（1）盈亏平衡分析法。它既是一种决策方法，又是一种控制方法。它能用来控制在不同的生产和销售水平下将会实现的利润额，也可应用于测定各种产品的成本和产销量的关系，为控制各种产品的成本和盈利能力提供标准。

任何产品的成本都是由两部分组成的：一部分为固定成本；另一部分为变动成本。固定成本包括生产这种产品所需要的管理费用、工人基本工资、设备的折旧费用。这些费用基本上是不变的，不随着产量的变化而变化。变动成本包括原材料费用、能源费用等，这些费用随着产量变化而变化。而在完全竞争的市场上，产品的价格不能由一个企业自己控制，只能根据市场的价格来销售产品。由此就产生一个问题，即当产量很少时，该企业单个产品的成本就很高。这是因为固定成本不随产量变化，产量少，固定成本占总体成本的比重就大。这时的成本可能高于市场价格，企业发生亏损。只有当产量达到一定水平时，才能收支相抵，超过这个水平企业方可获利。总成本与总收入相等的点被称为盈亏平衡点，此时对应的产量被称为临界产量。

盈亏平衡分析在管理中有许多用途，比如：确定临界产量，以便管理者决策是发展还是收缩产品的生产；确定不同的产量水平时其盈亏情况如何；要达到何种产量和销售量才能达到预定的利润；帮助制定价格政策；帮助选择不同行动方案，如销售方法、开发新产品决策和设备更新等方案的选择。

（2）贴现收益分析法。贴现是企业向银行取得贷款的一种形式。企业或者个人为了早日取得现金，持未到期的票据向银行请求贴现，银行按市场利率扣除自贴现日起至票据到期日止的利息后，将现金付给请求贴现的企业或个人。具体贴现值计算如下：

$$贴现值=票据到期金额\div(1+利率)^{n}$$

其中：n——单位时间（一般以年为单位）。

按贴现计算收益率方法是把上式中的利率改成收益率，然后经过变换，使式子左边为收益率，即变成下式：

$$收益率=[(票据到期金额\div贴现值)\times100\%]^{1/n}-1$$

利用上式可以对投资进行控制。例如，目前有现金10万元，如果对某项目投资，预计一年后能收回20万元，利用上式计算出的收益率为100%。然后把这个收益率同正常情况下的收益率进行比较，如果这个收益率高于正常情况下投资的收益率，这项投资就是有利的，否则就不应该投资。这种控制投资的方法是比较科学的，它包含了资金使用的时间价值。

（3）财务报表分析法。财务报表是用于反映企业经营的期末财务状况和计划期内的经营成果的数字表。财务报表分析，又称经营分析，就是以财务报表为依据来判断企业经营的好坏，并分析企业经营的长处和短处。它主要包括三种分析：①利润率分析，指分析企业收益状况好坏；②流动性分析，指分析企业负债与支付能力是否相适应，资金的周转状况和收支状况是否良好等；③生产率分析，指分析企业在计划期间内生产出多少新的价值，又是如何进行分配将其变为人工成本、应付利息和净利润的。财务报表分析的控制方法主要有实际数字法和比率法两种，前者是用财务报表中的实际数字来分析，后者是求出实际数字的各种比率再进行分析。由于后者更加容易辨识，所以较常采用。

在比率法中，还可以分为构成比率法、趋势比率法以及相关比率法等，现分述如下：

第一，构成比率法。它的具体做法是，把经济项目中各个单项占总项目的比率求出来，然后进行分析。比如，资产负债率就是求出流动资产和固定资产占总资产的比率。

第二，趋势比率法。这种方法需要把某一年度作为基础期，并把该年度的各项目金额作为基数，根据这种标准求出以后年度各项目金额的百分比。这种方法可以从前后联系中分析企业的经营状况。

第三，相关比率法。这种方法是先从资产负债表或利润表中挑选出相关的特定项目，然后计算出相关比率进行分析。这是最常见的分析方法。比如，选出净利润和资金总额这两个相关项目，然后就可求出总资金利润率。

$$总资金利润率=净利润\div资金总额\times100\%$$

对于各种资本项目都可以按照此法计算出相关比率，比如在流动性分析中，可以计算流动资产对负债的比率，现金、应收款项及流动资金和流动负债的比率。此外，还可以把总资产、应收款项、库存资产、固定资产作为分母，求出这几种周转比率，以掌握资金活动状况。

（三）报告与视察

（1）报告。它是指管理者搜集阅读关于组织系统运行信息的各种分析报告，了解情况，以控制系统正常运行的一种控制手段，主要目的是提供一种必要的、可用于纠正措施依据的信息。实践中人们常采用专题报告来揭示非例行工作的情况。

完善的控制报告应体现有效控制的所有特性。这种报告应当是客观的、公正的、适时的、经济的，必须包括需要的资料，如实反映组织当前的情况和发展趋势，突出有重要价值的关键问题，遵循组织的宗旨、目标和方针，提出改善和纠正的措施。

（2）视察。它是管理者亲自到工作现场，对组织活动进行直接的巡视、查看，了解组织系统运行状况，衡量工作业绩，发现偏差，立即给予纠正。这种方法适用于从组织中一些关键领域获取控制信息，它是管理人员进行控制、判断和调整措施的一种手段。亲自视察作为获得信息的手段是耗费时间的，而且从个人接触中所获得的第一手信息的价值，还要受到观察者的感知技能和理解能力的限制。尽管如此，亲自视察有利于拉近管理者与被管理者之间的距离，仍然是证实从其他来源所获得的信息的唯一方法，因此，它是其他控制方法所不能替代的。

（四）审计法

审计是常用的一种控制方法，它包括财务审计与管理审计两大类。

（1）财务审计。它是以财务活动为中心内容，以检查并核实账目、凭证、财物、债务以及结算关系等客观事物为手段，以判断财务报表中所列出的综合的会计事项是否正确无误，报表本身是否可以信赖为目的的控制方法。通过这种审计还可以判明财务活动是否合法，即是否符合财经政策和法令。

财务审计的主要方法有：①监督性盘存。监督性盘存是指审计人员监督财产、物资和货币的实际盘点。在盘点过程中，审计人员还应该抽查某些事物的数量和质量。②抽样。在为数众多的审计对象中，抽选某些样本进行审核。③发函询证。向与被审计对象有往来的单位或个人发函询问，来核对应收、应付款项的余额。④反复对证。以原始凭证为依据，将其同有关实物、单位、个人和其他原始凭据相互对证，而有关的其他原始凭据、实物、单位和个人之间还可以相互对证。⑤凭证检查。凭证检查是指对会计凭证、账簿记录和会计报表的检查。

（2）管理审计。它是指检查一个单位或部门管理工作的好坏，评价人力、物力和财力的组织及利用的有效性。其目的在于通过改进管理工作来提高经济效益。

查明事实真相是管理审计工作中最基本的任务，它一般包括以下几个方面：①熟悉被查单位或部门的组织、人事、业务性质、管理制度、业务操作程序以及领导关系等。②确定需要取得的资料。③查明各种业务记录，如单据、合同、函电、账册、会议记录、总结报告等。④向各级管理人员和员工调查，完成书面记录。⑤核实所得材料并进行分析，形成清楚的调查记录。⑥考虑如何确定客观的评价标准。制定标准要符合审计对象的实际情况，不能太低，也不能太高，最好是处于中上水平，这样被审计对象才有提高管理水平的动力。在具体评价被查对象的管理水平时，可采用比较法，即以查明的实际情况和标准进行比较，利用评分方法表述评价结果。⑦综合评价结果提出审计结论。审计结论应在成本效益分析的基础上提出解决管理问题、提高管理水平的具体建议。

此外，审计还有外部审计和内部审计之分，外部审计是指由组织外部的人员对组织的活动进行审计，内部审计是组织自身专门设有审计部门，以便审计本组织的各项活动。

（五）网络分析技术

网络分析技术不仅是一种计划编制方法，而且可以作为一种控制方法有效地对项目所使用的人力、物力、财力资源进行平衡，能够控制项目的时间，能够在出现偏差时找出原因和关键因素，并能从总体上进行调整，以保证按质按量达成目标。

【案例赏析6-2】超越型母子公司管控：蒙牛对投资商和经销商的管理

蒙牛成立的时候只有东拼西凑的100万元资本金，这对有着宏大发展构想，而且事实上也在不停实现超常规发展的蒙牛而言，无疑是杯水车薪。蒙牛天生就有着“资本饥渴”，但哪里去找钱？银行似乎永远都是嫌贫爱富，只能扮演锦上添花的角色，股市显然对刚刚起步的蒙牛来说过于遥远，其他募集资金的办法似乎游走于各项制度和法律的边缘，风险很大。怎么办？

牛根生选了一条让所有人都大吃一惊的道路——与国际资本大鳄合作！摩根、英联和鼎辉3家国际机构分别于2002年10月和2003年10月两次向蒙牛注资。首轮增资，摩根、英联和鼎辉3家国际机构联手向蒙牛的境外母公司注入2 597万美元（折合人民币约2.1亿元），同时取得49%的股权；二次增资注入3 523万美元。

正所谓天下没有免费的午餐，对蒙牛而言，看上去并不是一笔划算的买卖。在二次私募投资中，3家投资机构用以公司发展速度为基础的股权对赌协议和发行可换股债券等措施锁定其投资成本，控制一旦蒙牛业绩出现下滑时的投资风险。后来蒙牛成功登陆香港股市，机构投资者获益颇丰，而以牛根生为首的公司管理层虽然赢得了对赌协议，但其账面收益要远远低于这些机构投资者。因此，不少人认为，蒙牛一味盲目取悦投资者的做法大有“为他人作嫁衣”之嫌。

但是，在当时的条件下，作为一个胸怀大志、以成就一番事业为主要信念的企业经营者，牛根生以他的胆识、以他基于共赢的整合各种有利资源的博大胸怀，解决了蒙牛发展过程中最紧迫的资金问题。也许，蒙牛融资的条件不是最好的，但放弃融资，企业可能会长期徘徊，难以发展。这样的例子还少吗？

蒙牛与国际资本大鳄的成功合作，本质上是蒙牛在自身实力不强的条件下，运用母子公司管控的理念和办法，把这种管控拓展到对社会资源的整合和利用上，形成了大公司、大产业链、大生态链，在和谐中谋求发展和成长。虽然这种利用的条件很苛刻，但是如果没有这种整合，就不可能有今天的蒙牛！

蒙牛成功的另一个秘诀是先建市场后建工厂，以最低的市场风险提高投资效率。蒙牛建市场有两大关键举措：完成战略性市场布局规划；充分利用各种市场资源，用市场手段在最低的投入下完成这些布局。

但当时蒙牛处于“三无”状态——无品牌、无规模化工厂、无渠道，要实现这个战略性市场构想谈何容易！市场环境对蒙牛而言非常恶劣：品牌基础差，消费者和合作伙伴都不了解蒙牛；费用高，各种市场费用相对于蒙牛的资金实力而言非常高；竞争激烈，国际、国内乳业巨头都把五大地区作为必争之地。

案例精析6-2

蒙牛做市场主要有两大亮点：其一，突破市场瓶颈，使用特别的市场开拓方法，如声势浩大的各大主要超市的免费品尝活动，以最快速度打响品牌知名度，提高认知度；其二，引起市场注意后，再按照市场惯例操作，与市场的利益相关主体如经销商、超市、促销人员等结成紧密的利益联盟。同时，充分考虑到各利益相关主体的利益，给予其广告等方面的补贴。

应该说，没有合作伙伴的支持和参与，蒙牛的战略性市场布局是不可能成功的。蒙牛用经过系统设计、有着强烈吸引力的方法和政策，吸引了一批合作伙伴支持蒙牛发展。在这个过程中，蒙牛与各方实现了共赢。

应知考核

随堂测6

一、单项选择题

1. 所有权和经营权相分离的股份公司，为强化对经营者行为的约束，往往设计有各种治理和制衡的手段，包括：①股东们要召开大会对董事和监事人选进行投票表决；②董事会要对经理人员的行为进行监督和控制；③监事会要对董事会和经理人员的经营行为进行检查监督；④要强化审计监督。这些措施（　　）。

A. 均为事前控制　　　　B. 均为事后控制

C. ①事前控制，②同步控制，③、④事后控制

D. ①、②事前控制，③、④事后控制

2. “亡羊补牢，犹未为晚”，可以理解成一种反馈控制行为。下面各种情况中，（　　）更为贴近这里表述的“羊”与“牢”的对应关系。

A. 企业规模与企业利润　　　　B. 产品合格率与质量保证体系

C. 降雨量与因洪水造成的损失　　　　D. 医疗保障与死亡率

3. 小张下岗后开了一间小型餐饮店。他知道，要取得经营成功，除了要有可口的饭菜外，周到的服务和与顾客的良好关系也是非常重要的。为此，他采取了如下控制措施：①在店内显眼的位置挂一本顾客意见簿，欢迎顾客提出意见和批评；②让领班严密地监视服务人员的行为，并对棘手问题的处理提供协助和建议；③在员工上岗之前进行工作技能和态度的培训；④明确规定半年后要对服务质量好的员工给予奖励。以下说法正确的是（　　）。

A. ④和①一样，都属于事后控制

B.①是事后控制，②是现场控制，③是事前控制

C.④属于激励措施，不属于控制措施

D.③属于激励措施，不属于控制措施

4.唐太宗即位之初，依据德才兼备和当时官员的职责制定了选拔和考核官员的严格标准，即“四善”“二十七最”“九等”，从控制的角度讲，这是（　　）。

A.事后控制　　B.过程控制　　C.事前控制　　D.综合控制

5.有人说，人的身体是“三分治七分养”，从管理学的角度，这句话说的是（　　）。

A.事后控制比事前控制更重要　　B.现场控制比事后控制更重要

C.反馈控制比事后控制更重要　　D.现场控制比事前控制更重要

6.某企业为强化重大决策贯彻落实工作的质量与效益，建立了一个旨在能全面、迅速、准确地反映各有关部门、个人工作进展情况的信息系统。但该系统投入使用一段时间后发现，必要的信息总是不能按时输入，当事人抱怨说，输入这些信息对他们来说很麻烦，没有时间输入。他们的工作开展情况表明（　　）。

A.为顺利开展管理控制工作，必须把管理信息系统的性能提高到一个起码的水平

B.为顺利开展管理控制工作，企业还必须进行必要的工作流程与规范的调整

C.为顺利开展管理控制工作，必须减少对信息系统的依赖

D.为顺利开展管理控制工作，企业必须经历一段混乱时期

7.小王是一家合资企业的总经理助理，为了提高企业的经济效益，总经理要求他研究提出一套加强企业的管理控制，建立企业有效管理控制系统的可行方案，总经理在提出工作要求时提醒他一定要做到“牵牛要牵牛鼻子”，小王分析了半天也不知道应该如何去牵“牛鼻子”和什么是“牛鼻子”。你认为（　　）是总经理说的“牛鼻子”。

A.确定控制对象　　B.选择关键控制点　　C.制定标准　　D.采取纠偏措施

8.某管理学教授在介绍管理控制职能时，列举出以下的工作内容：①《中华工商时报》聘请读者开展每月一次的评报活动；②燕园学校制定一系列严格的规章制度要求教工遵守；③质检人员在仓库内检查产品质量；④某厂为了生产出高质量的产品而对原材料进行检验；⑤三威洗衣粉厂厂长发现产品销路不畅，做出加强促销的决定；⑥某大学监考老师在考场内巡视；⑦某餐厅老板每周查看顾客意见本；⑧干旱地区的农民在春天播种耐旱作物的种子。以上不属于反馈控制的是（　　）。

A.①③⑤⑦　　B.②④⑥⑧　　C.②④⑥⑦⑧　　D.①②③⑤

9.有学者对卫生系统、高技术企业、轻重工业制造业、商业及服务部门等许多组织一线的管理者进行了实地调查，经过归纳分析后发现这些一线管理者所看重的10项重要职责按重要性排序如下：①工作安排和日常的工作计划；②安排和分配工作；③控制质量和成本；④沟通政策与程序；⑤激励和指挥员工；⑥纪律约束；⑦训练员工；⑧评价员工的工作成果；⑨维护设备，保证各项补给品的供应；⑩保证安全。上述各项中属于管理者控制职能的工作的是（　　）。

A.③　　B.②③⑨　　C.③⑥⑧　　D.③⑥

10.某销售部的推销员张某，在2013年上半年一人实现了80万元的销售业绩，在同行业的推销人员看来这已经大大超额完成了工作任务，于是张某明确地向销售部经理提出额外发放奖金的要求，但并未得到销售部经理的同意。假设这位销售部经理是一位称职的管

理者，你认为他不给推销员发额外奖金的最大可能是（　　）。

A.他担心每个推销员过分追求销售量，从而忽视服务质量

B.业务正处在扩张阶段，诸多方面需要资金，不能发额外的奖金

C.公司其他推销员也同样超额完成了销售任务

D.公司没有预先制定计划标准，缺少控制和考核的依据

二、多项选择题

1.按控制点的位置不同，控制可分为（　　）。

A.前馈控制　　B.同期控制　　C.条件控制　　D.反馈控制

2.有效控制的特征包括（　　）。

A.适时控制　　B.适度控制　　C.客观控制　　D.弹性控制

3.控制的方法包括（　　）。

A.监督或分析下属依循组织线路传递工作报告

B.预算控制和比率分析

C.盈亏控制及审计控制

D.现场巡视和网络控制

4.根据审查主体和内容的不同，可将审计分为（　　）。

A.财务审计　　B.全面审计　　C.内部审计　　D.管理审计

5.常用的经济分析方法包括（　　）。

A.盈亏平衡分析法　　B.贴现收益分析法

C.财务报表分析法　　D.偶然事件评价法

三、判断题

1.企业集权程度越高，控制就越有必要。（　　）

2.一般来说，科研机构的控制程度应大于生产机构。（　　）

3.前馈控制可以针对人力资源、原材料、资金等的控制。（　　）

4.企业资产的流动性越大，偿债能力就越弱。（　　）

5.事实上，最简单也最有效的控制方法是亲自观察。（　　）

四、简答题

1.简述控制的概念、特征。

2.简述有效控制的原则、内容及重要性。

3.简述控制管理系统的组成、控制的类型。

4.简述进行控制的前提条件。

5.简述控制的步骤、方法。

应会考核

案例分析

【背景资料】

客户服务质量控制

美国某信用卡公司的卡片分部认识到高质量客户服务是多么重要。客户服务不仅影响公司信誉，也和公司利润息息相关。比如，一张信用卡每早到客户手中一天，公司可获得33美分的额外销售收入，这样一年下来，公司将有140万美元的净利润，及时地将新办理的和更换的信用卡送到客户手中是客户服务质量的一个重要方面，但这远远不够。

决定对客户服务质量进行控制来反映其重要性的想法，最初是由卡片分部的一个地区副总裁凯西·帕克提出来的。她说："一段时间以来，我们对传统的评价客户服务的方法不大满意。向管理部门提交的报告有偏差，因为它们很少包括有问题但没有抱怨的客户，或那些只是勉强满意公司服务的客户。"她相信，真正衡量客户服务的标准必须基于和反映持卡人的见解。这就意味着要对公司控制程序进行彻底检查。第一项工作就是确定用户对公司的期望。对抱怨信件的分析指出了客户服务的三个重要特点：及时性、准确性和反应灵敏性。持卡者希望准时收到账单、快速处理地址变动、采取行动解决抱怨。

了解了客户期望，公司质量保证人员开始建立控制客户服务质量的标准。所建立的180多个标准反映了诸如申请处理、信用卡发行、账单查询反应及账户服务费代理等服务项目的可接受的服务质量。这些标准都基于用户所期望的服务的及时性、准确性和反应灵敏性，同时也考虑了其他一些因素。

除了客户期望，服务质量标准还反映了公司竞争性、能力和一些经济因素。比如，一些标准因竞争引入，一些标准受组织现行处理能力影响，另一些标准反映了经济上的能力。考虑了每一个因素后，适当的标准就成型了，所以开始实施控制服务质量的计划。

计划实施后效果很好，比如处理信用卡申请的时间由35天降到15天，更换信用卡从15天降到2天，回答用户查询时间从16天降到10天。这些改进措施给公司带来的潜在利润是巨大的。例如，办理新卡和更换旧卡节省的时间会给公司带来1 750万美元的额外收入。另外，如果用户能及时收到信用卡，他们就不会使用竞争者的卡片了。

该质量控制计划潜在的收入和利润对公司还有其他的益处，该计划使整个公司都注重客户期望。各部门都以自己的客户服务记录为骄傲。而且每个雇员都对改进客户服务做出了贡献，使员工士气大增。每个雇员在为客户服务时，都认为自己是公司的一部分，是公司的代表。信用卡部客户服务质量控制计划的成功，使公司其他部门纷纷效仿。无疑，它对该公司的贡献将是非常巨大的。

【考核要求】

请根据背景资料回答下列问题：

（1）该公司控制客户服务质量的计划是前馈控制、反馈控制还是同步控制？

（2）找出该公司对计划进行有效控制的三个因素。

（3）为什么该公司将标准设立在经济可行的水平上而不是最高可能的水平上？

项目实训

【实训项目】

会议控制。

【实训目标】

培养学生管理控制能力。

【实训内容】

周五下午是某研究所例行办公会议时间。每次会议从下午2点开始，讨论和处理近期需要做的工作，对一些需要做出决策的问题形成决议。每次会议的议题数量平均在5~7个。刚开始，会议要开到很晚，到下午7点多钟才会结束。后来，所长要求会议秘书会前向每一位与会人员征集会议议题，由所长确定议题数量并排序，结果会议还是开到很晚。再后来，所长规定例会必须在6点前结束，结果排在前面的议题讨论占用了很多时间，后面的议题没有时间处理，赶上议题紧迫，便无奈又得延长时间。再后来，一些与会者故意把给研究生上的课程挪到周五晚上，到点回家吃饭，晚上上课，会议可以按时结束了，但许多事情被迫推迟到下周或增加会议次数。

针对上述案例，教师在课内组织学生讨论后提出有效的控制措施。学生要写出案例分析报告并上交。

【实训要求】

教师根据学生上交的案例分析报告给予评价。

模块三

管理创新篇

项目七 决 策

知识目标

理解决策的概念和特征、类型；熟知决策的程序、原则以及影响决策的因素；掌握管理决策的定性决策方法和定量决策方法。

技能目标

学生能够熟练掌握各种决策的方法，具有运用某一具体的决策方法选择可行方案的技能。

素质目标

通过本项目的学习，能够培养学生根据不同任务的性质选择不同的决策类型的能力；能够运用所学的相关知识，按照决策的一般程序进行决策的能力。

知识精讲

任务一 决策概述

一、决策的概念

目前，理论界对决策的概念概括起来有两种说法：一种认为，决策是指为了实现某种目标而制订的某种行动方案；另一种则认为，决策是指为实现某种目标而拟订、选择满意行动方案的过程。我们认为，决策是指在一定的环境下，组织或个人为了实现某种目标而对未来一定时期内有关活动的方向、内容及方式的选择或调整过程。

决策的主体既可以是组织，也可以是组织中的个人；决策要解决的问题，既可以是组织或个人活动的选择，也可以是对这种活动的调整；决策选择或调整的对象，既可以是活动的方向和内容，也可以是在特定方向下从事某种活动的方式；决策涉及的时限，既可以是未来较长的时期，也可仅仅是某个较短的时段。

决策是管理的基础和核心。可以说，整个管理过程都是围绕着决策的制定和组织实施而展开的。诺贝尔经济学奖得主西蒙甚至强调管理就是决策，决策贯穿于整个管理过程。可见，决策在管理中处于十分重要的地位。

二、决策的特征

决策的类型很多且各有特点，但同时也有共同的特征，可以概括为以下几点：

（1）超前性。任何决策都是针对未来行动的，要求决策者具有超前意识，思想敏锐，能够预见事物的发展变化，适时地做出正确的决策。

（2）目标性。决策目标就是决策所要解决的问题，无目标的决策或目标性不明确的决策，往往会导致决策无效甚至失误。

（3）选择性。决策必须具有两个以上的备选方案，通过比较评定来进行选择。

（4）可行性。决策的若干个备选方案应是可行的，这样才能保证决策方案切实可行。所谓可行，一是指能解决预定问题，实现预定目标；二是方案本身具有实行的条件，如技术上、经济上都是可行的；三是方案的影响因素及效果可进行定性和定量的分析。

（5）过程性。决策既非单纯的“出谋划策”，也非简单的“拍板定案”，而是一个多阶段、多步骤的分析判断过程。决策的重要程度、过程的繁简及所费时间的长短固然有别，但都必然具有过程性。

（6）科学性。决策者要能够透过现象看到事物的本质，认识事物发展变化的规律，做出符合事物发展规律的决策。

（7）风险性。决策环境往往是不确定的、复杂的，目标也不是很明确。人们不可能做到对未来有完全充分的了解，有时会出现误差。根据直觉、经验做决策则更是如此。

三、决策的类型

（一）按决策的范围分类，可分为战略决策和战术决策

战略决策是指与组织发展方向有关的重大问题的决策，如企业经营目标的确定与改变、技术革新与技术改造、新产品开发计划、多元化经营的发展计划、企业联合或联营的决定等等。

战术决策又称管理决策，是为实现战略目标所采取的决策。例如：企业组织机构的设计与变更；各种规章制度的建立和改革；企业内部人力、物力、财力的协调与控制等等。

在管理学的研究中，战略决策与战术决策的区别主要表现在以下三个方面：

（1）从调整对象上看，战略决策调整组织的活动方向和内容，战术决策调整在既定方向和内容下的活动方式。战略决策解决的是“干什么”的问题，战术决策解决的是“如何干”的问题；前者是根本性决策，后者是执行性决策。

（2）从涉及的时空范围来看，战略决策需要面对的是组织整体在未来较长一段时期内的活动，战术决策需要面对的是组织的某个或某些具体部门在未来各个较短时期内的行动方案。战略决策是战术决策的依据，战术决策是战略决策的落实，是在战略决策的指导下制定的。

（3）从作用和影响上来看，战略决策的实施是组织活动能力的形成与创造过程，战术决策的实施则是对已经形成的能力的应用，因此，战略决策的实施效果影响组织的效益与发展，战术决策的实施效果则主要影响组织的效率与生存。

（二）按决策层次分类，可分为高层决策、中层决策和基层决策

高层决策是指组织最高领导层所做的决策。这类决策大多是有关组织全局以及与外界有密切联系的重大问题，如组织的经营方针、市场开拓等。中层决策是指组织中层管理人员所做出的决策。基层决策是指组织中基层管理人员所做的决策，这类决策一般解决日常工作中的问题。

一般来说，越往高层的决策，越具有战略性、非常规性、非确定性的特点；而越往低

层的决策，就越具有战术性、常规性、确定性、技术性的特点。

（三）按决策依据分类，可分为经验决策和科学决策

经验决策是依据过去出现的事会重复出现，凭以往的这种经验判断所做出的决策，这类决策只适用于日常的一些事件。

科学决策则是运用运筹学、计算机技术、管理信息系统等现代决策技术而进行的决策。

（四）按决策的重复程度分类，可分为程序化决策和非程序化决策

程序化决策是指决策是常规的、重复的，当某一问题发生时，不必重新做出新的决策，可以按照原有设立的一定方式进行工作。这种决策属于定型化、程序化或定规化的决策，如订货、材料与工具出入库、工资发放等。由于这些活动经常地、重复地进行，企业积累了一套经验，把不断重复的工作方法和顺序编成固定的工作规则和程序，使这类工作有章可循。对这种经常性的业务工作和管理所做的决策称为程序化决策。这种决策工作主要由企业中、下层管理人员来承担。

非程序化决策又称一次性决策，是非常规的、非定型化的、非例行的决策。这类决策活动不是经常重复出现的，它用来解决没有以往经验可资依据的新问题。

但是，程序化决策与非程序化决策两者并不是截然不同的，程序化决策也有重复次数多少的不同，非程序化决策也可能包括某些部分曾是过去处理的，也就是说，程序化或重复性是从高到低的一个连续系列。

（五）按决策主体的多少分类，可分为集体决策和个人决策

集体决策是指多个人一起做出的决策，个人决策则是指单个人做出的决策。相对于个人决策，集体决策有以下优点：能更大范围地汇总信息；能拟订更多的备选方案；能得到更多的认同；能更好地沟通以及能做出更好的决策等。但集体决策也有一些缺点，如花费较多时间、出现责任不明的情况以及“从众现象”等。

（六）按决策的可靠程度分类，可分为确定型决策、风险型决策和不确定型决策

确定型决策是指一个方案只有一种确定的结果。这种决策问题的各种未来的自然状态非常明确，只要对各个方案的结果进行比较，谁好谁坏，确定选择一个最好的方案，即可做出决策。

风险型决策和不确定型决策都是指由于存在不可控制的因素，一个方案有可能出现几种不同的结果。例如，某一企业要生产一定数量的某种产品，由于无法控制市场变化情况，销售难以预测，因此，盈利和亏本这两种可能性都存在。到底生产还是不生产，很难做出决策，需要冒点风险。一般认为，风险型决策和不确定型决策的区别在于，前者对各种可能结果，有个客观的概率可以作为依据；而后者只能靠决策者的经验和心理因素来做出。

（七）按决策目标与使用方法分类，可分为定量决策和定性决策

定量决策又称计量决策，是应用数学方法和数学模型，借助电子计算机进行决策的一种方法。定性决策又称非计量决策，是在决策的过程中，充分发挥专家集体的聪明才智，在系统调查研究分析的基础上，根据掌握的具体情况与资料进行决策的方法。

（八）按决策的时态分类，可分为静态决策和动态决策

静态决策又称单项决策或一级决策，是指对所处理的问题只做出一个决策，不再随事物发展进程和可能发生的变化而进一步采取对策。例如，对于新工艺，只做出是否采用的

决策。

动态决策又称序贯决策或多级决策，是指对所处理的问题，不是做出一个也不是只做一次决策，而是随着事物的发展进程，针对可能出现的情况再做出一系列对应的决策。例如，采用新工艺如果不成功怎么办？假如不成功，就仍采用旧工艺，或者转向外购零件进行补救等。

（九）按决策目标的数量分类，可分为单目标决策和多目标决策

单目标决策是指判断方案的优劣，只需考察其中一项重要指标即可得出结论的决策。多目标决策是指可行方案的选择，需要考察多个目标才能做出结论的决策。

（十）按决策需解决的问题分类，可分为初始决策与追踪决策

初始决策是指组织对从事某种活动或从事该种活动的方案所进行的初次选择。追踪决策是在初始决策的基础上对组织活动方向、内容或方式的重新调整。组织中的大部分决策当属追踪决策。

四、决策的程序

决策是一个过程，为了对决策过程有一个更为详细的了解，我们详细考察以下决策过程的每一个步骤和程序：

（一）界定问题

问题是决策的始点，决策始于对问题的识别，即发现问题，问题就是现实和理想之间的差异。识别和发现问题在决策过程中是比较难的，必须不断地对组织与环境状况进行深入的调查研究和创造性的思考才能做到。发现问题后还必须对问题进行分析，包括要弄清问题的性质、范围、程度、影响、后果、起因等各个方面，为决策的下一步做准备。

（二）确定决策目标

目标体现的是组织要达到的目的。目标是决策活动的开始，而实现目标，即取得预期的管理效果是决策的终点。确定目标时，要注意以下几点：

（1）目标应明确具体。决策目标的确定是为了实现它，因而要求决策目标定得要准确，首先要求概念必须明确清晰，即对决策目标的理解应当只有一种，能够使执行者明确地领悟含义。如果一个目标的含义怎样理解都可以，那么就无法做出有效的决策，也无法有效地执行。

（2）目标要分清主次。在决策过程中，目标往往不止一个，多个目标之间既有协调一致的时候，也有发生矛盾的时候。例如，要求商品物美价廉就有矛盾，物美往往要增加成本；价廉就得降低成本，有时还会影响质量。在诸多目标中，有的目标是必须达成的，有的目标是希望达成的，这样就可以使实现目标的严肃性和灵活性更好地结合起来。

（3）要规定目标的约束条件。决策目标可以分为有条件目标和无条件目标两种，凡给目标附加一定条件者称为有条件目标，而所附加条件称为约束条件；不附加任何条件的决策目标称为无条件目标。约束条件一般分为两类：一类是客观存在的限制条件，如一定的人力、物力、财力条件；另一类是目标附加一定的主观要求，如目标的期望值，以及不能违反国家的政策、法规等。凡是有条件目标，只有在满足其约束条件的情况下达到目标时，才算真正实现了决策目标。

（4）决策目标数量化。它就是要给决策目标规定出明确的数量界线。有些目标本身就

是数量指标，如产值、产量、销售量、利润等。在制定决策目标时要明确规定增加多少，而不要用“大幅度”和“比较显著”之类的词。有些属于组织问题、社会问题、质量问题等方面的决策，目标本身不是数量指标，可以用间接测定方法。例如，产品质量可以用合格率、废品率等说明。

（5）决策目标要有时间要求。决策目标中必须包括实现目标的期限。即使将来在执行过程中有可能会因情况变化而对实现期限做一定的修改，但确定决策目标时也必须把预定完成期限规定出来。

（三）拟订备选方案

决策目标确定以后，就应拟订实现目标的各种备选方案。拟订备选方案时要注意：

首先，要分析和研究目标实现的外部因素和内部条件、积极因素和消极因素，以及决策事物未来的变化趋势和发展状况。

其次，将外部环境各不利因素和有利因素、内部业务活动的有利条件和不利条件等同决策事物未来趋势和发展状况的各种估计进行排列组合，拟订出实现目标的方案。

最后，将这些方案同目标要求进行粗略的分析对比，权衡利弊，从中选择出若干个利多弊少的可行方案，供进一步评估和抉择。

拟订可行方案的过程是一个发现、探索的过程，也是淘汰、补充、修订、选取的过程，应当有大胆设想、勇于创新的精神，又要细致冷静、反复计算、精心设计。对于复杂的问题，可邀请有关专家共同商定。在拟订方案时，可运用“头脑风暴法”“对演法”等智囊技术。“对演法”就是让相互对立的小组制订不同的方案，然后双方展开辩论，互攻其短，以求充分暴露矛盾，使方案越来越完善。

（四）评估决策方案

备选方案一经确定，决策者必须对每一备选方案进行评估。在评估过程中，要使用预定的决策标准以及评估每种备选方案的预期成本、收益、不确定性和风险。为了解决决策的困难，通常的方法是根据目标的权重排出先后次序，然后通过加权求和的方式将其综合为一个目标；或者将一些次要目标看做决策的限制条件，通过使某个主要目标达到最大（或最小）化来选择方案。

（五）选择最佳方案

从已列出的并且评估过的备选方案中选择最佳方案这一步骤是决策的关键阶段。通过可行性分析和评估，确定每个方案的经济效益和社会效益，以及可能带来的潜在问题，按照一定的标准比较各个方案的优劣，从中选择出最佳方案。方案选择的具体方法有两种：一种是定性方法，即决策者根据以往的经验和掌握的材料，经过权衡利弊，做出决断；另一种是定量方法，即借助于数学和计算机技术进行决策的方法。

（六）方案的实施与反馈

实施决策是指将决策传递给有关人员并得到他们行动的承诺。只有通过付诸实施，才能最终检验决策是否合理有效，才能发现偏差并做必要的调整。

一个决策方案的实施需要较长时间，在这段时间内，由于组织内部条件和外部环境的不断变化，原来的决策方案可能已经不符合实际情况。因此，管理者要对决策效果进行评价，及时获得决策方案执行情况的反馈信息，对没有达到预期效果的项目要找出原因，与既定目标发生偏离的，要对原定方案进行修订；当客观情况发生重大变化，原定目标无法实现时，则要重新寻找问题或机会，重新审定目标，按照决策程序直到选出新的最优化方案为止。

【案例赏析7-1】格里亨德运输公司

人人都认为格里亨德运输公司遇到了麻烦。这家公司的利润少得可怜，需求却非常旺盛，但公司却没有钱安排空车或买新车雇用司机满足这些需求。为了削减经营成本、提高顾客服务质量，公司的高层领导制订了一个重组计划。根据该项计划，要大幅度减员，减少服务线路和服务内容，而且从顾客订票到车次安排全都实行计算机管理。

但是，中层管理人员反对这项计划。很多中层经理认为，大幅度减员将使本来很差的顾客服务变得更加糟糕。负责计算机项目的经理敦促引进新的计算机系统，以解决高度复杂的软件中所存在的一些小问题。人力资源部门指出总站员工的受教育程度太低，连高中毕业的都为数不多。因此，为使他们能够有效地使用这个系统，必须对他们进行大规模的培训。格里亨德运输公司的乘客中许多是低收入者，他们没有信用卡或者电话，这样他们就无法接受公司计算机订票系统的服务。

面对这些分歧，公司高层还是运用了新的系统，他们强调说，研究得到的数据表明，新系统将改善顾客服务质量，使顾客买票更加方便，而且顾客还可以为将来的特殊旅行预订位置。

灾难降临了，订票的电话剧增，但由于新的接线系统存在机械问题，很多电话根本打不进来。许多顾客还像往常一样，到总站直接买票上车，计算机仿佛陷入了泥潭，击一下键需要45秒，打印一张车票需要5分钟。这个系统经常瘫痪，售票员不得不经常用手写票。顾客排着长队等候买票。人员减少，使得售票人员不得不穷于应付他们并不熟悉的计算机系统，对顾客不礼貌的事情时有发生。乘坐公司车辆的顾客也急剧减少，竞争对手更是趁机抢夺那些对格里亨德公司不满意的顾客。

请分析格里亨德公司管理者面临的是程序化决策还是非程序化决策。根据管理决策制定过程的步骤分析格里亨德公司案例。作为该公司的管理者应该怎么做？

案例精析7-1

任务二　决策原则

一、决策应遵循的原则

领导者要想做出准确的决策分析，就必须遵从科学的决策原则和程序，只有这样，才能做出最适合企业发展的决策。决策是一门科学，如何做好准确的决策分析至关重要。从实践来看，领导者要想做出准确的决策，应遵循以下几条基本原则：

（1）选准目标原则。决策目标是指要达到的目的，决策目的明确与否，直接关系到决策效果的好坏。决策目标明确了，选择就会有依据，行动就会有针对性；决策目标不明确，选择就会发生偏移，甚至还会造成南辕北辙的惨痛后果。在进行决策前，领导者要善于发现问题、分析问题，找出问题的症结所在，做出准确的决策。

（2）信息准确原则。现代决策涉及各方面因素，领导者需要取得比较广泛的准确信息。如果信息是“一鳞半爪”或“道听途说”，决策的依据就不可靠。领导者必须深入调查，获取全面的、准确的信息，才能做出符合客观规律的决策。

（3）可行性原则。决策方案必须切实可行，否则即使是完美的方案，也只是纸上谈兵。要判断决策方案是否可行，就要对其有利因素和不利因素、主观条件和客观条件做出周密而细致的分析。对已形成的多种方案的利弊得失，必须认真地做定量和定性的分析比较，做出评估。只有经过审定、评价、可行性分析后的决策，才能有较大的把握和可实现性。

（4）系统的原则。这是决策的灵魂。任何决策都应从整体出发，以整体利益为重。一切局部的、暂时的利益都要服从全局的、长远的利益。然而，全局利益又寓于局部利益之中。这个全局和局部的辩证关系，是系统原则的精髓。只有坚持这个原则，才能使决策促进全局和局部的协调发展。

（5）集体决策的原则。企业在起步阶段，主要靠个人的经验决策。决策的正确与否，主要取决于决策者的个人学识、经验和胆略等。但在企业的壮大阶段，决策的内容是很复杂的，个人的经验决策已行不通了，要吸收多方面的意见。特别要听取专家的意见，进行充分的分析，然后集中正确合理的内容，这样才能做出科学的决策。

（6）分层次多系统决策的原则。它就是根据总的决策目标，由各个层次、各个系统进行具体目标的决策，也就是把总的目标变成各个层次、各个系统的具体责任。这样，才能最终实现决策目标。一般情况下，上级领导不应过多地干涉下级决策，更不能代替下级决策，而应让他们根据实际情况自主决策，这样可以增强各级组织的责任，调动他们的积极性，从而实现总目标。

二、决策的影响因素

（一）环境因素

（1）环境的稳定性。在环境比较稳定的情况下，组织过去针对同类问题所做的决策具有较高的参考价值，因为过去决策时所面临的环境与现时差不多。这种情况下的决策一般由组织的中低层管理者做出。

（2）市场结构。如果组织面对的是垄断程度较高的市场，决策重点通常在于如何密切关注竞争对手的动向，而在竞争性领域，激烈的竞争容易使组织形成以市场为导向的经营思想。

（3）买卖双方在市场中的地位。在卖方市场条件下，组织所做的各种决策的出发点都是组织自身的生产条件与生产能力；在买方市场条件下，组织所做的各种决策的出发点都是市场的需求情况，市场或用户需要什么就生产什么。

（二）组织自身的因素

（1）组织文化。在保守型组织文化中，决策者会在决策之前预见到带来变化的行动方案将遇到很大阻力，很可能招致失败，而他们又不会轻易容忍失败。因此，旨在维持现状的行动方案被最终选出并付诸实施。这就进一步强化了文化的保守性。在进取型组织文化中，决策者选定的是给组织带来变革的行动方案。

（2）组织的信息化程度。它对决策的影响主要体现在对决策效率的影响上。在信息化程度较高的组织中，决策者通常掌握着较先进的决策手段。

（3）组织对环境的应变模式。对一个组织而言，对环境的应变是有规律可循的。随着时间的推移，组织对环境的应变方式趋于稳定，形成组织对环境特有的应变模式。

（三）决策问题的性质

（1）问题的紧迫性。如果决策涉及的问题对组织来说非常紧迫，急需处理，则这样的决策被称为时间敏感型决策。其对决策速度的要求高于对决策质量的要求。如果决策涉及的问题对组织来说不紧迫，组织有足够的时间从容应对，则这样的决策被称为知识敏感型决策，因为在时间宽裕的情况下对决策质量的要求必然提高。

（2）问题的重要性。重要的问题会引起高层领导的重视，决策可得到更多力量的支持。

（四）决策主体的因素

（1）个人对待风险的态度。人们对待风险的态度有三种类型：风险厌恶型、风险中立型和风险爱好型。决策者对待风险的不同态度会影响行动方案的选择。

（2）个人能力。决策者个人能力对决策的影响主要体现在决策者对问题的认识能力、获取信息的能力、沟通能力、组织能力上。

（3）个人价值观。组织中的任何决策都既有事实成分，也有价值成分。个人价值观通过影响决策中的价值成分来影响决策。

（4）决策群体的关系融洽程度。决策是由群体做出的，群体特征也会对决策产生影响。在关系融洽的情况下，较好的方案容易获得通过。

任务三　决策方法

一、定性决策方法

定性决策方法又称为“软方法”，也叫主观决策法，是指决策者根据个人或专家的知识、经验和判断能力，充分发挥出专家的集体智慧，进行决策的方法，所以也叫主观决策法。定性决策方法的优点是灵活简便，通用性大，一般管理者易于采用，有利于调动专家的积极性，激发人的创造力，更适用于非常规型决策。但定性决策方法多建立在专家个人主观意见的基础上，未经严格论证，主观性大。定性决策方法主要有以下几种：

（1）协力创新法。它可通过会议的形式进行。参加会议的人大多是经过适当训练、能够运用想象力和创造性思维的人；他们事先必须弄清楚需要讨论的问题的性质和真相；会议主持人可以从决策问题中选出一个关键问题作为讨论的中心，启发大家出主意、想办法。任何人提出一个主意后，别人随即可以加以评论和发表不同的意见，展开讨论，从而把创造性设想形成方案并接受实践检验。

（2）德尔菲法。它又称专家意见法，就是发函给某些专家就指定问题征询其意见，收到专家意见后，经汇总归纳、整理后再次发函给上述专家进一步征求其意见，如此反复多次，逐步收敛，直到意见较为集中，便于决策。

（3）头脑风暴法。它又称畅谈会法，是指召集5～10位专家，针对一定范围的问题敞开思想，畅所欲言，思路越广、越新、越奇越好，提出的意见、方案、设想越多越好；鼓励发表不同的相互矛盾的意见；尽量不对别人的意见进行批评和反驳，也不急于给出结论；可以在别人的意见或方案的基础上进行补充、改进或联合。会议的主持人不作任何启发，只是集思广益。

（4）反头脑风暴法。它也称缺点列举法，也是组织专家讨论，但与头脑风暴法相反，对大家一致同意的部分一概不提，专门全面地、系统地挑剔和列举方案的毛病，引起争论，以便完善方案和对其进行取舍。

（5）哥顿法。它又称提喻法、类比法，是一种对问题进行迂回探索的特殊的创新会议方法。这种方法是指会议召集人不公开会议的具体目的，只是用类比的方法，把问题提出来，或只是提出决策问题的某一局部或某一侧面，并不讨论决策问题本身，而让参加会议的专家提出设想、方案，展开讨论，使专家不就事论事，而是广开思路、言路，待新见解能打开会议主持人的思路之后，召集人或指明问题，或还不指明问题，只是由决策者参加讨论，考虑如何进行决策。一些事实证明，不就事论事而是就事物的本质进行讨论，只要把事物的本质和症结抓住，具体问题的解决方法也就显而易见了。

（6）对演法。它是通过设立不同的小组，分别提出对同一问题的不同方案，有意引入竞争，展开辩论，互攻其短，以求充分暴露矛盾，或预先设计某一方案，让与会者作为对立面故意对这一方案挑刺，通过尽量考虑可能发生的问题，使决策趋于完善。

二、定量决策方法

定量决策方法又称“硬方法”，是建立在数学、统计学等基础上的决策方法。它的核心就是把决策变量、变量与目标之间的关系用数学式表示出来，建立数学模型。然后根据决策条件，通过计算（复杂问题要用计算机）求得答案。这种方法既适用于决策过程中的任何一步，也特别适用于方案的比较和评价。定量决策方法主要有盈亏平衡分析法、决策树法、线性规划法、边际分析法、等概率法、小中取大决策法、大中取大决策法、期望值决策法、博弈论等。这里主要介绍盈亏平衡分析法和决策树法。具体应用时，因决策对象所含变量多少的不同、环境确定性程度等因素的不同，所采取的数学方法也就不同。

（一）确定型决策

常用的确定型决策方法有盈亏平衡分析法和线性规划法。

（1）盈亏平衡分析法。它又称量本利分析法，是最常见的确定型决策方法，是通过产量（销售量）、成本和利润的关系来分析企业的盈亏情况，并进行方案择优的一种方法。盈亏平衡点就是总费用和销售收入相等的点，盈亏平衡法就是确定盈亏平衡点所对应的产量或销售量。

我们知道这么一个常识：利润=收益-成本（$\pi=Y-C$）。所谓盈亏平衡，就是成本=收益，这个时候利润$\pi=0$。我们再增加一个变量：产量（Q），因为利润、收益、成本都与产量有关，它们之间存在着函数关系。比如：

收益=价格×产量

$Y=P\times Q$

总成本=固定成本+可变成本=固定成本+单位可变成本×产量

C=F+V×Q

它们的关系如图7-1所示。我们可以看到，总收益曲线Y与总成本曲线C的交点π对应的产量Q^*就是盈亏平衡时的产量（总收益Y与总成本C相交即相等），π点就是盈亏平衡点。产量低于这一点会亏损（左边），高于这一点则盈利（右边）。盈亏平衡点存在以下关系式：总收益=总成本，即Y=C，盈亏平衡点产量Q^*=F÷（P−V），如果存在盈利π，则π=Y−C，即π=（P×Q）−（F+V×Q），则利润π对应的产量Q=（F+π）÷（P−V）。

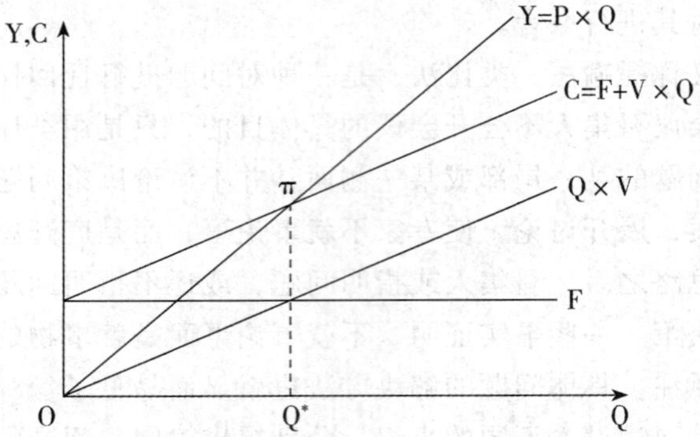

图7-1 盈亏平衡分析图

做中学7-1

某化妆品厂生产一种化妆品需投入固定成本30万元，单位产品可变成本为80元，产品销售价格为100元/件。

（1）试用盈亏平衡分析法确定盈亏平衡点产量；

（2）如果企业的利润目标是15万元，企业至少应维持多大的生产规模？

解：（1）盈亏平衡点产量

Q*=F÷（P−V）=300 000÷（100−80）=15 000（件）

（2）盈利15万元的产量

Q=（F+π）÷（P−V）=（300 000+150 000）÷（100−80）=22 500（件）

即盈亏平衡点产量为15 000件，利润目标是15万元，产量为22 500件。

（2）线性规划法。它是一种在满足一定约束条件下，通过合理利用、配置资源，使预定的目标达到最优的一种应用数学方法。解线性规划问题的方法很多，常见的有图解法、单纯形表法等。

（二）风险型决策

风险型决策的方法一般有决策树法、决策表法和敏感性分析。

（1）决策树法。它是用树形图把影响各方案的自然状态、概率、损益值等因素表示出来，并按一定的程序计算各方案的期望值，经比较进行选优的一种决策方法。

决策树的构成要素有五个：①决策节点。它用“□”表示，用来表示决策的结果。②方案节点。它用“○”表示，用来表示各种行动方案，上面的数字表示该方案的效益期望值，某方案的期望值等于方案中多种随机状态可能出现的概率与其对应的损益值的乘积之和。③方案枝。由决策节点引出的若干枝条，每一枝条代表一个方案。④状态枝。它又称概率枝，是由方案节点引出的若干枝条，每一枝条代表一种自然状态。⑤状态枝末端用△表示，用来表示不同状态下的期望值（效益值或亏损值）。决策树的一般模型如图 7-2 所示。

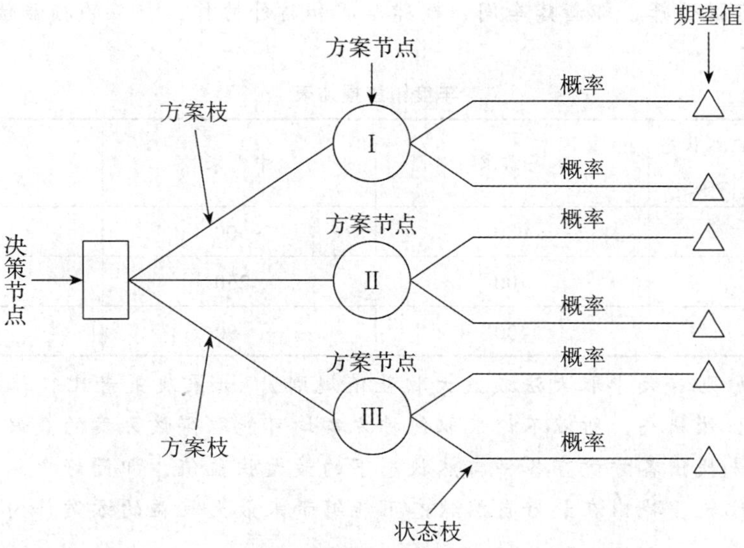

图 7-2 决策树的一般模型

决策树法的步骤是：

第一步，是从左向右的建树过程，首先从左端方框根部出发，按行动方案引出几条方案枝，每条方案枝上注明方案的内容，如大、中、小批量生产等；然后每条方案枝到达一个方案节点，每个方案节点圆圈中标明一个数字，如Ⅰ、Ⅱ、Ⅲ等；再由各方案节点按可能出现的自然状态的数目，引出各个状态枝，并在每个状态枝上标明状态的内容及其概率；最后引出状态末端，并在末端上注明不同状态下的期望值。

第二步，是从右向左进行。先计算各方案的期望值，把计算结果注明在各个方案节点上，然后在各方案之间比较其期望值，从中选出最佳方案，并把此最佳方案的期望值写在决策节点方框的上面，以表明选择的结果，同时在淘汰的方案枝上划上双截线，以表示这些方案不用。

决策树法既适用于单级决策，也常用于多级决策。

(2) 决策表法。它又称为决策矩阵或期望值法，其原理与决策树法相同。

(3) 敏感性分析。为了提高决策质量，在方案选优后，应将原状态概率值作不同范围的变化，借以分析对方案选择的影响，这就是敏感性分析。如经变动，方案的期望值也发生变动，但仍不影响对原方案的优选，则表明状态概率和期望值的变动对方案的优选不敏感，原决策的优化方案较稳定可靠；反之，原决策方案就不稳定、可靠性差。敏感性分析常用转换概率来判断选择方案的可靠性。转换概率是各方案期望值相等的概率。原估计概率与转换概率相差的幅度越大，已选定优化方案对状态概率变化的敏感性就越低，其可靠性就越大；反之，敏感性就越高，可靠性就越小。

（三）非确定型决策

非确定型决策的方法很多，现举例说明各种方法的不同应用。

做中学7-2

某厂生产的某产品未来销售可能出现3种情况，即高需求、中需求和低需求，因此企业有3种方案可供选择，即新建车间、改建车间和对外协作，相应的损益值见表7-1，怎样选择方案？

表7-1 **年度销售损益表** 单位：万元

自然状态 / 方案	高需求	中需求	低需求
A新建	980	-500	-800
B改建	700	250	-200
C协作	400	90	-30

（1）乐观原则（大中取大法或最大收益值规则）。如果决策者比较乐观，认为未来会出现最好的自然状态，所以不论采取何种方案均可能取得该方案的最好效果，那么决策时就可以首先找出各方案在各种自然状态下的最大收益值，即最好自然状态下的收益值，然后进行比较，找出在最好自然状态下能够带来最大收益的方案作为决策实施方案（见表7-2）。

表7-2 **乐观原则** 单位：万元

自然状态 / 方案	高需求	中需求	低需求	最好状态收益值	最大收益
A新建	980	-500	-800	980	980
B改建	700	250	-200	700	
C协作	400	90	-30	400	

（2）悲观原则（小中取大法或最小最大收益值规则）。与乐观原则相反，决策者对未来比较悲观，认为未来会出现最差的自然状态，因此不论企业采取何种方案，均只能取得该方案的最小收益值，所以在决策时首先计算和找出各方案在各自然状态下的最小收益值，即最差自然状态下的相应收益值，然后比较，选择在最差自然状态下仍能带来“最大收益”或“最小损失”的方案作为实施方案（见表7-3）。

表7-3 **悲观原则** 单位：万元

自然状态 / 方案	高需求	中需求	低需求	最差状态收益值	最小损失
A新建	980	-500	-800	-800	
B改建	700	250	-200	-200	
C协作	400	90	-30	-30	-30

（3）等概率原则（拉普拉斯规划）。采取该方法的决策者认为没有理由说明哪种状态出现的机会更多，因此只能认为各状态发生的机会均等，如有n种自然状态，则各状态的发生概率均为1/n，将各方案在各状态下的损益值与同一概率（1/n）相乘再相加，即可得

各方案的期望损益值，最后选收益最大的方案作为决策方案（见表7-4）。

表7-4 **等概率原则** 单位：万元

方案＼自然状态	高需求	中需求	低需求	各方案的期望损益值	最大收益
A新建	980	-500	-800	980×1/3+（-500）×1/3+（-800）×1/3=-106.6	
B改建	700	250	-200	700×1/3+250×1/3+（-200）×1/3=250	250
C协作	400	90	-30	400×1/3+90×1/3+（-30）×1/3=153.3	

（4）折中原则。这种方法认为既不能把未来想象得如何光明，也不能描绘得如何黑暗。最好和最差的自然状态均有出现的可能。因此，可以根据决策者的判断，给最好的自然状态一个折中系数（或称乐观系数）α，给最差的自然状态一个悲观系数（1-α），α介于0～1之间，然后用各方案在最好自然状态下的收益值与乐观系数相乘所得的积加上各方案在最差状态下的收益值与悲观系数的乘积，得出各方案的期望收益值，据此比较各方案的经济效果，选收益最大的方案作为决策方案。本例若选α=0.4，则相关结果见表7-5。

表7-5 **折中原则** 单位：万元

方案＼自然状态	高需求	中需求	低需求	折中期望值	最大收益
A新建	980	-500	-800	980×0.4+（-800）×（1-0.4）=-88	
B改建	700	250	-200	700×0.4+（-200）×（1-0.4）=160	160
C协作	400	90	-30	400×0.4+（-30）×（1-0.4）=142	

（5）后悔最小原则（最小最大后悔值规则或沙万哥法）。决策者在选定方案并组织实施后，如果遇到的自然状态表明采用另外的方案会取得更好的收益，企业在无形中遭受了机会损失，那么决策者将为此感到后悔。后悔最小原则就是一种力求使后悔值尽量最小的原则。根据该原则，决策时首先将每一状态下的后悔值求出，用方案在某自然状态下的最大收益值减去该自然状态下的各收益值的差作为各自然状态的后悔值，从而形成后悔值矩阵；然后找出每一种方案，即各行的最大后悔值，并据此对不同方案进行比较；最后在最大后悔值中选择后悔值最小的方案作为实施方案（见表7-6）。

表7-6 **后悔最小原则** 单位：万元

方案＼自然状态	高需求	中需求	低需求	最大后悔值	最小最大后悔值
A新建	980	-500	-800		
B改建	700	250	-200		
C协作	400	90	-30		
后悔矩阵					
A新建	0	750	770	770	
B改建	280	0	170	280	280
C协作	580	160	0	580	

随堂测 7

应知考核

一、单项选择题

1.某企业原先重大战略决策的基本过程是由各部门（如财务部、销售部、生产部、人事部等）独立把各自部门的情况写成报告交给总经理，再由总经理综合完成有关的战略方案。后来，对此过程作了些调整，这就是：总经理收到各部门呈上的报告后，有选择地找些管理人员来磋商，最后由自己形成决策。再后来，总经理收到报告后，就把这些报告交给一个由各部门人员共同参与组成的委员会，通过委员会全体成员的面对面讨论，最终形成有关决策。对此你的看法是（　　）。

A.这种处理方式的改变对企业战略决策以及其他方面的工作没什么影响

B.这种处理方式的改变可以大大提高企业决策的效率

C.这种处理方式的改变扩大了信息沟通的范围，可带来更高的成员满意感

D.这种处理方式的改变提高了企业上下信息沟通的效率

2.假定请你主持召开一个由公司有关“智囊”参加的会议，讨论公司发展战略的制定问题。如果在会上听到了许多与你观点不同的意见，而且你也知道这些意见有失偏颇是因为发言者掌握的资料不全。对此你认为最好采取的做法是（　　）。

A.根据情况谈谈自己对一些重要问题的看法

B.既然是智囊会议，就应允许畅所欲言

C.及时提供资料，证明这些意见的错误

D.及时打断这些发言以发表自己的意见

3.在市场上经常出现这样的现象：当某种商品大幅度降价时，人们对其反应冷淡，市场需求量少有增长；而一旦该商品再度开始涨价，人们却又开始抢购，市场需求量大幅增长。这种情况的出现，主要是由于消费者在做出商品购买决策时受到（　　）因素的影响。

A.盲从心理　　B.习惯心理　　C.逆反心理　　D预期心理

4.有一个大家熟悉的商务趣闻：甲、乙两家鞋业公司的经理各派了一位市场调查员去某岛调查，发现岛上的居民从来不穿鞋。结果甲公司的调查员向公司报告称自己发现了一个新市场，进而开拓了市场；而乙公司的调查员则向公司报告说该岛没有市场，于是没有进行市场开拓，从而丧失了获利机会。正如不同的调查人员会得出不同的结论一样，不同的人从这则趣闻中也会得到不同的启发。对此，你认为说法不正确的是（　　）。

A.对同一现象，不同的人会有不同的看法，所以应鼓励团队工作方式

B.开发新市场需要很强的创新精神，并不是所有的人都适合此项工作

C.开拓新市场，只要持乐观心态并敢于冒险，就肯定能成功

D.风险与收益同在，要想获利，就要敢于冒风险，承担风险

5.对企业一些重要经营项目的决策一定要进行可行性分析，这是基本的要求。在可行性分析的工作思路上，张经理认为可行性分析要从项目的不可行性分析上入手；王经理则认为可行性分析的大部分工作就是分析其可行性，在可行性分析的初期阶段千万不能引导人家思考项目的不可行性。你认为以下四种判断中正确的是（　　）。

A.张经理主持分析论证的项目，在实施过程中风险一定会更小些

B.张经理和王经理的工作思路存在差异，但不存在本质上的差异

C.对重大决策应采取张经理的思路，对一般性决策应采取王经理的思路

D.王经理的思路不符合科学的决策过程要求

6.你正面临是否购买某种奖券的决策。你知道每张奖券的售价以及该期共发行奖券的总数、奖项和相应的奖金额。在这样的情况下，该决策的类型是什么？加入何种信息以后，该决策将变成一个风险性决策？（　　）

A.确定性决策；各类奖项的数量

B.风险性决策；不需要加其他信息

C.不确定性决策；各类奖项的数量

D.不确定性决策；可能购买该奖券的人数

7.在管理决策中，许多管理人员认为只要选取满意的方案即可，对于这种观点，你认为以下解释中最有说服力的是（　　）。

A.现实中不存在所谓的最优方案，所以选中的都只是满意方案

B.现实管理决策中常常由于时间太紧而来不及寻找最优方案

C.由于管理者对什么是最优决策无法达成共识，只有退而求其次

D.刻意追求最优方案，常常会由于代价太高而最终得不偿失

8.某公司高层决策者对人力资源部提出目标，要求经过努力必须提供合格的人才，对这一要求，你认为评价最有道理的是（　　）。

A.时间不明确，在实际中难以操作

B.关键岗位提法不具体，范围认定困难

C.合格人才的标准不清楚，需详加说明

D.需综合考虑以上说法所反映的问题

9.号称“钟表王国”的瑞士在1969年研制出第一块石英电子手表，但擅长机械表制造技术的瑞士企业界领袖们认为石英表没有发展前途，并未给予充分重视。日本人则认为，石英表这项新技术大有前途，遂投资进行大批量生产。结果，日本的石英表技术誉满全球，仅在20世纪70年代的5年时间内就挤垮了100多家瑞士手表厂。这个例子说明（　　）。

A.此决策对企业生存、发展的影响至关重大

B.技术管理更能给企业带来竞争力

C.技术要发挥作用离不开资本的投入

D.瑞士的钟表界缺乏技术创新精神

10.H市某研究所主要研究特种材料。在计划经济时期，该所承担了多项国家下达的科研攻关任务，取得了十分突出的成就，同时形成了良好的协同攻关气氛和机制，造就了一批优秀的技术人才。但改革以后，国家任务逐渐减少，到目前已完全取消，因而该所取

得的成果也随之减少。为了扭转目前这种局面，从管理上看，你认为该所最需要做的是（ ）。

A.强化决策职能，提高环境适应能力　　B.进一步增强研究所的技术力量

C.强化内部协调，提高科研效率　　D.补充资金以弥补国家投入的减少

二、多项选择题

1.下列对决策的理解正确的有（ ）。

A.决策的主体是管理者　　B.决策的目的仅仅是解决问题

C.决策的本质是一个过程　　D.决策是解决问题和/或利用机会

2.根据决策的范围，可以把决策分为（ ）。

A.战略决策　　B.初始决策　　C.战术决策　　D.业务决策

3.相对于个人决策，集体决策的优点有（ ）。

A.能更大范围地汇总信息　　B.能拟订更多的备选方案

C.能得到更多的认同　　D.能更好地沟通

4.根据决策的可靠程度，可以把决策分为（ ）。

A.业务决策　　B.确定型决策　　C.风险型决策　　D.不确定型决策

5.定性决策方法有（ ）。

A.协力创新法　　B.德尔菲法　　C.头脑风暴法　　D.反头脑风暴法

三、判断题

1.人力资源的开发、组织规模的确定以及物资储备等都属于长期战略决策。（ ）

2.企业生产计划、设备的更新、新产品的定价等都属于战术决策的范畴。（ ）

3.组织目标、方针的确定，销售计划的制订等都属于战略决策的范畴。（ ）

4.程序化决策涉及的是例外问题，而非程序化决策涉及的是例行问题。（ ）

5.无论时间长短，决策过程总指导着随后的目标制定。（ ）

四、简述题

1.简述决策的概念和特征。

2.简述决策的类型。

3.简述决策的程序。

4.简述决策的原则以及影响决策的因素。

5.简述管理决策方法中的定性决策方法和定量决策方法。

五、计算题

1.长城股份有限公司生产销售机器，总固定成本10万元，单位变动成本500元，每台机器售价1 000元，请计算出保本点销售量。

2.某公司准备生产某种新产品，可选择两个方案：一是引进一条生产线，需投资500万元，建成后如果销路好，每年可获利150万元，如果销路差，每年要亏损30万元；二是对原有设备进行技术改造，需投资300万元，如果销路好，每年可获利60万元，如果销路

差，每年可获利30万元。两方案的使用期限均为10年，根据市场预测，产品销路好的概率为0.6，销路差的概率为0.4，应如何进行决策（要求先绘制决策树；然后计算两种方案的期望收益值：最后根据期望值选择方案）?

应会考核

案例分析

【背景资料】

某贸易公司是一家进出口集团公司控股的下属公司，专门从事有色金属进出口业务。为扩大业务领域，该公司的铜矿进出口业务部打算通过招投标方式参与某重点公路工程的进口沥青采购工作。经过艰苦努力，该业务部的招标方案和其他几家公司的招标方案同时中标，配给该公司的大致是2 000万元左右的沥青供应任务，资金通过银行贷款可以解决，这一业务可使公司获利60万元。这一方案提交董事会讨论时由于资金需要量大、收回投资周期长（工程验收合格后才能收回投资）而被否决。方案被否决后，从事这项工作的员工积极性受到重创，情绪低落；因中标而不做，其信誉在公路工程中受到损害，以后想再进入公路工程建设市场的可能性极小。此外，还损失了参与投标而交的28.9万元押金（这28.9万元押金最后以新产品开发费入账）。

【考核要求】

请根据背景资料回答下列问题：

（1）该董事会的决策是否正确?

（2）你认为如何决策才好?

项目实训

【实训项目】

如何做好决策。

【实训目标】

通过针对组织中的决策者调查的内容的整理和分析，得出正确做决策的建议。

【实训内容】

组成调研小组，制订调研计划，寻找组织中的决策者，对其进行调查，整理并分析调查资料，形成调查报告。

【实训要求】

1.调查目的：了解管理者如何在实践中运用决策技巧来进行管理工作的决策。

2.调查对象及内容。

（1）调查对象：公司总经理、人事部经理、基层管理人员。

（2）调查内容：战略方针的制定、人事工作的管理、基层人员的管理。

3.调查要求。在结束所有的调查后，汇总所有的调查资料进行整理，在指导教师的帮助下进行分析、讨论，并对其分析和讨论的内容进行记录。小组人员以最终分析和讨论的结论为基础，结合决策的相关知识，写一篇调查报告。

4.调查小组。以10人为一个小组。

5.访谈时间。每周的双休日。

6.访谈步骤。

（1）在正式调查前小组成员应列出调查大纲，分配好工作。

（2）小组成员要事先物色不同的人选，确定访谈的时间、地点。

（3）正式调查时，应说明其目的，让被调查者尽快进入角色。

（4）在调查中应该详细记录被调查者所表述的做决策时的影响因素、决策方法的运用、决策时的注意事项等。

（5）每次调查结束后，小组成员应该尽快对所取得的调查资料进行整理，以备补充调查。

项目八　激　励

知识目标

理解激励的概念、性质、类型和作用；熟知激励的过程、方法；掌握激励理论及其在管理中的应用。

技能目标

学生能够理解激励的内涵并能运用激励机制分析和解决管理的实际问题。

素质目标

通过本项目的学习，教师能够培养学生宽容、一视同仁的素养；体会企业员工的心理感受，培养真诚合作的意识，使学生能够因地制宜地运用激励的方法和技巧。

知识精讲

任务一　激励概述

一、激励的概念、性质和类型

1）激励的概念

激励，从词义上理解，是激发鼓励之意；从管理的角度理解，主要是指激发人的动机，使人具有内在动力，朝所期望的目标前进的心理活动过程。在这里，人的行为是由动机所支配的，动机是由需要所引起的，行为的方向就是实现目标、满足需要。所以人的行为心理活动过程，即实现目标的过程，可通过图8-1所示的模式反映出来。

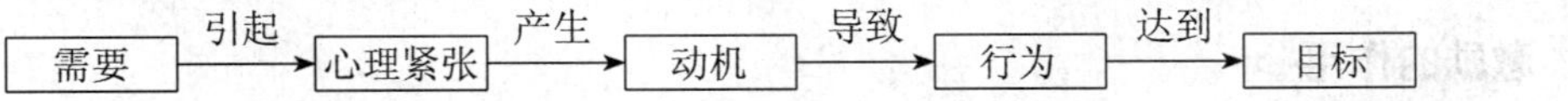

图8-1　人类行为模式

人们由未满足的需要引起需要，这种未满足的需要使人心理紧张、烦躁不安，由此产生满足这一需要的动机。动机导致行为，这一行为的结果使需要得到满足，达到目标时，人的紧张感消除，而满足的程度如何又会反过来影响最初的需要。

综上所述，激励就是管理者运用各种管理手段，刺激被管理者的需要，激发其动机，引导并促进被管理者产生有利于管理目标行为的过程。可以从三个方面来理解激励这一概念：①激励是一个过程。人的行为都是在某种动机的推动下完成的。对人的行为的激励，实质上就是利用能满足人的需要的诱因条件，激发行为动机，从而推动人采取相应的行为，以实现目标，然后再根据人们新的需要设置诱因，如此循环往复。②激励过程受内外因素的制约。各种管理措施与被激励者的需要、理想、价值观和责任感等内在的因素相吻合，才能产生较强的影响力，从而激发和强化其工作动机，否则不会对其产生激励作用。③激励具有时效性。每一种激励手段的作用都有一定的时间限度，超过时间限度就会失效。因此，激励不能一劳永逸，需要持续进行。

2）激励的性质

激励的性质包括：①激励的复杂性。它表现为两个方面：一是激励因素的复杂性；二是激励过程的复杂性。②受环境的影响。激励是人们内心对某种需要的追求，所以说在激励过程中内因起着决定性作用。但人不是孤立的，而是生活在特定的社会环境中，这个环境对人的行动也有影响。

3）激励的类型

（1）物质激励与精神激励。按内容划分，激励可分为物质激励与精神激励。两者的最终目的是一致的，但作用的对象不同。所谓物质激励，就是从满足人们的物质需要出发，对物质利益关系进行调节，从而激发人们的劳动热情。所谓精神激励，就是从满足人们的精神需要出发，通过对人们的心理状态的影响来达到激励的目的。精神激励多以授予称号、颁发奖状和奖章、开会表扬、宣传事迹等形式出现。

（2）正激励与负激励。按性质划分，激励可分为正激励和负激励两种类型。所谓正激励，就是当一个人的行为表现符合社会需要或组织目标时，通过表彰和奖赏来保持和巩固这种行为，以达到调动其积极性的目的。所谓负激励，就是当一个人的行为不符合社会需要或组织目标时，通过批评和惩罚来抑制这种行为。正激励起正强化的作用，是对行为的肯定，表现为奖赏和鼓励；负激励起负强化的作用，是对行为的否定，表现为批评和制裁。

（3）内激励与外激励。按形式划分，激励可分为内激励和外激励两种类型。所谓内激励，是通过启发诱导的方式，激发人的主动精神，使他们的工作热情建立在高度自觉的基础上，充分发挥出内在的潜力。所谓外激励，就是运用环境条件来制约人们的动机，以此来强化或削弱各种行为，进而提高其工作意愿。外激励多以行为规范的形式出现，通过建立一定的制度，采取一定的措施，鼓励或限制某些行为的产生。内激励带有自觉性的特征，外激励则表现出某种程度的强迫性。在激励工作中，要把两者结合起来运用，从不同角度来增强激励的效果。

二、激励的作用

（1）有助于激发和调动员工的工作积极性。激励是调动员工创造性和积极性，使他们始终保持高昂的工作热情的关键。它的主要作用是通过动机的激发，调动被管理者工作的积极性和创造性，自觉自愿地为实现组织目标而努力。其核心作用是调动人的积极性。

（2）激励有利于发挥人的能动作用。激励作为一种管理手段，最显著的特点就是内在驱动性与自觉自愿性。由于激励起源于人的需要，它的功能就在于以个人利益和需要的满足为基本作用力，是被管理者追求个人需要满足的过程，因此，激励不仅可以提高人们对自身工作的认识，还能激发人们的工作热情和兴趣，使人们对本职工作产生强烈的、积极的情感，并以此为动力，将自己的全部精力都投入到工作中，为达到预定的目标而努力。

（3）激励有利于挖掘人的潜力，提高工作效率。员工的工作积极性与组织的绩效密切相关，在组织行为学中有这样一个公式：

绩效=f（能力，激励，环境）

从这个公式中可以看出，组织的绩效本质上取决于组织成员的能力、被激励的情形和工作环境条件。由此可见，激励是提高组织绩效的一种很重要的因素。当然，能力和环境也都是不可或缺的。

（4）激励有利于增强企业凝聚力。企业是由若干员工个体、工作群体组成的，为保证企业作为一个整体协调运行，除了用严密的组织结构和严格的规章制度进行规范外，还需运用激励方法，满足员工的多种心理需求，调动员工的工作积极性，协调人际关系，进而促进内部各组成部分的协调统一，增强企业的凝聚力和向心力。

三、激励的过程

1）激励的构成要素

（1）需要。它产生于两个主要方面：首先是人自身生理状态引发的需要，如腹中食物缺乏就产生饮食需要；其次是外界刺激引发的需要。需要是行为的内驱力，是行为的力量源泉，也是行为的终极目标。

（2）动机。人们常常赋予动机这样的意义：包含意识成分而隐藏于内心的行动原因。在心理学上，动机被定义为引发、维持、强化行为的一种心理能动品质，一种与有机体生理机制被唤醒而处于激活状态相联系的心理力量。

2）激励的模式

（1）第一模式。这种模式表明，人有不同的需要、愿望和期望，这些需要、愿望和期望使人感到紧张。受到诱导的、特定的、目标明确的行为，会缓解与消除紧张。当需求得到满足后，会对下一个循环过程产生反馈。可见，激励的第一模式从未能得到满足的需要开始，到需要得到满足时结束，如图8-2所示。

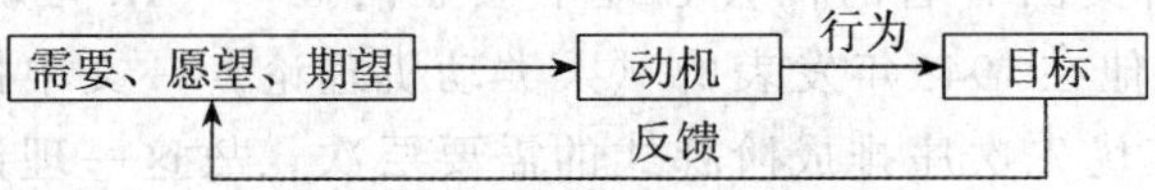

图8-2　激励模式之一

（2）第二模式。这一模式不仅反映了需要、动机、行为、目标之间的关系，而且引入了满足和挫折的概念，以及相应的积极行为和消极行为，有助于管理者加深对有关激励过程的了解，如图8-3所示。

（3）第三模式。这一模式将需要、动机、目标及报酬观念结合起来，共有7个阶段，如图8-4所示。激励过程虽然与目标是否达成有紧密联系，但目标实现后的绩效评价与奖惩对激励对象的满足程度影响也很大。这种多阶段的激励模式，通过对绩效的评价来满足自豪感，并以他人的评价来获得一定的奖惩。当重新评价的需要未能得到满足时，激励过程仍需重复进行。

以上三种激励模式有的简单，有的复杂，但总的来说都包含需要、目标、满足等方面的因素。也就是说，所有的激励理论都是围绕人的需要，研究需要的内容、目标的设置，以及满足需要的行为过程。

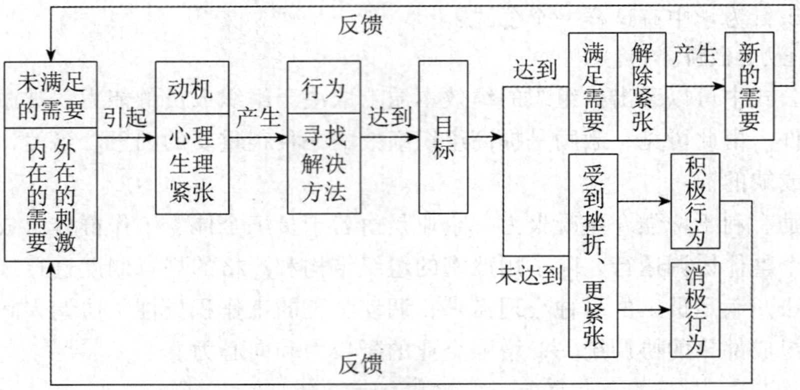

图 8-3　激励模式之二

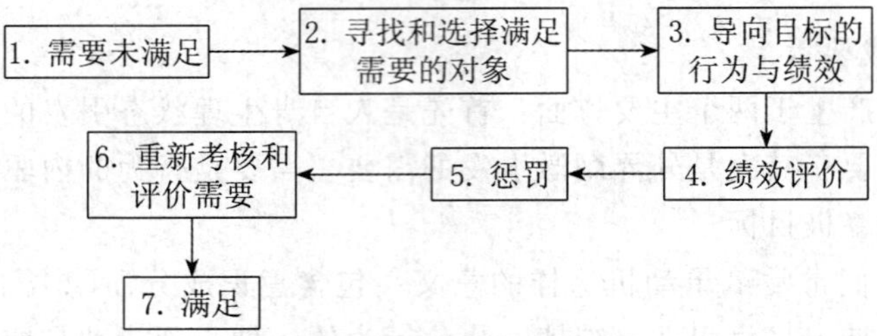

图 8-4　激励模式之三

任务二　激励理论

一、马斯洛的需要层次论

需要层次论是由美国著名的社会心理学家亚伯拉罕·H. 马斯洛（Abraham Harold Maslow）提出来的。他在1943年发表的《人类动机理论》一文中把人类各种各样的需要分成五种，并按其优先次序排成阶梯式的需要层次，故这一理论通常被称为“需要层次论”。

1）需要层次论的基本内容

马斯洛认为，人的需要是有层次的。按其产生的先后顺序及其重要程度，可分为生理需要、安全需要、社交需要、尊重需要和自我实现的需要五个层次，如图8-5所示。

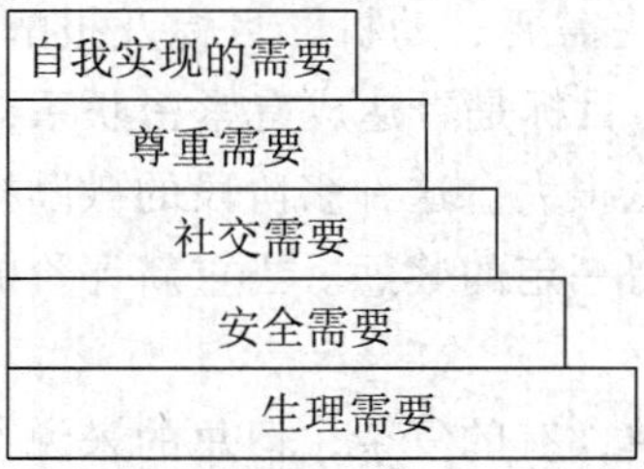

图 8-5　马斯洛需要层次论

（1）生理需要，即人类对食物、水、服装、空气和住房等的需要。

（2）安全需要。当生理需要得到基本满足以后，就会出现一系列新的需要，可以概括地称为安全需要，即人类对生命安全、财产安全、劳动安全和就业安全（工作稳定）等方面的需要。

（3）社交需要。这是一种对友谊、爱情以及归属感等方面的需要。马斯洛认为，在生理需要和安全需要得到满足之后，社交需要就会凸显出来，成为激励人们做出某种行为的主要因素。

（4）尊重需要。这是一种对成就、地位和声望的追求以及希望自己受到他人的赏识、尊敬和重视等方面的需要。马斯洛认为，在生理需要、安全需要和社交需要得到满足以后，尊重需要就会成为人们行为的主要激励因素。

（5）自我实现的需要。正如马斯洛所描述的一样："人如果要获得最终的平静，音乐家就必须搞音乐，画家就必须绘画，诗人就必须作诗。人必须成为自己能够成为的人，这样的需要被称为自我实现的需要。"

马斯洛认为，一般的人都是按照从低级到高级，一层一层地去追求和使自己的需要得到满足的。不同层次的需要不可能在同一层级内同时发挥作用，在某一特定的时期内，总有某一层次的需要起着主导的激励作用。

2）对马斯洛的需要层次论的评价

（1）马斯洛的需要层次论的巨大贡献。马斯洛的需要层次论为我们研究人的行为提供了一个比较科学的理论框架，成为激励理论的基础。

（2）马斯洛的需要层次论的缺陷。马斯洛的需要层次论对需要层次的分析简单、机械。人类需要的发展不带有自然成熟的色彩，往往不是非经过某一层次需要才能产生下一层次需要，而是同时存在着若干种需要。在顺序上，有些人看重尊重需要，有些人自我实现的需要最强烈；有些人只停留在前两种需要上，而后三种需要很少。同时存在的几种需要，同时产生不同的动机，这些动机之间不仅有强弱之分，而且相互矛盾、相互斗争，唯有那种最强烈的动机，才能对人的行为起支配作用。

二、双因素激励理论

激励因素-保健因素理论，是美国心理学家、行为科学家弗雷德里克·赫茨伯格（Frederick Herzberg）提出来的，又称双因素理论。双因素理论是赫茨伯格最主要的成就。此外，在工作丰富化方面，他也进行了开创性的研究。

（1）双因素理论的基本内容。20世纪50年代后期，赫茨伯格和他的助手们在匹兹堡心理研究中心对9个部门中的203名工程师和会计师的工作情况进行了调查。他通过对大量调查获得的资料分析发现，人们对工作不满意大多同他们所处的工作环境有关，而使员工感到满意的因素通常是由工作本身产生的。赫茨伯格认为，影响人们工作积极性的因素可分为不可互相替代的两大类：一类称为保健因素；另一类称为激励因素。

激励因素是影响人们工作积极性的内在因素，其本质为注重工作本身的内容，借以提高工作效率，促进人们的进取心，激发人们做出最好的表现。激励因素就像人们锻炼身体一样，可以提高身体素质，增强人们的体质。这些激励因素，赫茨伯格认为可以带给人们满意感，主要有五个：成就、认可、工作本身的吸引力、责任、发展。

保健因素又称维持因素，它没有激励人的作用，但有保持人的积极性，使其维持工作现状的作用。换句话说，保健因素再多，员工也不会因此而增强工作的积极性；但如果保健因素的作用不能充分发挥，那么员工的积极性就会下降。赫茨伯格认为这些因素不良可能导致不满意。这些因素主要有：企业政策和行政管理、工资水平、人际关系、工作条件等。

赫茨伯格双因素理论的核心在于，强调保健因素与激励因素不可相互替代，各自的作用不同。因为他认为，满意与不满意不是相互对立的，与满意对立的是没有满意，而与不满意对立的是没有不满意。这种观点与传统观点的比较，如图8-6所示。

传统观点

满意 ←——→ 不满意

赫茨伯格的观点

激励良好　　激励不足

满意 ←——→ 没有满意

保健良好　　保健不足

没有不满意 ←——→ 不满意

图8-6　传统观点与赫茨伯格观点之比较

（2）双因素激励理论的影响。赫茨伯格的双因素理论虽然在国内外有很大影响，但有些西方行为科学家对该理论的正确性表示怀疑，并提出了以下批评意见：首先，赫茨伯格调查取样的数量和对象缺乏代表性。样本仅有203人，数量较少，而且调查对象是工程师、会计师，他们在工资、安全、工作条件等方面都比较好，因此，这些因素对他们自然不会起激励作用，不能代表一般员工的情况。其次，赫茨伯格在调查时，问卷的方法和题目有缺陷。把好的结果归结于自己的努力，把不好的结果归罪于客观条件或他人是人们一般的心理状态，人们的这种心理特征在他的问卷中无法反映出来。再次，赫茨伯格认为，满意和生产率的提高有必然的联系。而实践证明，满意并不等于劳动生产率的提高，这两者并没有必然的联系。最后，赫茨伯格将保健因素和激励因素截然分开是不妥的。实际上，保健因素和激励因素、外部因素和内部因素都不是绝对的，它们相互联系并可以互相转化。保健因素也能够产生满意感，激励因素也能够产生不满意感，如奖金既可以成为保健因素，也可以成为激励因素，工作成绩得不到承认也可以使人闹情绪，以致消极怠工。

尽管有些人对赫茨伯格的双因素理论提出了一些不同看法，但该理论的贡献是显而易见的。首先，它告诉我们一个事实，采取了某项激励措施以后并不一定就能带来满意，更不等于劳动生产率就能够提高。其次，满足各种需要所引起的激励深度和效果是不一样的。物质需求的满足是必要的，没有它会导致不满，但是即使获得满足，它的作用往往也是很有限的，不能持久。最后，促使企业管理人员注意工作内容方面因素的重要性。要调动人的积极性，不仅要注意物质利益和工作条件等外部因素，更重要的是注意工作的安排，量才录用，各得其所，注重对人进行精神鼓励，给予表扬和认可，注意给人以成才、发展、晋升的机会。用这些内在因素来调动人的积极性，才能起更大的激励作用并维持更长的时间。

>>>>>>>【案例赏析8-1】徽州渔翁

清江渔舟是徽州一道明丽的风景线。岸边三户渔家各有一只小舟、数只鱼鹰。商界旅游团前去参观，导游介绍，这三家中一家致富；一家亏损；另一家最惨，鱼鹰都死了，只能停业。商界来客细问原由，导游说："原因就出在扎在鱼鹰脖子上的细铁丝上，致富的渔翁给鱼鹰脖子捆的铁丝圈不紧不松、不大不小，鱼鹰小鱼吞下，大鱼吐出；亏本的那家鱼鹰脖子上的细铁丝捆得过松、过大，本可卖钱的鱼也让鱼鹰私吞了；而最惨的渔家自以为精明，鱼鹰脖子上的细铁丝扎得又紧又小，结果事与愿违，饿死了鱼鹰，血本无归。”

商界人士听罢，感叹不已：“到底是徽商故乡，处处可闻商道。”

资料来源 黄颖. 管理学案例精析［M］. 北京：电子工业出版社，2015.

请问：（1）对员工激励不足会导致什么后果？

（2）对员工激励过度会导致什么后果？

（3）通过这个案例你能得到什么启示？

案例精析8-1

三、X理论和Y理论

道格拉斯·麦格雷戈（Douglas McGregor）从人性的角度，提出了两种完全不同甚至可以说是截然相反的理论，即X理论和Y理论。

（1）X理论。人们习惯称其为人性为恶理论。麦格雷戈在该理论中，对人性有如下假设：①一般人天性都好逸恶劳；②人都以自我为中心，对组织的需要采取消极的甚至是抵制的态度；③缺乏进取心，反对变革；④不愿意承担责任；⑤易于受骗和接受煽动。

如果按X理论对员工进行管理，管理者必须对员工进行说服、奖赏、惩罚和严格控制，才能迫使员工实现组织的目标，所以在管理中强制性的措施是第一位的。

（2）Y理论。人们又称其为人性为善理论。麦格雷戈提出的Y理论，对人性有如下假设：①人们并不是天生就厌恶工作，他们把工作看成像休息和娱乐一样快乐、自然；②人们并非天生就对组织的要求采取消极或抵制的态度，而经常是采取合作的态度，接受组织的任务，并主动完成；③人们在适当的情况下，不仅能够承担责任，而且会主动承担责任；④大多数人都具有相当高的智力、想象力、创造力和做出正确决策的能力，而是没有充分发挥出来。

根据Y理论，管理者要激励员工去完成组织的任务、实现组织的目标，只需要改善员工的工作环境和条件（包括良好的群体关系，干净、整洁的环境等），让员工参与决策，为员工提供富有挑战性的和责任感的工作. 员工就会有很高的工作积极性，会将自身的潜能充分发挥出来。麦格雷戈认为对管理者来说，Y理论比X理论更有效，因此他建议管理者更多地用Y理论而不是用X理论来管理员工。令人遗憾的是，在现实生活中很少有利用Y理论管理员工而取得成功的典型事例，利用X理论而卓有成效的管理者则确有其人。

四、成就需要理论

美国哈佛大学教授戴维·麦克利兰（David C. McClelland）是当代研究动机的权威心理学家。他从20世纪四五十年代开始对人的需要和动机进行研究，提出了著名的“三种需要理论”，并得出了一系列重要的研究结论。

（1）成就需要理论的基本内容。麦克利兰认为人们在生理需要得到满足以后，还有三种基本的激励需要：①成就需要，即追求卓越、实现目标、争取成功、希望做得最好的需要；②权力需要，即影响或控制他人且不受他人控制的需要；③社交需要，即建立友好亲密的人际关系的需要。

麦克利兰发现，首先，在小企业的经理人员和在企业中独立负责一个部门的管理者中，高成就需要者往往会取得成功。其次，在大型企业或其他组织中，高成就需要者并不一定就是一个优秀的管理者，因为高成就需要者往往只对自己的工作绩效感兴趣，并不关心如何影响别人去做好工作。再次，社交需要与权力需要和管理的成功密切相关。最优秀的管理者往往是权力需要很高而社交需要很低的人。如果一个大企业的经理的权力需要与责任感和自我控制相结合，那么他就很有可能成功。最后，可以对员工进行训练来激发他们的成就需要。如果某项工作要求高成就需要者，那么，管理者可以通过直接选拔的方式找到一名高成就需要者，或者通过培训的方式培养自己的下属。

（2）对成就需要理论的评价。麦克利兰的三种需要理论在企业管理中很有应用价值。首先，在人员的选拔和安置上，通过测量和评价一个人动机体系的特征，对如何分派工作和安排职位有重要意义。其次，由于具有不同需要的人需要不同的激励方式，了解员工的需要与动机有利于建立合理的激励机制。最后，麦克利兰认为动机是可以训练和激发的，因此，管理者可以有意识地训练和提高员工的成就动机，以提高生产率。

五、奥德费的ERG理论

ERG理论是奥德费（C.Alderfer）通过大量的调查研究，于20世纪70年代初提出的一种需要理论，也是对马斯洛理论的一种修正。他把人的需要归结为生存（Existence）、相互关系（Relatedness）和成长（Growth），简称为“ERG理论”。该理论认为：①生存的需要是人最基本的需要，包含了人的一切生理上的物质需要，人的衣食住行、报酬、工作环境等基本条件都包括在此种需要中；②相互关系的需要是指人际关系（社会交往）方面的需要，包括安全感、归属感、友情、受人尊重等方面的需要；③成长的需要是指发展自己，使自己在事业、能力上有所成就和提高的需要。

奥德费的ERG理论和马斯洛的需要层次论比较起来，既有相似之处，又有不同之处。其相似之处，如图8-7所示。

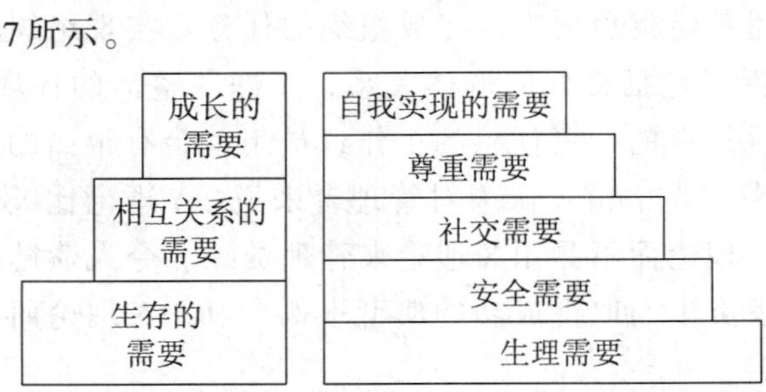

图8-7 奥德费ERG理论和马斯洛需要层次论的相似处

同时，奥德费还提出了如下观点：①人的各种需要一般来说是由低向高逐步发展的，而且低层次需要的满足程度越高，对高层次需要就越渴望，这是一种“满足-前进”的逻辑。但同时还存在着“受挫-倒退”现象，即当较高层次的需要受到挫折时，需要的重点就可能退到较低的层次。而且，各种需要也可能同时出现。②人的所有需要并不是生来就有的，有些需要是通过后天的学习、培养之后才产生的，尤其是较高层次的需要。

由此可见，奥德费对人的需要的研究，并没有超出马斯洛的需要层次论的范畴，只是马斯洛的理论揭示的是带有普遍意义的一般规律，而奥德费的观点更侧重于带有特殊性的个体差异，二者对实际工作都具有一定的指导意义。

六、公平理论

美国心理学家斯达西·亚当斯（J.S.Adams）于1976年提出了公平理论。公平理论又称社会比较理论，该理论侧重于研究工资报酬分配的合理性、公平性对员工工作积极性的影响。

1）公平理论的内容

公平理论的基本观点是：当一个人做出了成绩并取得了报酬以后，他不仅关心自己所得报酬的绝对量，而且关心自己所得报酬的相对量。因此，他要进行种种比较，来确定自己所获报酬是否公平合理，比较的结果将直接影响其今后工作的积极性。

（1）横向比较。它是指某人将自己获得的"报偿"（包括金钱、工作安排以及获得的赏识等）与其"投入"（包括教育程度、所付出的努力、用于工作的时间、精力和其他无形损耗等）的比值，与组织内其他人的报酬和投入的比值作社会比较，只有相等时，他才认为公平。其公式如下：

$$O_p/I_p=O_c/I_c$$

其中：O_p——自己对个人所获报酬的感觉；O_c——自己对他人所获报酬的感觉；I_p——自己对个人所作投入的感觉；I_c——自己对他人所作投入的感觉。

这种比较可能有三种结果，在不同情况下人们会采取不同的行为：

第一，当$O_p/I_p=O_c/I_c$时，他会认为公平，感到满意，受到激励。

第二，当$O_p/I_p<O_c/I_c$时，他可能要求增加自己的收入或降低自己今后的努力程度，以便使左方增大，趋于相等；他也可能要求组织减少比较对象的收入或者让其今后提高努力程度，以便使右方减小，趋于相等；他还可能另找人作为比较对象，以便达到心理上的平衡。当他在采取以上措施后仍感到不平衡时，可能就会提出辞职，逃离使之产生不公平感的环境。

第三，当$O_p/I_p>O_c/I_c$时，开始阶段他可能要求减少自己的报酬或自动多做些工作，但久而久之，他会重新估计自己的技术和工作情况，终于觉得他确实应当得到那么高的待遇，于是产量便又会回到过去的水平上。

（2）纵向比较。除了横向比较之外，人们也经常做纵向比较，即把自己目前付出的努力O_p与目前所获得报偿I_p的比值，同自己过去投入的努力O_h与过去所获报偿I_h的比值进行比较。只有相等时，他才认为公平，其公式如下：

$$O_p/I_p=O_h/I_h$$

这种比较可能产生三种结果，对不同的结果人们会采取不同的行为或产生不同的想法：

第一，当$O_p/I_p=O_h/I_h$时，他会认为公平，感到满意。

第二，当$O_p/I_p<O_h/I_h$时，他会有今不如昔的不公平的感觉，这可能导致其工作积极性下降，牢骚满腹。

第三，当$O_p/I_p>O_h/I_h$时，他不会因此产生不公平的感觉，也不会觉得自己多拿了报酬而主动多做些工作。他会认为这是时代进步的必然结果。

2）对公平理论的评价

公平理论的主要贡献是指出了人们对公平与否的感受并不只是取决于绝对收入的多少，还取决于自己的收入与付出的比率与参照对象比较的结果。就一个组织内部来说，不考虑贡献大小，简单化地普遍增加薪金报酬，其激励作用很有限。公平理论主要的不足之处在于实践中较难把握，因为比较中的公平感受来源于主观判断，而人们往往倾向于高估自己的付出而低估自己的所得，对参照对象的相应评估恰巧相反，不准确的评估难免使主观判断偏离实际，以至于误导行为。管理者如能做到每个人的工作绩效和报酬都具有可比性，用客观的量化标准代替主观判断，将会有较好的效果。

3）公平理论对我们的重要启示

公平理论对我们的重要启示是：①影响激励效果的，不仅有报酬的绝对值，还有报酬的相对值。②激励时应力求公平，使等式在客观上成立，尽管有主观判断的误差，也不致造成严重的不公平感。③在激励过程中应注意对被激励者公平心理的引导，使其树立正确的公平观：绝对的公平是不存在的，不要盲目攀比；不要按酬付劳，按酬付劳是在公平问题上造成恶性循环的主要杀手。

为了避免员工产生不公平的感觉，企业往往采取各种手段，在企业中营造一种公平合理的气氛。如有的企业采用保密工资的办法，使员工相互不了解彼此的收入水平，以免他们互相比较而产生不公平感。

七、期望理论

1）期望理论的内容

美国心理学家弗鲁姆（V.H.Vroom）于1964年在他的著作《工作与激励》一书中首先提出了比较完备的期望理论，成为这一领域的主要理论之一。弗鲁姆认为，一种激励因素（或目标）激励作用的大小，受到个人对从组织中取得报酬（或诱因）的价值判断以及对取得该报酬可能性的预期双重因素的影响，前者称为效价，后者称为期望值（期望概率），可用下式表示：

激励力（M）=效价（V）×期望概率（E）

其中：激励力指一个人受激励的程度，即愿意为达到目标而努力的程度。效价指一个人对行动的结果能满足其需要的程度的估计，其取值范围为-1～1。结果对个人越是重要，效价值越接近于1；结果对个人越无关紧要，越是无所谓的事，效价值就越接近于0；个人很不希望发生而要尽力避免的结果，其效价值就接近于-1。期望概率指个人对行动会导致某一预期结果的概率估计，其取值范围为0～1。

弗鲁姆的期望理论辩证地指出了在进行激励时要处理好三方面的关系，也是调动人们工作积极性的三个条件：

第一，努力与绩效的关系。人总是希望通过一定的努力能够达到预期的目标，如果个人主观上认为通过自己的努力达到预期目标的概率较高，就会有信心，就可能激发出很强的工作热情，但如果他认为再怎么努力目标都不可能达到，就会失去内在的动力，导致工作消极。

第二，绩效与奖励的关系。人总是希望取得成绩后能够得到奖励，这种奖励既包括提高工资、多发奖金等物质奖励，也包括表扬、自我成就感、同事的信赖、提高个人威望等精神奖励，还包括得到晋升等物质与精神兼而有之的奖励。

第三，奖励与满足个人需要的关系。人总是希望获得奖励能够满足自己某方面的需要。然而由于人们各方面的差异，他们的需要的内容和程度有可能不同。因而，对于不同的人，采用同一种奖励能满足需要的程度不同，能激发出来的工作动力也就不同。

2）期望理论对我们的重要启示

（1）管理者不要泛泛地抓一般的激励措施，而应当抓多数组织成员认为效价最大的激励措施。

（2）设置某一激励目标时应尽可能加大其效价的综合值。如果每月的奖金多少不仅意味着当月的收入状况，而且与年终分配、工资调级和获得先进工作者称号挂钩，则将大大增大效价的综合值。

（3）适当加大不同人实际所得效价的差值，加大组织期望行为与非期望行为之间的效价差值。例如，奖金平均分发与分成等级并拉开距离发放，其激励效果大不一样；只奖不罚与奖罚分明，其激励效果也大不一样。

（4）适当控制期望概率和实际概率。期望概率既不是越大越好，也不是越小越好，关键是要适当。

（5）期望心理的疏导。在激励过程中，经常会出现员工期望心理过强的情况。及时地疏导员工的期望心理，防止出现强烈的挫折感，是管理者的一项重要工作。

八、综合激励模式

1）波特-劳勒综合激励模型

波特和劳勒在期望理论的基础上提出了一种本质上更完备的激励模型。这种模型包含努力、绩效、奖酬和满足等多种变量，如图8-8所示。

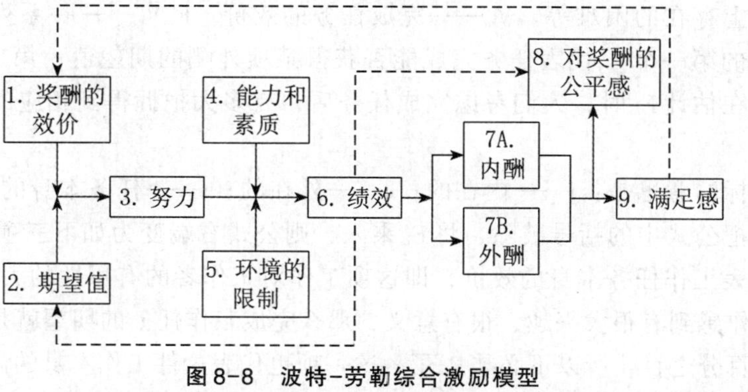

图 8-8　波特-劳勒综合激励模型

（1）努力。它指个人所受到的激励强度和所发挥出来的能力。其综合程度取决于个人对某项奖酬（如工资、奖金、提升、认可、友谊、荣誉等）效价的主观看法，以及对努力将获得这一奖酬的概率的主观估计。奖酬对个人的效价因人而异，这也决定了它对个人的吸引力各不相同。而个人每次行为得到的满足，又会以反馈的形式影响个人对奖酬的估计，如图中虚线9→1所示。同时，个人对努力可能获得奖酬的主观估计与个人的经历、经验密切相关。每一次的工作绩效也会以反馈的形式影响个人对成功期望值的估计，如图中虚线6→2所示。努力还与绩效有一定的关系，但并非一定获得高绩效，它同时还受其他因素的影响。

（2）绩效。这是指工作表现和实际成果。绩效不仅取决于个人的努力程度，也受个人能力、素质以及环境的影响。

（3）奖酬。这是绩效所带来的报酬，包括内在性奖酬和外在性奖酬。这两种奖酬与个人对奖酬的公平感糅合在一起，影响着个人的满足感。波特和劳勒认为，内在性奖酬更能带来真正的满足，并与工作绩效密切相关。此外，公平感也会受到个人对工作绩效自我评价的影响，如图中虚线6→8所示。

（4）满足。这是个人实现某项预期目标时所体验到的满意感觉。一般人认为，先有了满意才能有绩效。而波特和劳勒认为，先有绩效才能获得满足。其中，奖酬很重要，它是绩效带来满足的中介环节。

将这一模型运用于管理中，管理人员应注意以下几个问题：应使员工认识自己，认识自己的能力与个性、自己的作用、自己所处的环境，认识到应通过自己的努力来取得工作绩效；应了解员工的需要，了解员工的满足水平；应使员工的期望更强有力、效价更高，如果期望值不高，就要重新考虑工作安排是否合适；应经常注意满足与工作绩效之间的关系，同时，注意增加新的刺激，并加强员工的期望与获得刺激之间的联系。

2）罗伯特·豪斯综合激励模式

罗伯特·豪斯（Robert House）所提出的综合激励模式，就是企图通过一个模式把上述几类激励理论综合起来，把内、外激励因素都归纳进去。其代表性公式是：

$$M=V_{it}+E_{ia}（V_{ia}+E_{ej}V_{ej}）$$

其中：M——某项工作任务的激励水平高低，即动力的大小。V_{it}——对该项活动本身所提供的内酬效价，它所引起的内激励不计任务完成与否及其结果如何，故不包括期望值大小的因素，也可以说期望值最大是1。E_{ia}——对进行该项活动能否完成任务的期望值，也就是主观上对完成任务可能性的估计，进行这种活动时，人们要考虑自己完成任务的能力，以及客观上存在的困难等。V_{ia}——完成任务的效价。$E_{ej}V_{ej}$——一系列双变量的总和。这些双变量中的第一个E_{ej}代表任务完成能否获得某项外酬的期望值；第二个V_{ej}代表该项外酬的效价。在估计E_{ej}时，人们考虑完成任务后，有多大把握得到相应的外酬，如加薪、提级和表扬。

公式中下标的意思是：j——内在的；e——外在的；t——任务本身的；a——完成。

如果我们把公式中的括号破除，将E_{ia}乘入，则公式右端变为如下三项：

（1）V_{it}代表工作任务本身的效价，即这项工作对工作者的有用性的大小。只要本人认为对做某种工作感到有很大兴趣，很有意义，那么完成工作任务的期望就是1，即完成任务的主观概率是百分之百，所以不必乘E_{ia}了，这一项也代表这件工作本身的内激励。

（2）$E_{ia}\cdot V_{ia}$代表任务完成所起的激励作用。

（3）$E_{ia}\cdot E_{ej}V_{ej}$代表各种外酬所起的激励效果之和，其中引入两项期望值是因为前者是对完成任务可能性的估计，后者则仅是对完成任务与获得奖酬相关联系的可靠性估计。

总之，前两项属于内在激励，第三项属于外在激励。三者之和代表了内外激励的综合效果。

九、强化理论

强化理论是由美国心理学家斯金纳（B.F.Skinner）首先提出来的。该理论认为，人的行为受外部环境刺激的调节，因而也受外部环境刺激的控制，改变刺激就能改变行为。所谓强化，就是指通过不断改变环境的刺激因素来增强、减弱或消除某种行为的过程。主管人员可以采用四种强化类型来改变下级的行为：

（1）积极强化。它是指在积极行为发生后，管理者立即用物质或精神的鼓励来肯定这种行为，在这种刺激作用下，个体感到对他很有利，从而增强以后的行为反应的频率。通常，积极强化的因素主要指奖酬，如表扬、赞赏、增加工资、奖金及奖品、分配有意义的工作等。

（2）消极强化。它又称逃避性学习，当一种特定的强化能够防止产生个人所不希望的刺激时，这种强化就叫作消极强化。如员工努力工作是为了避免不希望得到的结果，如不挨上级的批评，这就是消极强化；而员工努力工作，取得高绩效，希望得到奖酬，这就是积极强化。

（3）惩罚。在消极行为发生以后，管理者采取适当的惩罚措施，以减少或消除这种行为，就叫作惩罚。

（4）自然消退。当某种管理者不希望看到的行为发生后，管理者视而不见，听而不闻，既不进行积极强化，也不给当事者以惩罚，那么，员工可能会感到自己的行为得不到承认，慢慢的这个行为也就消失了。

主管人员可以根据下属的行为情况不同而采用连续和间歇两种不同的强化方式。连续强化是指对每次发生的行为都进行强化。间歇强化是指非连续强化，不是对每次发生的行为都进行强化。间歇强化包括四种形式：固定间隔、可变间隔、固定比率、可变比率，如图 8-9 所示。

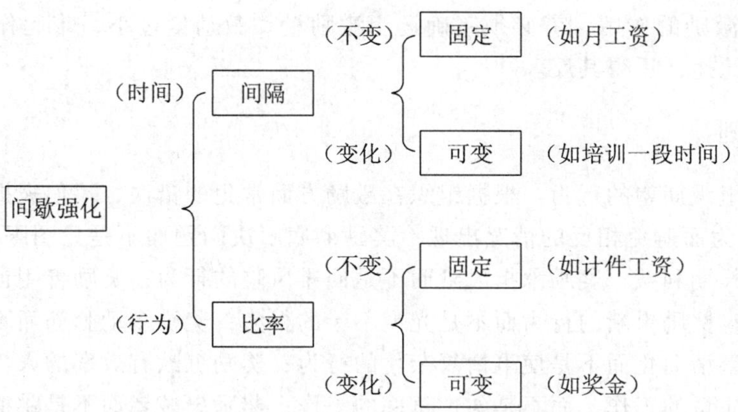

图 8-9　间歇强化类型图

【案例赏析 8-2】民营企业老板的困惑

某民营企业的老板学习了有关激励理论后，受到很大启发，并着手付诸实践。他赋予下属员工更多的工作和责任，并通过赞扬和赏识来激励下属员工。结果事与愿违，员工的积极性非但没有提高，反而对老板的做法强烈不满，认为他是在利用诡计来剥削员工。

案例精析 8-2

问题：请根据所学习的有关激励理论，分析该老板做法失败的原因并提出建议。

资料来源　娄成武，魏淑艳. 现代管理学原理［M］. 北京：中国人民大学出版社，2012.

任务三 激励管理

一、激励机制

激励机制是激励活动的各项要素在运行过程中的相互联系、相互作用、相互制约及其与激励效果之间内在联系的综合机能。能否正确运用激励机制，对激励的成败有着决定性的影响。激励机制主要包括激励的时机、激励的频率和激励的程度。

（1）激励的时机。它是指为取得最佳激励效果而进行激励的时间。激励在不同时间进行，其作用和效果是不一样的。激励时机适当，才能有效地发挥激励的作用。超前的激励，可能导致人们对激励的漠视心理，影响激励的功效。过迟的激励，则会削弱激励的强化作用，使激励失去意义。因此，正确选定激励的时机，是充分发挥激励作用的重要环节。

（2）激励的频率。它是指在一定时间内进行激励的次数。这里的"一定时间"，一般是以工作任务的周期为单位的，在这个周期里，激励次数多就说明激励频率高，激励次数少就说明激励频率低。激励频率对激励效果有着非常显著的影响，但并不是激励频率越高越好，有时激励频率过高，反而会起不到激励应有的作用，影响激励效果。

（3）激励的程度。它是指激励量的大小。质和量的统一谓之度。没有一定的数量基础，事物就难以保持其本身的质；同时，数量超过了一定的限度，就会影响事物的质量。要有效地发挥激励的作用，就必须正确运用激励量。激励量过小，难起作用；激励量过大，又会事与愿违，适得其反。

二、激励的原则

（1）奖励组织期望的行为。根据组织在激励方面常犯的错误，拉伯夫提出应当特别注意奖励10种行为而避免相反的情况出现：奖励彻底解决问题而不是只图眼前见效的行为，以确保企业的长期利益；奖励承担风险而不是回避风险的行为；奖励善用创造力而不是愚蠢的盲从行为；奖励果断的行为而不是光说不干的行为；奖励多动脑筋而不是一味苦干的行为；奖励使事情简化而不是使事情复杂化的行为；奖励沉默有效率的人，而不是喋喋不休者；奖励有质量的工作，而不是匆忙草率的工作；奖励忠诚者而不是跳槽者；奖励团结合作而不是互相对抗。

（2）合理设置激励目标。目标的设置必须既体现组织目标的要求，又能满足员工个人的需要，否则激励将偏离实现组织目标的方向，或者无法提高员工的目标价值。要使员工只能在完成组织目标后才能实现个人目标，也必须使员工在完成了组织目标后就能够达到个人目标。

（3）物质激励与精神激励相结合。物质激励与精神激励作为两种不同的激励类型，各有其不同的作用，但其目的都是调动人的积极性。而它们之所以能够调动人的积极性，则是因为它们能够从不同的方面满足人的某种需要。

（4）正激励与负激励并举，以正激励为主。正激励和负激励作为两种相辅相成的激励类型，从不同的侧面对人的行为起强化作用。只有奖勤罚懒、奖功罚过、奖优罚劣，做到勤懒有别、奖罚分明、优劣各异，才能真正鼓励先进，鞭策落后，对人的行为进行正确的引导，充分调动人的积极性。

正激励是主动性的激励，它能够振奋人的精神，使人保持饱满的工作热情以及高涨的积极性和主动性。负激励是被动性的激励，它是通过对人的错误动机和行为进行压抑和制止，促使其幡然醒悟，改弦更张。

（5）内激励与外激励相结合。采用属于工作条件、工作环境方面的因素实施的激励，叫作外在激励；由工作本身所产生的激励，称为内在激励。根据双因素理论，外在激励能够消除不满，但不会激发人的工作热情；只有内在激励才能激发人的工作热情，但如果没有外在激励，人将产生不满情绪。因此，这两者必须结合起来。

（6）系统设计激励体系。激励手段多种多样，必须综合运用并优化组合，在空间上相辅相成，在时间上相互衔接，形成综合激励的格局。

三、激励的方法

（1）工作激励。它是指通过分配恰当的工作、予以恰当的授权、让员工参与管理、丰富工作内容等方式和途径来激发员工的工作热情。

（2）环境激励。环境主要是指工作与生活环境，包括组织中的行为规范、人际关系、工作与生活条件等方面的内容。

（3）成果激励。它是一种重要的激励手段，即利用人们对成就感的追求来激发人们的工作积极性。成果激励主要包括：正确评价工作，合理给予报酬和创造条件，帮助员工创造成果。

（4）培训教育激励。培训教育的作用包括两方面：一方面，培训教育可以使员工丰富知识，增强素质，提高业务技能，从而取得更多的晋升机会，为承担更大责任、更富有挑战性的工作创造条件；另一方面，可以提高员工在参与企业活动中的工作热情和积极性。

（5）目标激励。通过层层制定目标，使每个人的行动都与目标联系起来，从而激发每个人的积极性，为实现共同目标而自觉工作。

（6）支持激励。尊重下级的首创精神，支持下级的创造性劳动，从而调动下级的积极性。

（7）关怀激励。通过对员工无微不至的关怀，使员工感受到组织的温暖，增强主人翁责任感。关怀激励包括政治上的关怀、思想上的关怀、工作上的关怀和生活上的关怀。

（8）榜样激励。它是通过典型示范激励群众向先进学习的一种激励方法。要注意把本单位的榜样和全国、地区的榜样结合起来，这样才能使榜样激励发挥更大的作用。

（9）员工持股激励。在某些西方国家，它已经相当普遍。其出发点是实行产权多元化，激励员工在企业持股，利润共享。

随堂测 8

应知考核

一、单项选择题

1.激励的对象主要是（　　）。

A.组织目标　　B.组织范围内的员工或领导

C.员工的需要　　D.组织范围内的员工的利益

2.（　　）从组织范围角度出发，把人的需要具体化为员工切实关心的问题。

A.双因素理论　　B.需要层次理论

C.后天需要理论　　D.正强化理论

3.双因素理论研究的重点是（　　）。

A.人的需要是如何满足的　　B.组织中个人与工作的关系问题

C.影响人的需要的主要因素　　D.人的需要层次

4.某高中生成绩不错，他估计自己有80%的把握能考上大学，并且他也希望考上，其渴望程度为100%，那么该高中生考上大学的激励水平为（　　）。

A.100%　　B.80%　　C.50%　　D.88%

5.根据马斯洛的需要层次理论，可得出如下结论：（　　）。

A.对具体的个人来说，其行为主要受主导需要的影响

B.越是低层次的需要，其对人们行为所产生的影响越大

C.任何人都具有5种不同层次的需要，而且各层次的需要强度相等

D.层次越高的需要，其对人们行为所能产生的影响越大

6.中国企业引入奖金机制的目的是发挥奖金的激励作用，但到目前为止，许多企业的奖金已经成为工资的一部分，奖金变成了保健因素。这说明（　　）。

A.双因素理论在中国不怎么适用

B.保健和激励因素的具体内容在不同国家是不一样的

C.防止激励因素向保健因素转化是管理者的重要责任

D.将奖金设计成为激励因素本身就是错误的

7.公司好几个青年大学生在讨论明年报考MBA的事情。大家最关心的是英语考试的难度，据说明年将会有很大程度的提高。请根据激励理论中的期望理论，判断以下4人中（　　）向公司提出报考的可能性最大。

A.小郑大学学的是日语，两年前来公司后，才开始跟着电视台初级班学了些英语

B.小齐英语不错，本科就学管理，但他妻子年底就要分娩，家中又无老人可依靠

C.小吴被公认为“高才生”，英语棒，数学强，知识面广，渴望深造，又无家庭负担

D.小冯素来冷静多思，不做没有把握的事。她自信MBA联考每门过关绝对没问题，但认为公司里想报考的人太多，领导最多只能批准1人，而自己与领导关系平平，

肯定没希望获得批准

8.“多米诺比萨饼公司”在英格兰地区的一家分店，由于生面团用光而出现断档，致使该公司“30分钟以内送到”的供应保证落空，失信于消费者。为此，地区经理买了一千条黑纱让他手下的全班人马佩戴以示哀悼。对于该地区经理的这种做法，你的看法是（　　）。

A.该经理希望借助耻辱心理激励下属更加努力工作，不再出现类似的失误

B.这样做会打击下属的积极性，没有什么可取之处

C.这种做法符合当地的风俗习惯，不足为奇

D.商场如战场，企业失去顾客如同失去生命

9.张丽今年26岁，是某电脑公司市场开发部经理，思路敏锐，干劲十足，不久前刚获得某名牌大学硕士学位，目前工作待遇相当高，假如你是张丽的主管，你认为以下激励方式最能提高她的工作绩效的是（　　）。

A.采取以个人工作绩效为考核依据的奖励制度

B.减少对她的监督，使她有更多的决策和行动自由

C.对她的成绩给予公开表扬

D.提高她的地位象征，如更豪华的办公室、专用秘书等

10.日本丰田公司曾经有一位市场部经理，对下属采用“鞭策”式管理方法，工作有成效的给予重奖，做得不好就会受到严厉的惩罚，以此来激励员工拼命工作，这样做的结果使得该公司产品的市场占有率大幅度提高，这位经理运用的是（　　）。

A.激励需求理论　　B.X理论　　C.Y理论　　D.公平理论

二、多项选择题

1.关于X理论，下列说法正确的有（　　）。

A.X理论认为员工天性好逸恶劳

B.X理论与Y理论是相互对立的

C.X理论认为员工只要有可能就会逃避责任

D.X理论认为员工以自我为中心，漠视组织要求

2.需要层次论中高层需要包括（　　）。

A.安全需要　　B.社交需要　　C.尊重需要　　D.自我实现的需要

3.关于期望理论下列说法正确的有（　　）。

A.基础是自我利益

B.核心是双向期望

C.关键是正确识别个人目标和判断的三种联系

D.是由美国心理学家弗鲁姆在20世纪60年代中期提出并形成的

4.常用的激励方式有（　　）。

A.工作激励　　B.成果激励　　C.批评激励　　D.培训教育激励

5.激励是指那些有利于实现组织目标的自觉行动的发起、发展、坚持的心理过程，所以（　　）。

A.激励都表现为“我要做”而不是“要我做”

B.激励都表现为“要我做”而不是“我要做”

C.激励是一种组织现象，而不是一种个人现象

D.从激励行为本身来看，激励行为总是主动的

三、判断题

1.领导者打算通过增加额外的休息日来提高员工的劳动生产率，其结果总是有效的。（　）

2.激励产生的根本原因，可分为内因和外因。内因由人的认知、知识构成，外因则是指人所处的环境。（　）

3.对员工的激励能否有效很大程度上取决于领导者权力的运用。（　）

4.麦格雷戈认为，X理论的假设比Y理论更实际有效。（　）

5.需要层次论认为，不同层次的需要会同时出现，尽管前一层次的需要未得到满足。（　）

四、简答题

1.简述激励的概念、性质。

2.简述激励的类型。

3.简述激励的作用和过程。

4.简述激励理论的提出者及其要点。

5.简述激励的原则和方法。

应会考核

案例分析

【背景资料】

某公司年终会给每位员工发放2 000元奖金，但几年下来，总经理感觉这笔奖金没有起到应有的激励作用。他发现，员工在领取奖金的时候反应相当平淡，认为这是理所应当的，就像应得的薪水一样，并未因此在工作中表现得更加努力。考虑到这笔奖金起不到预期的激励作用，总经理决定停发这笔钱。但停发的结果却出乎他的意料，公司上下几乎每一个员工都在抱怨，导致工作效率明显下降，甚至出现了消极怠工的现象。总经理很困惑：为什么有奖金的时候，没有人会因此在工作上表现得积极主动，而取消奖金后，大家都不约而同地指责、抱怨甚至消极怠工呢？

【考核要求】

根据案例资料，请回答下列问题：

（1）什么是激励？请列举管理学中的三种激励理论。

（2）运用相关的激励理论，解释案例中的现象。

项目实训

【实训项目】

激励理论与应用。

【实训目标】

培养学生运用激励理论处理问题的能力。

【实训内容】

1.把全班学生分成若干小组，每6～8人为一小组（以模拟公司为单位），深入调查本公司成员学习情况和其他需求情况。

2.根据本公司的实际情况，运用所学的激励理论，制订一份能提高该公司员工工作热情的激励方案。

3.每组要深入分析本公司成员所制订的激励方案，优选一份激励方案，供全班组织交流。

【实训要求】

1.学生要把握好激励理论的知识要点。

2.对本公司成员进行调查和制订激励方案要以管理者的身份出现。

3.每组在优选激励方案时，要注意两点：运用的激励理论是否正确；激励方案是否对本公司有效。

项目九　沟　通

知识目标

理解沟通的概念、目的和作用；掌握沟通的特点和分类；熟知沟通的网络；掌握有效沟通的原则、技巧；了解冲突的概念、形式及产生的原因；掌握常见的冲突管理方法及谈判技能。

技能目标

学生具备基本的沟通能力；能够结合实际合理使用沟通技能。

素质目标

通过本项目的学习及教师一系列的教学活动，学生能充分体验沟通的重要性，并能适当地运用到管理中去。

知识精讲

任务一　沟通概述

一、沟通的概念、目的和作用

1）沟通的概念

沟通是指为达到一定的目的，将信息、思想和情感在个人或群体间进行传递与交流的过程，也可以说是可理解的信息在发送者和接收者之间的传递过程。要理解沟通的概念，必须从以下三点入手：

（1）沟通四大要素。其包括：①沟通主体。它又称为沟通信息的发送者。在沟通的过程中，总有一方是信息的主动发送者。②沟通对象。它又称为信息的接收者，即在信息沟通过程中处于被动地接收信息的一方。不过，在沟通的不断循环过程中，信息的发送者和信息的接收者的身份会不断改变，特别是在双向沟通中，无论是哪一方，都既要充当信息的发送者，又要充当信息的接收者。③沟通内容。在沟通的过程中所传递的信息包含的内容是多种多样的，可分为事实、情感、价值观、意见和观点等。④沟通渠道。渠道是由信息发送者选择的借以传递信息的媒介物。不同的沟通渠道，其沟通效果是不同的，不同的信息内容应当选用不同的沟通渠道。管理沟通模型，如图 9-1所示。

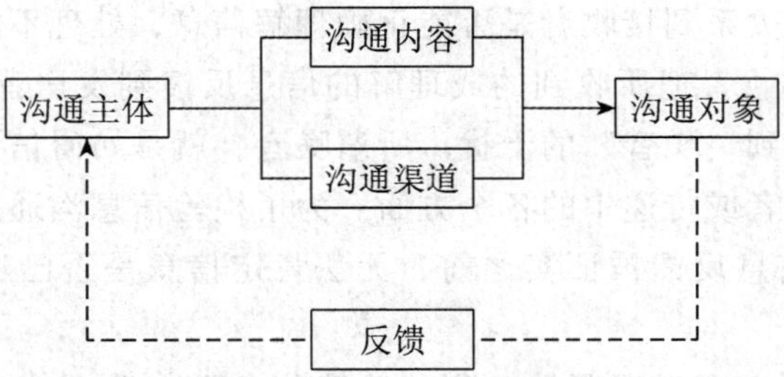

图 9-1　管理沟通模型

【案例赏析 9-1】马拉松冠军的秘诀

在东京国际马拉松邀请赛中，名不见经传的山田本一获得了世界冠军。有很多人对此表示质疑。两年后的意大利国际马拉松邀请赛中，他再次获得冠军。山田本一又是怎样获得成功的呢？在接受采访中他这样说："每次比赛前，我都要乘车把比赛的路线仔细看一遍，并把沿途比较醒目的标志画下来，比如第一个标志是一棵大树；第二个标志是银行；第三个标志是一座红房子。这样一直画到比赛的终点。比赛开始后，我就以百米的速度奋力冲向第一个目标，等到达第一个目标后，又以同样速度向第二个目标冲去。40 多公里的赛程，就被我分解成这样几个小目标轻松跑完了。"山田本一成功的奥秘就在于将最终目标分成几个小目标，每一个小目标都以最饱满的激情和动力来完成，从而达到最后的胜利。

案例精析 9-1

资料来源　付征．管理学基础［M］．2 版．上海：上海财经大学出版社，2019.

（2）沟通是一个过程。信息沟通是指一个信息发送者通过选定的渠道把信息传递给接收者，这个过程由以下几个步骤组成，如图 9-2 所示。

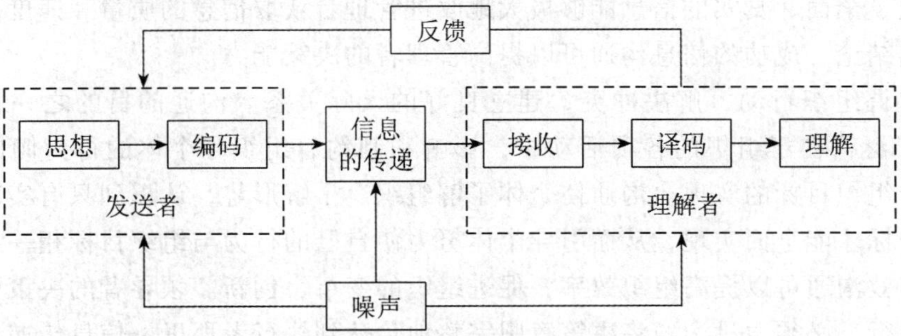

图 9-2　沟通过程

第一，明确要沟通的内容。信息发送者发出信息是因为某种原因希望接收者了解某件事情，因此，首先要明确信息内容。

第二，编码，即把信息译成一种双方都能理解的符号，如语言、文字、手势等。要发送的信息只有经过编码，才会有准确的信息沟通。

第三，选择信息传递手段。信息的传递有多种手段可供选择，如口头交谈、书面文件、电话、网络等。

第四，译码。接收者需要对收到的信息进行译码，即研究和理解所收到的信息的内容和概念。这个译码过程关系到接收者是否能正确理解信息，处理不好，信息就会被误解。

第五，反馈，即接收者把所收到的或理解的信息反馈到发送者那里，供发送者核查。信息的沟通过程经常受到“噪音”的干扰。所谓噪音，就是妨碍信息沟通的任何因素，它可能来自发送者、接收者或传递中的各个方面。为了检验信息沟通的效果如何，反馈是必不可少的。因为，在信息反馈被证实之前，无法肯定信息是否已经得到有效的编码、传递、译码和理解。

第六，再传递。发送者根据所接收到的反馈信息再次发出信息，肯定原有的信息传递，或指出已发生的某些偏差并加以纠正。

第七，再反馈。接收者根据所接收到的信息采取行动，或做出自己的反应。信息传递的目的是发送者要看到接收者采取发送者所希望的正确行动。

(3) 管理沟通主要发生在人与人之间。人与人之间的沟通有许多独特之处。例如，人与人之间的沟通主要是通过语言或文字形式进行的；在沟通中，在信息交流的同时包含着情感、思想、态度的交流，沟通双方的心理、态度、知识及价值观都对沟通的结果有着重要影响；由于受沟通双方心理、态度、知识等的影响，在沟通中经常会出现一些特殊的沟通障碍。

2）沟通的目的

组织中的沟通的目的是信息分享，使组织的所有行为在既定目标上保持一致。随着组织内外部环境的变化，组织必须迅速、准确、及时地掌握组织内外部的各种信息，在充分分析的基础上，重新思考和确定组织的使命和战略目标等，并且在组织内进行激励和部署，使得每名员工都能够分享，并转化和落实到日常工作中，保证组织内部的所有行动与活动与组织的使命和目标保持一致。

3）沟通的作用

(1) 沟通是管理者正确决策的前提和基础。管理者是根据汇总的信息做出决策的，而及时、有效、全面、真实的信息能够极大地改进管理者获取信息的质量和速度。因此，我们可以得出结论，成功的信息沟通可以提高管理者的决策能力。

(2) 协调组织行动，解决冲突，建立良好的人际关系。沟通的目的之一就是解决冲突。冲突广泛存在于组织的各项活动中，影响和制约着组织和个体的行为倾向和行为方式，影响着组织目标的实现。沟通使个体了解组织、了解形势，认识到只有实现了组织目标，个人目标才能全面实现，从而引导个体努力使自己的行为与组织目标相一致。

(3) 有效沟通可以提高组织效率，促进组织的变革、创新。领导者的决策要得到及时的贯彻、执行，必须通过沟通将决策意图完整地传达到执行者那里。信息传递不及时，执行者不能正确理解决策意图，就会影响决策执行的效果。人与人之间、部门与部门之间的有效沟通同样可以促进效率的提高。

此外，组织变革方案需要通过沟通传递给基层群众，取得群众的支持并促进变革的成功；同样，基层的一些好的想法和建议，也需要通过沟通传达给有关领导，取得领导的认可并得以实现。

二、沟通的特点

人与人之间的信息沟通有其自身的特点，这些特点主要有：

（1）心理因素对沟通的效果影响很大。在人与人之间的信息交流过程中，交流效果必然会受到人的心理活动的影响，由于人都具有爱与憎、喜好与厌恶等情感，同时人又具有丰富的想象力，因此人们在进行信息交流的时候，都会不自主地受到这些情感及心理因素的支配，对沟通的效果产生很大的影响。

（2）沟通既是一个信息传递的过程，同时又是培养感情、交流感情的过程。由沟通的第一个特点可知，沟通中人的心理因素必然会起到一定的作用。所以，沟通就不只是简单的信息传递的过程了，还伴随着思想、感情等的交流。

（3）沟通是以语言为工具和载体的。在人与人的交流中，语言是最基本的工具，不过这里的语言指的是广义的语言，既包括书面语言、口头语言，也包括肢体语言。选择什么样的语言进行沟通，对沟通效果有着直接影响。

三、沟通的分类

信息沟通可以从不同的角度进行各种分类，每种分类又都有其自身的特点。对组织而言，信息沟通具体可分为以下几种类型：

1）按沟通的渠道来划分，可分为正式沟通和非正式沟通

（1）正式沟通。它是通过组织明文规定的渠道进行信息传递和交流的方式。如组织与组织间的公函来往、组织内部的文件传递、召开会议、请示报告等都属于正式沟通。

正式沟通的优点在于：沟通效果好，具有严肃性，约束力较强，易于保密，可以使信息沟通保持权威性。重要的消息和文件的传达、组织的决策等，一般都采用这种方式。正式沟通的缺点在于：依靠组织系统层层传递，沟通速度较慢。

（2）非正式沟通。它是指在正式沟通渠道之外进行的信息传递和交流。它无组织监督，自由选择沟通渠道。如员工之间的私下交谈，议论某人某事，传播小道消息、流言等都属于非正式沟通。

非正式沟通的优点在于：这种沟通方式约束小，比较容易把真实的思想、情感、动机表露出来，且不拘形式，直接明了，速度快捷，沟通方便。非正式沟通往往能提供一些正式沟通中难以获得的信息，但非正式沟通发挥作用的基础是组织中良好的人际关系。

非正式沟通的缺点在于：难以控制，传递的信息难以保证其准确性，易于失真、被曲解，而且可能导致传播流言蜚语、小道消息，混淆视听，影响组织内的人心稳定和组织的凝聚力。

2）按沟通的方法来划分，可分为口头沟通、书面沟通、非语言沟通和电子媒介沟通

（1）口头沟通。它是指沟通双方以口头语言进行的直接沟通方式。如谈话、讨论、会议、电话洽谈等都属于口头沟通。口头沟通的优点在于：能够充分、迅速地交换意见，能当面提出或回答问题，比较灵活、快捷、主动，而且简单易行；沟通双方不仅可以进行面对面的语言交流，而且可以进行情感交流，借助于表情、体态、手势等表达思想和情感，增强亲切感，有利于深入理解对方的想法，提高沟通效果。

口头沟通的缺点在于：沟通的范围有限，尤其面对分散而众多的人员时无法直接对话；口头沟通的随机性较强，由于缺乏深思熟虑，使得发送者和接收者之间有时会提一些多余的或不相关的信息，浪费时间，影响效率；口头沟通后的信息难以被全部回忆起来，易于遗忘；对口头表达能力不强的沟通者来讲，难以准确地表达信息的内容。

（2）书面沟通。它是指沟通双方以文字、图画、图表等书面形式为媒介而进行的沟通。如通知、文件、报表、书信等都属于书面沟通。书面沟通的优点在于：信息可以作为档案材料和参考资料长期保存下来，便于查阅；有一定的严肃性和规范性，在表达方式上往往比口头沟通更为详细，可供接收者慢慢阅读、细细领会，同时可减少解说的时间和不当解释所造成的失误。

书面沟通的缺点在于：书面沟通的时效有限，不易随时改动，适应情况的应变能力差，往往难以达到预期效果，有时冗长不便于阅读，如果写得不好，会使接收者陷入迷惑不解的困境。另外，变成书面形式也较费时。

（3）非语言沟通。一些极有意义的沟通既非口头形式也非书面形式，而是非语言沟通，比如警笛声和十字路口的红绿灯显示都不是通过文字向我们传达信息的。

（4）电子媒介沟通。当今时代我们依赖各种各样复杂的电子媒介传递信息，除了电话以外，还有闭路电视、计算机、传真机等一系列电子设备，将这些设备与言语和纸张结合起来就产生了更有效的沟通方式，其中发展最快的是电子邮件。

电子媒介沟通的优点在于：迅速而廉价，并可同时将一份信息传递给多人。电子媒介沟通的缺点在于：缺少反馈。

3）按信息沟通中信息流动方向来划分，可分为上行沟通、下行沟通和平行沟通

（1）上行沟通。它是按组织层次由下而上所进行的信息交流。上行沟通的优点是：员工可以把自己的意见向领导反映，获得一定程度上的心理满足；管理者也可以利用这种形式了解企业生产经营和管理的实际状况，并与下属形成良好的关系，提高管理水平。上行沟通的缺点是：在沟通过程中，下属因级别不同易造成心理距离，形成心理障碍，更害怕被“穿小鞋”，受打击报复，不愿反映情况。有时，由于特殊的心理因素，经过层层过滤，信息被曲解，出现适得其反的结局。同时，上行沟通效率不佳。

（2）下行沟通。它是按组织层次由上而下的信息交流，如上级向下级发布指示、命令，安排工作、布置任务等。

（3）平行沟通。它亦称横向沟通，是指处于同一级的组织、单位或个人之间的信息传递和交流，沟通双方没有隶属关系。

平行沟通的优点是：第一，它可以使办事程序、手续简化，节省时间，提高工作效率；第二，可以使企业各个部门之间相互了解，加强工作协调，有助于培养整体观念和团结合作精神，克服本位主义；第三，可以增强员工之间的互谅互让，培养员工之间的友谊，满足员工的社交需要，使员工提高工作兴趣，改善工作态度。

平行沟通的缺点是：头绪过多，信息量大，易造成混乱，尤其是员工个人之间的平行沟通可能成为员工发牢骚、传播小道消息的一条途径，造成涣散群体士气的消极影响。

【案例赏析 9-2】《杜拉拉升职记》中成功的“上行沟通”

拉拉（中层经理）指使海伦（下属员工）取得上海办行政报告（玫瑰曾负责的区域）的格式，经研究确认大致适合广州办使用后，她就直接采用上海办的格式取代了广州办原先的报告格式。

这一举措果然讨得了玫瑰（上级领导）的欢心，由于拉拉使用了玫瑰惯用的格式，使得她在查阅数据的时候方便了很多，也让她获得了被追随的满足感。对拉拉来说，玫瑰

（上级领导）自然不会挑剔她本人推崇的格式，因此拉拉也就规避了因报告格式不合玫瑰（上级领导）心意而挨骂的风险。拉拉一眼瞧出了海伦（下属员工）腹诽自己，于是把海伦叫到自己座位边，问她："如果你是玫瑰（上级领导），你是愿意几个办事处每个月的报告各有各的格式，还是更希望大家用统一的格式呢？"

海伦（下属员工）不假思索地说："那当然是统一的格式方便啦。"拉拉说："既然得统一，你是喜欢用你自己用熟了的格式，还是更愿意用你不熟悉的格式呢？"海伦（下属员工）说："肯定选自己用熟的格式啦。"拉拉继续说道："那不结了，玫瑰（上级领导）也会喜欢用自己熟悉的格式嘛。"海伦（下属员工）无话可说了，憋了半天又不服气道："我们原来的格式没有什么不好。现在这一换，要多花好多时间去熟悉表格。"拉拉憋住笑，摆出循循善诱、诲人不倦的架势说："那你就多努力，早日获得提升，当你更重要的时候，你的下级就会以你为主，和你建立一致性啦。谁叫现在经理是玫瑰不是你呢？"

从以上的片段中我们看得出，主人公拉拉为了实现有效的上行沟通，的确用了很多心思。其中，最重要的一点就是懂得采取"同理心"的沟通方式，进行换位思考，如"如果你是玫瑰（上级领导），你是愿意……"。拉拉很清楚在向上级领导（玫瑰）汇报时，应该采用上级领导更为熟悉、更加方便的方法。这种沟通的结果自然能够"讨得玫瑰（上级领导）的欢心，由于拉拉使用了她惯用的格式，使得她在查阅数据的时候方便了很多，也让她获得被追随的满足感"。

案例精析9-2

4）按沟通过程中信息发送者与信息接收者的地位来划分，可分为单向沟通和双向沟通

（1）单向沟通。这是指信息的发送者与接收者的地位不改变的沟通。在这种沟通中，不存在信息反馈。其优点是：沟通比较有秩序，速度较快。不足之处是接收者不能进行信息反馈，容易降低沟通效果。

（2）双向沟通。这是指在沟通过程中信息的发送者与接收者经常换位的沟通。在这种沟通中，存在着信息反馈，发送者可以及时了解信息接收者对所传递信息的态度、理解程度，有助于加强协商和讨论，提高沟通效果。但双向沟通一般费用较高，速度慢，易于受干扰。

四、沟通的网络

信息沟通网络可以反映一个群体的结构，也可以表明组织中的权威系统。不同的沟通网络不仅对群体活动的效率具有不同的影响，还会影响群体成员的心理和组织的心理气氛。信息沟通网络多种多样，按沟通渠道可将其归纳为两类，即正式沟通网络和非正式沟通网络。

1）正式沟通网络

正式沟通网络是指由组织正式规定的信息沟通渠道所形成的沟通结构形式。正式沟通网络有五种基本类型，如图9-3所示。

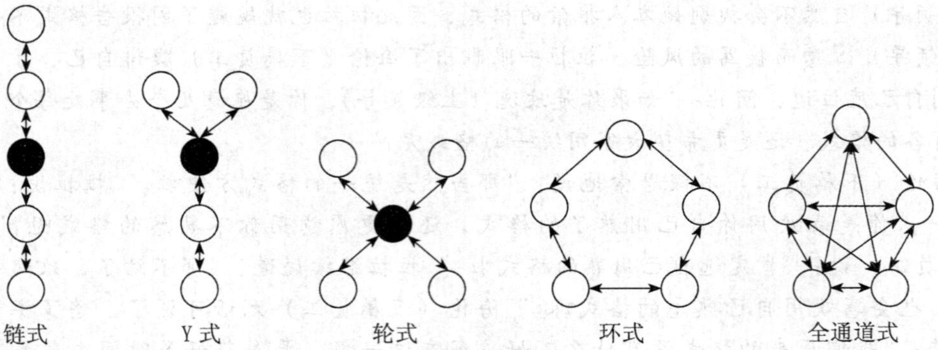

图9-3　正式沟通网络的类型

（1）链式信息沟通网络。在这个网络中，居于两端的人仅能与内侧的一个成员相联系，居中的则可分别与两个人沟通信息。在一个组织系统中，它相当于一个纵向沟通网络，信息可以自上而下或自下而上传递。在这种网络中，信息经过层层传递，容易出现失真的现象。各个信息传递者所接收的信息差异很大，平均满意程度有较大差距，处于最低层次的沟通者只能作上行沟通，或接受失真度较高的信息，因此心理压力大，最容易产生不满足感，其他层次的沟通者的心理满足感居于中等状态。在管理中，如果组织系统过于庞大，需要实行分层授权管理，那么，利用链式信息沟通网络是一种行之有效的方法。

（2）Y式信息沟通网络。这是一个纵向沟通网络，其中只有一个成员是信息沟通的核心，成为沟通的中间媒介，代表两个主管人员分别向下传递信息，或者下级向两个上级传递信息。这种信息沟通网络集中化程度高，解决问题的速度快。其中，交接点是沟通的中心，接收的信息量大，成为信息反馈的媒介。如果将这个网络颠倒过来，并稍作改动，就成为如图9-4所示的模式。

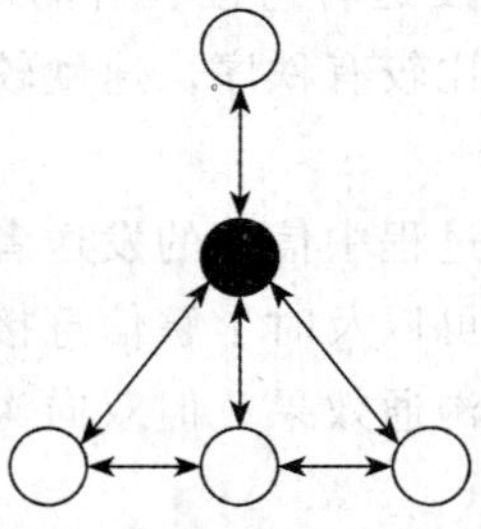

图9-4　颠倒并改动后的Y式信息沟通网络

这个模式表示一个组织中主管人员通过第二级层次（如秘书或其他中间人物）与三个下级发生沟通联系。这种现象在组织中十分常见。秘书处于沟通中心，获得了最多的情报信息，即主管领导的指示要经过秘书传达到下面，下面的意见也要先集中到秘书这里再向上反映。这种组织结构很容易出现领导被架空、权力转移到秘书手中的现象。

（3）轮式信息沟通网络。这种网络属于控制式网络，主管人员分别与几个下级发生沟通联系，各下级之间无沟通联系。在组织中，这种网络大体类似于一个主管领导直接管理几个部门的权威控制系统。这种网络集中化程度高，解决问题的速度快，领导是“全权”的，所有下级只能在他的直接领导下进行工作。因此，轮式信息沟通网络是加强组织控制、争时间、抢速度的一种有效方式，如果某一组织接受了紧急攻关任务，要求进行严密控制，就可采取这种网络。但是，在这种网络中，只有处于核心地位的主管领导才了解全面情况，其他成员之间消息闭塞，平行沟通少，很难达到彼此的协调与合作，心理满足程度低，影响士气，特别是有碍下属发挥其主观能动性。

（4）环式信息沟通网络。该网络可以被看成链式网络的一个封闭控制结构，表示成员之间彼此依次联络和沟通，其中每个人都可同时与两侧的人沟通信息。因此，个人的心理满足程度无明显的高低之分，集中化程度低，成员具有较为一致的满意度，故这种沟通网络中的成员士气高，参与感比较强，有助于调动成员的积极性和主动性，但沟通的速度慢，精确性不够。

（5）全通道式信息沟通网络。这是一个开放式的网络系统，表示所有成员都能彼此直接沟通联系，人人都处于平等地位，无中心人物。在这种网络中，集中化程度很低，可采取的沟通渠道很多，各个沟通渠道之间全面开放，因此，成员的平均满足程度很高，团体民主气氛浓厚，士气高昂，合作精神强。

2）非正式沟通网络

所谓非正式沟通网络，是指群体中未经批准的信息的自由传播渠道所形成的沟通结构形式。美国管理心理学家戴维斯对非正式沟通网络进行了研究，他曾在一家皮革公司对67名管理人员进行过一次调查，采取顺藤摸瓜的方法对小道消息进行研究，发现非正式沟通有四种类型，如图9-5所示：①单线式。这种传播模式表示信息发送者通过一连串的人把消息传播给最终的接收者。②流言式，或称闲谈式。这种传播模式表示一个人主动把小道消息传播给其他一些人。③偶发式。这种传播模式表示信息发送者偶然间将消息传给他人，他人也随机传播，并非有意传播。④集束式。这种传播模式表示信息发送者有选择地将消息告诉自己的朋友或有关人员，有关人员得到消息后也照此传播。

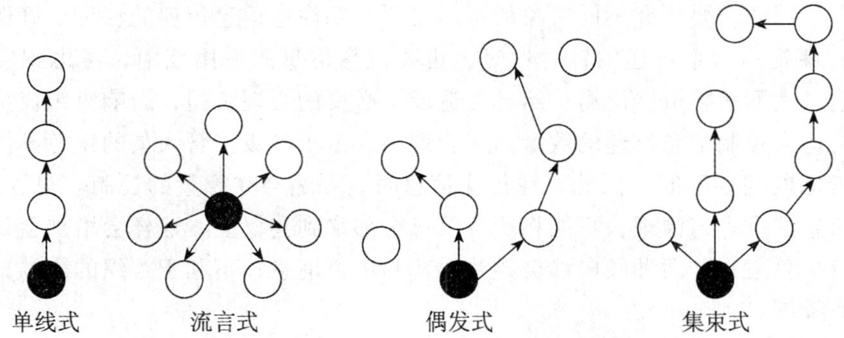

图9-5　非正式沟通网络的类型

任务二　沟通管理

一、管理中的沟通障碍

阻碍管理沟通的因素是十分复杂的，但大致可以分为以下几个方面：

（1）环境方面的沟通障碍。这是指自然环境方面的某些要素可能会减弱或阻断信息的发送或接收。例如，信息传递的空间距离较远、传递中的噪声与干扰、所用沟通工具的运行故障等。

（2）制度方面的沟通障碍。这是指在管理沟通观念、领导方式、沟通体制与制度、与沟通相关的权限、职责设置等方面影响沟通的因素。例如，一位专制型、独裁的管理者是很难与下级进行很好的沟通的。

（3）心理方面的沟通障碍。沟通主体与沟通对象在个性、心理等方面的因素也会影响管理沟通的顺利进行。例如，一位对管理者心存排斥和偏见的下级就很难接受管理者的正常沟通信息。

（4）语言方面的沟通障碍。语言是管理沟通中最基本的工具。信息发送者如果口齿不清，词不达意或者字体模糊，就难以把信息完整地、准确地表达出来；如果使用方言、土语，会使接收者无法理解。在不同国籍的人之间的交流中，这种障碍更明显。受主观理解的影响，接收者在接收信息时，会根据自己的知识经验去理解，按照自己的需要进行选择，从而可能会使许多信息内容丢失，造成信息的不完整甚至失真。

二、有效沟通的原则

（1）信息传递要贯彻多快好省的原则。“多”，是就数量而言的，即在单位时间内传递的信息数量要多；“快”是就速度而言的，即信息传递要迅速、及时，一条很有价值的信息，如果传递速度过慢，就可能变得毫无价值；“好”是就质量而言的，即要消除信息传递中的种种干扰，保持信息的真实性；“省”是就效益而言的，要求在较短的时间内，花较少的费用，取得良好的沟通效果。在信息传递中，这几方面互相联系、互相制约，要加以协调。

（2）传递信息要区分不同的对象。这一方面是指在传递信息时的目的性，另一方面又指信息传递的保密性。信息是有价值的，但是，价值的大小因人而异，同一信息对不同的人价值不同。因此，要研究不同对象的不同需要，要注意信息传递的目标，确保信息的效用。此外，在提高信息传递的针对性时，也要注意信息的适用范围，考虑到信息的保密度，防止信息大面积扩散、泛滥，给员工造成不必要的心理负担，影响组织成员的士气。

（3）要适当控制信息传递的数量。在管理中，由于各级主管人员的角色不同，每个组织成员所考虑的问题不同，因此，在传递信息时，要适当注意量的控制。对管理者来说，也要注意信息的审查与清理，不能将所有信息全部拿到会议上，这样会增加会议负担，导致心理疲劳。总之，这两种倾向都会导致谣言和小道消息，不利于组织的团结，影响团队士气和工作效率。

（4）要控制使用越级传递。所谓越级传递，是指撇开管理信息系统的层级关系，使沟通双方直接交流。在管理中，不能过多采用这种方式，但在某些特殊情况下可以控制使用。例如，上级想了解下属的情况；为了迅速处理管理中的重大问题；由于上级主管部门官僚主义严重，会妨碍时效；时效性特别强的信息需要立即向决策者汇报；涉及个人隐私，需要保密的材料等。

（5）合理利用非正式沟通。非正式沟通对组织活动有有利的一面，也有不利的一面，在一些情况下，非正式沟通往往能够取得正式沟通难以取得的效果。但是，它也可能成为散布谣言和小道消息的渠道，产生负作用。对于非正式沟通，管理者应合理利用，实施有效的控制。例如，组织重要决策要使用正式渠道传递，不能用非正式渠道传递，否则会造成混乱；而宣传理念、相互了解等则可以充分利用非正式渠道。

（6）在信息加工处理过程中也需要信息反馈。这是确保信息准确性的一条可靠途径。这种反馈要求是双向的，即下级部门经常给上级领导提供信息，同时接受上级领导的信息查询；上级领导也要经常向下级提供信息，同时对下级提供的信息进行反馈，从而形成一种信息循环流。一般来说，无论什么信息，在加工处理后，都需做出反馈，只是方式可以不同。有实际价值的信息可以进行决策，采取行动；没有实际价值或暂时用不上的信息必须及时答复，加以反馈。一种简单有效的控制办法是把信息加工处理的情况定期反馈给信息提供者。这样做，一方面可以提高针对性，降低信息提供部门的盲目性；另一方面可以加强信息发送者和接收者之间的心理沟通，提高团队士气，调动员工参与管理的积极性。

三、有效沟通的技巧

1）选择合适的沟通方式

沟通者应根据沟通的内容和特点，选择不同的沟通方式。如果所要沟通的内容是上级的命令、决策或者是规章制度，则适宜选择正式沟通和书面沟通。若沟通内容属于规章制度以外的问题，或属于组织成员的琐碎小事，则选择非正式沟通或口头沟通效果可能更好。有些人看重制度和程序，与这些人进行沟通，最好选择正式的和书面的沟通方式。而有些人比较注重目的和结果，如能达到目的，可以不顾制度和程序的约束，这些人在进行沟通时，倾向于采取非正式和口头的沟通方式。

2）有效沟通的行为准则

在长期的管理实践中，成功的管理者为我们提供了有效沟通的行为准则，主要有：①自信的态度；②体谅他人的行为；③适当地提示对方；④有效地直接告诉对方。

3）学会积极倾听

积极主动地倾听可以帮助你获取重要的信息；可以掩盖自身的弱点；善听才能善言；可以使你获得友谊和信任。在倾听时，要注意以下几点：①鼓励对方先开口；②使用并观察肢体语言；③非必要时，避免打断他人的谈话；④反应式倾听；⑤弄清楚各种暗示；⑥暗中回顾，整理出重点，并得出自己的结论；⑦接受说话者的观点。

【案例赏析9-3】倾听客户的回报

于聪是一家大型电器生产厂家的销售部经理，最近他了解到公司最新推出的一批产品有问题，接到客户投诉的情况特别多。为了能尽快解决这个问题，他把所有的客户投诉都仔细分析了一遍，并走访了部分投诉客户。在倾听客户的抱怨时，他表示出了极大的同情和理解，并且保证在最短的时间内解决目前产品的质量问题。客户感受到了厂家这种真诚的态度，表示继续支持该公司的产品。通过于聪的努力，投诉不但没有使公司的名誉受到损害，而且为生产部门迅速解决产品质量问题争取到了宝贵的时间。一个月后，新产品的所有问题都被圆满解决了，不但公司的销售业绩没有下降，而且赢得了“想客户所想，急客户所急”的好口碑。

案例精析9-3

请对本案例进行分析，谈谈你的感想。

任务三　组织冲突

一、冲突的概念

冲突是指由于某种差异而引起的抵触、争执或争斗的对立状态。

二、冲突的形式

（1）群体之间的冲突。它是指群体与群体之间产生的矛盾。

（2）群体内部成员之间的冲突。它是指群体内两人或两人以上由于意见、情感不一致而产生的分歧状态。

（3）个人心理上的冲突。它表现为当一个人面临两种不相容的目标时所体验到的一种左右为难的心理感觉。

三、冲突产生的原因

（1）群体之间的冲突产生的原因。其包括：①由于组织内部各部门群体之间竞争不适当，引起敌对意识、攻击行为、本位行为、小团体主义；②由于组织结构设计不当，造成各部门群体间在人力、物力、财力等方面的矛盾；③组织结构不合理，规章制度不健全，责任不明确，互相推诿或互相封锁，自成体系，造成冲突；④由于工作性质与工作特点不同引起冲突。

（2）群体内部成员之间的冲突产生的原因。其包括：①信息基因的冲突，指由信息沟通差错与意见交流受阻而产生的隔阂与冲突；②认识基因的冲突，指由知识、经验、思想、观念不同而引起的冲突；③价值基因的冲突，指由于理想、信念、价值观不同，对人对事的是非、善恶、好坏评价差异而引起的冲突；④本位基因的冲突，指由个人的小团体意识、本位主义、私心太重引起的冲突；⑤行为与习惯基因的冲突，指由个人的不良习惯造成的冲突；⑥个性与品德等本质基因造成的冲突。

（3）个人心理上的冲突产生的原因。其包括：①双趋式冲突。它又称“正正冲突”，指个体同时要达到两个具有同样吸引力和动机的目标，但个体又受到主客观条件的限制，无法同时实现两个目标，就会在心理上造成左右为难、无法取舍的冲突状态，形成双趋式冲突。②双避式冲突。它又称“负负冲突”，指个体同时面临两个对其都具有危害性的事件，即使避开这一个，也无法避开另一个。解决这一冲突的方法只能是“两害相权取其轻”。③趋避式冲突。它又称“正负冲突”，指个体既期望实现某一目标，同时又期望回避该目标，针对这种相互矛盾的情况做出抉择时，则会产生心理上的冲突。④双重趋避式冲突。它又称“双重正负冲突”，是指两个目标同时对个体既有利又有弊、既有益又有害的情况下发生的冲突。如选择职业时，一岗位条件优越而薪金不高，另一岗位待遇优厚而环境恶劣等。

四、冲突的发展过程

（1）潜在的冲突。在这一阶段，冲突处于潜伏状态，主要以能引起冲突发生的一些条件的形式存在，即彼此间有相互依赖关系，而且存在各种各样的差异性。

（2）冲突的表面化。如果处于潜伏期的冲突没有得到及时、有效的处理，冲突就会表面化，并表现出各种各样的形式。

（3）冲突的处理。事实上，冲突的处理并不总是发生在冲突的表面化之后，最有效的处理应该在冲突的潜伏期进行，那样会更有利于问题的解决。

（4）冲突的结果。经过一系列的发展、变化，冲突会产生一定的后果，双方可能是成功、失败或取得妥协，但所有的冲突后果都可以归结为三种形式：胜-胜、胜-负和负-负。

五、正确对待组织冲突的态度

（1）正视冲突的存在。近年来出现的一些新趋势，如非市场性的外部人员的权利不断增加、国际竞争日趋激烈和技术日益复杂化等，使得个体间的差异性特征和相互依赖的关系越来越突出。

（2）分清冲突的性质，区别对待。虽然说组织冲突是一种客观现象，管理者不应忽视或排斥它，而应该正视它的存在，但这并不意味着管理者对所有的冲突的态度千篇一律，平等对待。正确的态度是分清冲突的性质，区别对待。

六、常用的冲突管理方法

（1）协商解决法，即促使冲突的双方通过谈判、协商达成一定的协议来解决彼此间的冲突。

（2）互助解决法。这是冲突双方在第三者的协助指导下，通过充分讨论来解决冲突的办法。互助解决法与协商解决法不同的是，前者是寻求共同的认识基础，并以此作为边界条件，寻求合理的方案；而后者是强调调解、折中、妥协，双方互相让步。

（3）权威裁决法。它是由握有权力的人或组织对冲突做出裁决的方法。这种方法简单、省力，但只有当权威者是一个有能力、公正、熟悉情况并了解事理的人时，裁决才可能公正；否则，必然严重挫伤被裁决者的积极性。权威裁决法在情况紧迫时有其特殊的作用。

（4）组织调整法。重新设计组织结构是为了彻底消除产生冲突的根源，是最有利于解决团体之间冲突的方法，如常见的矩阵组织结构就是一个很好的例子，其中既有由横向的职能分工而形成的职能部门，又有纵向的按项目划分而形成的项目小组。

（5）权力支配法。它可以是一个管理者利用职权将冲突的对手一人或数人革除职务或进行人事调动；也可以是由几个人形成一个权力中心，以此支配他人或支配冲突的另一方；还可以是管理者致力于形成多数人一致的看法，使意见不一致的对方所拥有的力量小到可以忽视的程度，从而迫使对方退出冲突或保持沉默。

（6）回避法，即不问冲突的原因而允许冲突有控制地存在下去，其目的只是缓和冲突，使矛盾不致激化。

七、谈判技能

谈判是冲突双方通过各种不同的沟通渠道相互作用，以求共同解决冲突的过程。冲突涉及对稀缺资源配置的不同意见或者目标。一般来说，谈判的基础总是谈判的双方或多方之间既存在着利益冲突又有着共同的利益。谈判各方希望以非斗争的方式来协调利益冲突，就某些重大问题进行磋商后达成一定的协议。

谈判有两种形式：分配性谈判，是参与谈判的每一方都追求自身利益最大化，却想把最大化的损失强加给对方的谈判；整合性谈判，是一种旨在激励谈判双方获得双赢前景的谈判，即通常我们所说的“双赢”情境。

随堂测9

应知考核

一、单项选择题

1.吴总经理出差两个星期才回到公司，许多中层干部及办公室人员马上就围拢过来。大家站在那里七嘴八舌，一下子就开成了一个热烈的自发办公会，有人向吴总汇报近日工作进展情况，有人向吴总请求下一步工作的指示，还有人向吴总反映公司内外环境中出现的新动态。根据这种情况，最适当地反映了该公司的组织与领导特征的是（　　）。

A.链式沟通、民主式管理　　B.轮式沟通、集权式管理

C.环式沟通、民主式管理　　D.全通道式沟通、集权式管理

2.王先生前些年下岗后，自己创办了一家公司。公司开始只有不到10个人，所有人都直接向王先生负责。后来，公司发展很快，王先生就任命了一个副总经理，由他负责公司的日常事务并向他汇报，自己不再直接过问各部门的业务。在此过程中，该公司沟通网络的变化过程是（　　）。

A.由轮式变为链式　　B.由轮式变为Y式

C.由链式变为Y式　　D.由链式变为轮式

3.如果发现一个组织中小道消息很多，而正式渠道的消息较少，这意味着该组织（　　）。

A.非正式沟通渠道中信息传递很通畅，运作良好

B.正式沟通渠道中信息传递存在问题，需要调整

C.其中有部分人特别喜欢在背后乱发议论，传递小道消息

D.充分运用了非正式沟通渠道，促进了信息的传递

4.著名管理学家巴纳德说过：“高层管理人员的首要作用，就是发展并维持意见沟通系统。”在实践中，进行意见沟通需要一定的技巧，通常不能采取的技巧是（　　）。

A.该告诉员工的全部告诉　　B.让下级明了他在领导心目中的地位

C.不要经常称赞下级　　D.要明白上行沟通效率永远不会太高

5.据资料表明，语言表达作为管理沟通的有效手段，可分为三种类型：体态语言、口头语言、书面语言，它们所占的比例分别为50%、43%、7%。根据这一资料，你认为下述观点正确的是（　　）。

A.这份资料有谬误，因为文件存档时，最常用的是书面语言

B.体态语言太原始，大可不必重视它

C.人与人之间的沟通，还是口头语言好，体态语言太费解

D.管理沟通中，体态语言起着十分重要的作用

6.“静默语”，即不知不觉中向周围的人发出的信号，“在你开口以前，你已经把什么都说了”。你认为这是一种沟通吗？（　　）

A.是，属于视觉沟通

B.不是，这属于视觉印象，是领导形象研究的问题

C.是，属于非语言沟通

D.不是，因为这是别人的看法，而沟通应是主动的

7.某企业规定，员工在休探亲假时必须写一份探亲地的市场调查报告，否则不予报销来回车票，通过这种报告而提供的信息是一种（　　）。

A.正式沟通　　B.下行沟通　　C.上行沟通　　D.平行沟通

8.李总经理一向非常专权，最近参加了一次高级管理培训班后，认为有必要在企业中推行新的领导方式。他开会时宣布“从现在起我们要实行参与式管理”。说着，猛地握紧拳头在桌子上重重地一捶。此举反映出（　　）。

A.他根本无心推行参与式管理　　B.他推行参与式管理的决心很大

C.其言语沟通与非言语沟通极不一致　　D.无法判断

9.一般人都可以分为“读者”“听众”这两种类型。有研究表明，对一个“读者”类型的人不停地说，那是徒费口舌，因为他只能在“读”后才可能“听”得进去。同样，对一个“听众”类型的人提交一份厚厚的报告书，实在是白费笔墨，因为他只有在“听”过之后才能抓住要点，该研究表明（　　）。

A.沟通方式选择不当可能造成沟通的障碍

B.口头沟通与书面沟通作为两种沟通方式，谁优谁劣难以一概而论

C.沟通方式的选择需要遵循权变管理原则

D.以上结论都正确

10.人际沟通中会受到各种“噪音干扰”，这里所指的“噪音干扰”可能来自于（　　）。

A.沟通的全过程　　B.信息传递过程　　C.信息解码过程　　D.信息编码过程

二、多项选择题

1.按照方法划分，沟通可以分为（　　）。

A.口头沟通　　B.书面沟通　　C.非语言沟通　　D.电子媒介沟通

2.按信息沟通中信息流动方向划分，沟通可以分为（　　）。

A.横向沟通　　B.上行沟通　　C.下行沟通　　D.平行沟通

3.处理冲突的一般方法有（　　）。

A.回避　　B.互助　　C.协商　　D.权威裁决

4.实现有效谈判的方法有（　　）。

A.分配性谈判　　B.整合性谈判

C.抱着诚意开始谈判　　D.坚定与灵活相结合

5.对沟通的理解正确的有（　　）。

A.沟通的实质是信息传递
B.用语言沟通是人与动物的根本区别
C.沟通具有控制、激励、情绪表达和信息传递四大功能
D.在实际沟通中，一般非语言沟通比语言沟通传递的信息更真实

三、判断题

1.在沟通过程中至少存在一个发送者和一个接收者。（ ）
2.发送者比较满意双向沟通，而接收者比较满意单向沟通。（ ）
3.人际沟通是由人的自利行为的客观性和多样性决定的。（ ）
4.彼此不打交道的人也可以组成一个团队。（ ）
5.组织沟通的重要基础，一般是建立在市场交易关系基础上的契约关系。（ ）

四、简答题

1.简述沟通的概念、目的和作用。
2.简述沟通的特点与分类。
3.简述有效沟通的原则与技巧。
4.简述冲突的概念和形式。
5.简述在组织冲突中应持有何种正确态度，解决冲突的常用方法有哪些。

应会考核

案例分析

【背景资料】

LE集团的沟通障碍

LE集团公司东北分公司最近从华南分公司调来一位广东籍的总经理陈某，陈某在广东一带是很有名气的经理人，他有个特点：讲话从来不用讲稿，经常即兴发言，广东话风趣幽默，常常博得满堂喝彩。但他讲不好普通话，到东北分公司就任后，他召开全体员工大会阐述经营理念和战略，与下属积极沟通，以了解情况。开始下属很愿意找他汇报工作，但他经常打断下属的汇报，提出自己的意见。员工渐渐地不愿意向他汇报工作了；同时陈某也发现他在大会上的即兴讲话也没有得到员工们的响应，不能引起共鸣。

【考核要求】

请根据背景资料回答下列问题：

从进行有效沟通的角度帮助陈某分析原因并提出相应的对策。

项目实训

【实训项目】

沟通技能。

【实训目标】

通过沟通将学习目标放在真实的任务情境中，目的在于让学生学得真切、学以致用，提高沟通协调、调研策划等多方面的能力；锻炼学生人际交往的能力；借此机会了解企业的管理状况；从公司利益出发，提出自己的建议，希望能解决公司的管理问题。

【实训内容】

选择一个企业，通过和企业领导或员工沟通的方式，对这家企业的管理做全面的了解，并提出自己的建议。

【实训要求】

1.在沟通前做好信息准备工作，这些信息包括公司中的各种裙带关系和家族成员间的利益关系；公司以前是否有人提出过改革建议，结果如何；了解直接上级的性格和脾气以及他在公司中的地位和影响力；公司中存在的可以说明问题严重性的各种事实。

2.事先提出解决问题的草案。

3.先咨询后建议。作为一名在校大学生，对许多事情的认识还只是停留在表面，有时候甚至过于理想化，因此，不要把自己当作专家而是事事抱着谦虚的态度，先咨询，后提出自己的看法。

4.如果沟通顺利，没有在沟通中产生不满或者冲突，请记录好所采取的沟通方式；如果沟通不顺利，在沟通过程中产生了不满或者冲突，你是怎样解决冲突的？是怎样协调彼此关系的？

5.沟通结束后，写一篇关于与××公司相关人员沟通的报告，交给任课教师，任课教师根据情况打分评比。

项目十 团队管理

知识目标

理解团队、团队的分类及团队的角色；熟知团队管理的原则和方法、团队外部关系；掌握团队构建的程序和方法、团队的核心要素。

技能目标

学生应当了解自己所在团队的能力，能够正确地扮演自己在团队中的角色，进而掌握构建团队的方法和管理团队的要点。

素质目标

通过本项目的学习，学生明白在未来的组织中团队必将成为创造公司业绩的主要力量，培养学生的团队管理能力。

知识精讲

任务一 团队概述

一、团队的概念和性质

（一）团队的概念

团队（Team）是指通过成员的共同努力能够产生积极协同作用的群体，是拥有共同目标，具备不同能力、才干、经验和背景的一群人。事实表明，如果某种工作任务的完成需要多种技能、经验，那么由团队来做效果通常比个人好。团队成员努力的结果可以使团队的绩效水平远大于个体成员绩效的总和。尽管他们有各种不同，但共同的目标足以将他们凝聚成一个团队。团队与群体的区别见表10-1。

表10-1 团队与群体的区别

项　目	工作群体	工作团队
目标	信息共享	集体绩效
协同配合	中性	积极
责任	个体化	个体的或共同的
技能	随机的或不同的	互相补充的

（二）团队的性质

1.团队的能力性质

（1）对等知识联网。它是指一个知识节点能直接与另一个知识节点交流，而无须通过逐层的等级结构。团队中的每个成员作为一个工作节点（或知识节点），都不是孤立的，而是通过网络的方式联系在一起，成为一张知识网。在这张知识网中，每个人都是平等的互联，不存在任何层级，因此，它是一张“对等”的知识网。

（2）核心能力元。能存活下来的每一个企业都将成为独具核心能力的单元组织。所谓单元组织，是指企业功能被减缩为少功能或单功能的组织。这样的单元组织实际上就是一个团队。团队是具有核心能力的单元（简称“能力元”）。团队成员间的知识互相补充，通过知识联网共同构成核心能力所需的知识基础，并通过团队学习的方式增加团队知识容量，提高运用知识的水平，形成核心能力，从而使团队本身成为一个能力元。

（3）能力高效机制。每个组织作为知识及其运用的体系，都是一种能力放大机制的设计。员工的知识与能力是有限的，当相对于生产对象不足时，就会通过契约关系联合具有补足性知识、能力的员工，从而形成知识与能力的结合（形成组织），以超越个人的知识与能力。然而，组织中个人能力的超越不是简单的加总的超越，而是组织产出结果大于个人产出的总和。这是组织专业化分工的结果。此外，还另有原因，那就是被奥列弗·威廉姆森（Oliver Williamson）称为“团队生产和”的结果。

2.团队的组织性质

（1）团队群集——复合组织。根据团队能力的可交易性，可以将团队分为两种类型：依附团队和独立团队。依附团队的核心能力是结构性能力，是独立团队核心能力形成的部分。独立团队的核心能力是功能性能力，与其他独立团队结合，就可以形成完整的功能。

（2）团队——次级组织。除了本身就可以单独运行的一类独立团队之外，更多的团队则以群集的方式而存在。因此，在考察团队的组织性质时，放在团队基础组织这一复合组织的背景下分析，可以认为团队是“次级组织”。所谓次级组织，有两个方面的概念：第一，团队首先是一个组织；第二，团队存在于复合组织之中，作为功能性的单元组织而存在。

（3）自组织性、网络化与全息性。团队的形成，是队员相互接纳的过程，体现为“自组织性”。这里没有独裁式的管理者，只有平等协商的领导，而且，团队领导是从一个团队成员的角度进行工作的。

自组织性的结果，表现为团队结构的网络化，与团队基础组织的结果相似，因此称团队基础组织为“全息”组织是再贴切不过的了。“全息”（Holon）是指系统中的一部分，而部分既由更小部分组成，同时又是组成整体的一部分，且部分的特性折射出整体的特性。

二、团队高效的特征

高效的协作团队是实现特定工作目标和将目标转变为行为的最有效的工具。团队成员的协同工作可以产生更优质的工作成果、更良好的工作环境以及更高的工作效率。一个高效的团队通常具有以下特征：共同的目标；相关的技能；一致的承诺；良好的信任与沟通；良好的协作；一致的决策；解决成员之间的冲突；有效地计划和利用时间；有一个出色的团队管理者。

三、团队的组织形式

组织形式是指组织结构和活动过程的方式的综合表现。组织结构是指组织内部各个要素或方面相互联结的方式；活动过程是各种因素相互作用形成一个时间序列，在一定的时间段内形成一个连续不断的流程。

根据团队与所在组织的关系，可以将团队区分为组织内的团队和跨组织的团队。在一个组织系统内可以建立多个团队，这些团队属于同一个组织的团队。在不同组织之间，也存在跨组织的团队。例如，不同的公司联合起来解决共同的问题，组成跨组织团队。组织内的团队和跨组织的团队如图10-1所示。

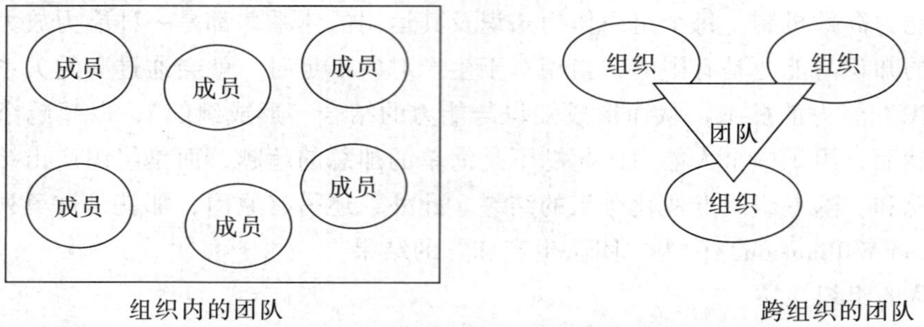

图10-1 组织内的团队和跨组织的团队

根据团队成员地理分布的特征，可以将团队区分为定点团队和虚拟团队。有的团队，其成员都居住在一个城市内，工作在一个距离有限的区域内，他们经常进行面对面的沟通，这种团队就是定点团队。有的团队，其成员分散在距离遥远的不同地域，主要通过现代通信网络进行远距离联系和合作，很少有面对面的沟通机会，这种团队就是虚拟团队。定点团队与虚拟团队地域分布的区别如图10-2所示。

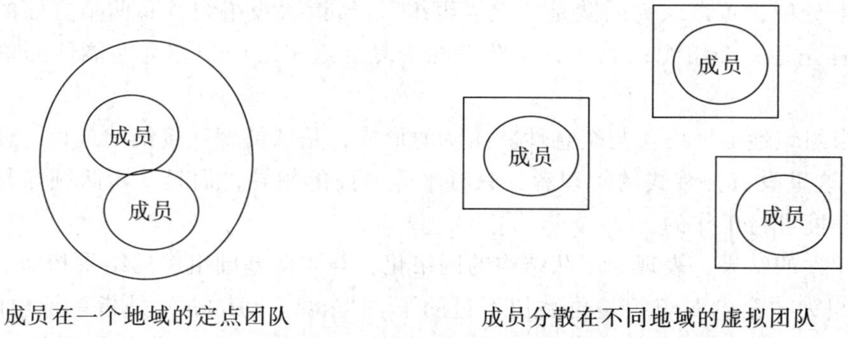

图10-2 定点团队与虚拟团队地域分布的区别

四、团队与非团队群体的转化

团队群体与非团队群体是可以相互转化的。在转化的过程中，存在类似团队的合作群体。类似团队的合作群体，我们不妨称为“准团队”。准团队与团队相比，前者团队特征的质量和程度不如后者，但它是由非团队向团队转化过程中的一种组织形态。可以说，准团队是正在构建团队过程中的群体。如果管理不当，或者无法很好地应对外部压力，一个团队也可能退化为准团队，甚至退化为普通群体。

另外，还存在一种与团队性质正好相反的群体类型，我们不妨称为“反团队”组织形态。反团队的组织内部各部门甚至个人之间相互争夺组织资源，不愿与其他部门和同事配合，即使有一定的配合和协作，也主要是迫于上级的命令，并非自愿自觉的配合。反团队的组织或群体的运转几乎完全依靠最高管理者的强权和高压，相互矛盾和冲突的小团体与个人统一处于最高管理者强权的操纵下，这种组织形态的合作是被迫的，合作程度是很低的。

反团队、一般合作群体与团队相比，哪种组织形态更有利于组织适应环境的变化是一目了然的。难怪当代的企业和非企业组织，几乎都推崇团队、团队精神和团队的工作方式。

群体几种典型形态的演变，如图10-3所示。

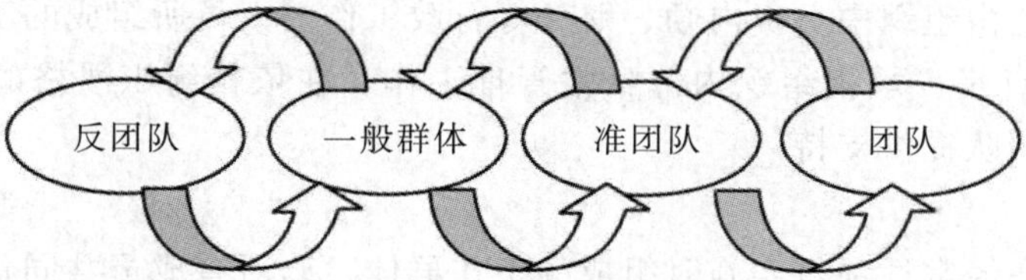

图10-3　群体几种典型形态的演变

一般的工作群体在发展为团队的过程中，要经过“准团队”阶段。这个过渡阶段可能很长，长达几十年；也可能很短，一年就能发展为团队。团队也可能会退化为一般的群体。

团队是一种最有效的组织形式，它可以应用于各种比较复杂的工作任务。不论是提供咨询意见，还是进行生产，或者营销，或者管理，都可以以团队的形式进行。因此，存在咨询团队、生产团队、营销团队和管理团队。当然，我们根据需要，还可以建立其他功能的团队。例如，在学校中可以有教学团队和学习团队。

任务二　团队分类

一、正式团队与非正式团队

（一）正式团队

正式团队一般是指常设的，承担经常性、重复性的工作，并且有明确的工作职责和组织形式的工作群体。一个正式团队各个层次的组成特点通常包括以下几方面：第一，组织决策层面上的团队由高水平专家组成；第二，组织操作层面上的团队主要由具有解决该层次上的问题和项目实施所需要的才智的人员组成；第三，各业务团队由具有项目所需知识的专业人员组成，负责执行并监督任务的完成；第四，支持性团队为组织的各项任务完成在专门领域内提供后勤保障。正式团队主要有以下几种类型：

1.高层管理团队

高层管理团队通常由一位最高管理层和一些直接向其汇报的下级管理者所组成。高层管理团队的任务与特点为：采取垂直型管理方式，负责组织的日常管理工作，以及讨论和决策组织的目标、发展战略与规划。例如，非营利组织的理事会、董事会等就属于高层管理团队。

2.交叉功能式团队

交叉功能式团队一般由来自各领域具备专门知识和技能的人员所组成。这种团队的主要任务与特点是：成员将各自的新的知识带入团队，从而交叉互补，以合作的方式共同解决某个关键性问题。例如，一个组织计算机网站的建设，就需要懂计算机网页设计、懂宣传、懂美术的人共同设计完成。这种工作群体就可以被看作交叉功能式团队。

3.业务式团队

业务式团队由组织中负责长期项目的人员所组成。这类团队的任务与特点是：除了完成本职工作以外，还要对团队所承担的工作有固定的计划和任务绩效评估方法。

4.支持性团队

支持性团队是由组织中负责内勤、财务等行政工作的人员所组成的工作群体。支持性团队的任务与特点是：承担组织内部日常管理工作，在依赖组织严格的操作程序的基础上，为其他各个团队提供支持。

5.项目小组

项目小组是在经常性项目实施时组成的工作群体，以所有成员共同负责完成工作任务为目标。组成成员一般训练有素、分工合作，成员之间能够相互理解，这样的团队具有良好的工作能力和组织纪律性。

6.任务小组

任务小组是为了完成某项任务而临时组建的团队。任务小组的主要工作是共同完成某项具体的工作任务，成员可以来自组织内部的各个不同部门，一般会随着任务的完成而解散。

7.专家小组

专家小组也是一个工作团队，这种团队是为实施某个项目而组织起来的，由具有专业能力的人员组成，他们能够为完成该项目提供智力帮助。专家小组的特点是：小组成员全部是相关领域的专家，可以是聘用的，也可以是义务的。后者一般与组织有着良好的关系。

（二）非正式团队

非正式团队是指因为临时性工作而聚集在一起的工作群体，这种工作群体可以是常设的，承担经常性的工作。与正式团队不同的是，这种形式的团队人员不固定，没有明确的工作职责和组织形式。一般的非正式团队有以下三种特点：第一，工作的临时性，非正式团队的工作经常是临时性的、突发的；第二，自发性，非正式团队的成员通常是由自发号召组成的，并且他们的组成人员不固定；第三，明显的社会属性，非正式团队通常是由小团队组成的，具有小团体的社会属性，并且是以友谊和共同爱好为基础的。非正式团队主要有以下两种类型：

1.共同兴趣类

共同兴趣类的非正式团队的形式可以是因为人们共同的兴趣和爱好（如集邮、钓鱼、登山等）而聚集在一起的各种协会等；可以是为了共同探讨某一领域的科学研究工作而聚集在一起的各种学会，如管理学会、心理学会等；也可以是因为友谊而聚集在一起而形成的各类同乡会、联谊会等。这些团队的特点是共同从事所爱好的活动，团队成员来自各个不同组织和部门，人员不固定，可定期定时活动，也可临时发起活动。其组织形式完全自发，与成员所在的工作单位和工作职务无关。

2.临时发起类

临时发起类的非正式团队的形式通常是因为临时性活动而聚集在一起的团队，如由于共同去购物组成的团购群体、观看体育比赛临时组成的拉拉队等。这样的团队的主要特点是为临时发起的活动而组建的，成员来自各个不同的组织，相互之间可能不认识，人员极不固定，一般在活动结束后便立即解散。

二、特殊类型的团队

（一）职能部门的团队

要创建的团队类型取决于团队总目标和任务的性质。就企业来说，一般可以按照组织系统的主要职能建立咨询团队、生产团队、营销团队和管理团队。

每一类团队都可以根据任务性质划分为更小的团队。例如，营销团队可以划分为市场开发团队、销售团队和售后服务团队。因此，团队也是一个有层次的系统。但是，一般来说，工作团队的队伍不宜过于庞大。队伍庞大的团队其实是团队系统。有效互动的团队人数有一个大体的限制。成功的团队一般由2～20人组成。人数太多的团队，缺少直接的人际沟通机会，容易分化为更小的团队。因此，人数太多的团队更精确地说，是团队系统。

（二）长期、中期和短期的团队

以存续时间为划分标准，团队可划分为长期团队、中期团队和短期团队。

长期团队存在于组织的职能部门中，部门存在，则团队存在。团队的成员一般是某个职能部门的员工。长期团队的目的是完成组织的基本职能，人员组成具有稳定性。长期团队的生命长度一般在半年到几年之间不等。

中期团队是为了完成某个特别项目设立的。如项目需要不同领域的技能，其人员则来自不同部门，成员同时受团队的管理和原所在单位的管理。

短期团队是为了研究某个问题或进行某项决策而设立的。这些问题的解决方案提出后或决策任务结束后，团队也就解散了。当出现新的问题需要研究或进行新的决策时，再组建新的团队。如果问题和决策任务涉及组织系统内的多个部门，则团队成员从有关部门抽调，成员同时接受团队的管理和原单位的管理。

（三）自主管理团队类型

真正意义上的团队本质上都是自主管理团队。但团队自主管理的程度在不同的组织内是不同的。例如，在军队中，由于需要统一指挥，下级团队受上级的控制很严格，但在职权范围内和需要灵活机动的时候，下级团队也有自我管理的权限。在企业中，团队一般享有比较大的自我管理权。

根据自我管理程度的高低，团队可以划分为高度自我管理团队、中度自我管理团队和低度自我管理团队三种基本类型。团队自我管理程度，见表10-2。

由于自我管理团队能够自我激励、自我评估、自我改进，大大降低了管理成本。与自我管理团队相对的是受到上级严密控制的群体，我们可以称为“控制型群体”。控制型群体的特点是：

表10-2 团队自我管理程度

团队自我管理特征	高度自我管理	中度自我管理	低度自我管理
团队采用目标管理法，团队对目标负责	几乎全部	很多	部分
团队自我监督工作的过程和结果	几乎全部	很多	部分
团队对自己的业务流程负责	几乎全部	很多	部分
团队的创新精神和创新机会	强，充分	中等，很多	弱，少
个人受团队伙伴的影响	很大	中等	小
领导者适度使用职权，强调上下级沟通	是这样	经常是这样	有时是这样

（1）上级管理者对群体实行严格的过程管理。上级管理者监督群体的工作进程。

（2）上级管理者对群体很少授权。群体领导人经常向上级管理者报告工作进程和结果。

（3）在采购、库存、人事安排、生产目标、成本和质量等环节更多地依赖组织系统的计划和安排。

（4）群体较少有创新机会和创新精神。

（5）个人受群体管理者的影响很大，管理者更多地依靠职权管理。

由于控制型群体需要严密监督和控制，管理成本很高。

任务三　团队构建

一、构建团队的原因

团队是组织的重要组成部分。团队中每个成员都有一个共同的工作目标，这个目标是成员在加入团队后由于团队的需要而被规定的。人们构建团队的原因主要与以下六个方面的需要密切相关。

（一）安全的需要

人类寻求安全的本能使得他们聚集到一起，通过共同的群体，成员可以彼此帮助，获得个体自身所没有的力量。目前，有很多非营利组织都认识到了这一点，他们在吸引人们到团队中来时，已经开始把满足成员的基本生活及安全保障需要放到重要的议事日程上。确实，如果非营利组织管理者不能为成员营造一种安全的生活和工作氛围，那么他们就会去寻找新的安全环境。

（二）地位的需要

团队成员通过团队工作来获得自己所认同的地位，这种地位与成员在团队工作中的贡献和能力有关，同时成员通过团队工作还将确立自己的社会地位或家庭地位，这也是人们加入团队的主要原因之一。如果人们在团队中无法确立起自己的地位的话，那么团员就会寻找新的心理支撑点。

（三）自尊的需要

团队可以给予或增强成员的自我价值感，使之通过自身的工作获得自尊。成员在团队中的自尊通常与团队的价值和自己的能力紧密地联系在一起。团队必须通过合作，给成员以团队内和团队外的自尊。被一个高层次的组织接纳本身就体现出一个人的价值所在。

（四）归属的需要

团队可以满足成员进行社会交流的需要，这是由人的本能所决定的。因此在某种意义上，团队还是满足人们社会需要的基本单位。一个让参与相关任务的员工之间充分沟通、交流心得的团队，可以使每个成员产生强烈的归属感，促进团队工作的开展。

（五）拥有某种权力的需要

团队的吸引力之一就是其象征着权力，个人通过加入团队可以获得某种权力，这种权力既可以是工作的权力，也可以是指挥和对他人做出要求的权力。有时，通过个人力量难以获得的权力可以通过团队来获得。

（六）实现某种目标的需要

团队工作的实践让每一个成员都能了解到个人的力量是有限的，为了实现团队的工作目标，成员必须借助团队的力量。所以，团队管理者应让成员通过团队享受到实现某种目标后的成就感和快乐，否则团队成员会缺乏工作动力。

二、团队的角色

英国剑桥大学的产业培训研究部在雷蒙德·贝尔滨（Raymond Belbin）教授的领导下做了九年的团队研究。他们得到的一个最核心的概念就是团队角色。它定义了具有特定性格特征和能力的成员能为团队做出的贡献。重要的团队角色数量有限，团队的成功要依赖于他们的组合模式以及他们履行职责的情况，各类角色见表10-3。

表10-3 团队的角色

角　色	所说的话或所作所为
谋士	“试试……怎么样？” “这听起来有点愚蠢，但是……”
推动者	“注意，只剩20分钟了，我们开始干吧……” “这简直不可思议，但我们应该看到……”
挑战者	“难道这真是最好的方法吗？” “我们为什么要做这件事呢？”
关心细节者	“可是，我们能付得起吗？” “谁将做那件事？”
实施人员	做好工作，处理未完成的事，检查每个人的所作所为
资源调查员	寻找并获得信息、联系方式和其他资源
协调人员	帮助人们相处，解决棘手问题
领导	推动所有角色，如管弦乐队的指挥

要顺利完成工作，团队成员就必须充当各种各样不同的角色。我们在此并非谈论传统意义上的任务角色，因为传统意义上的任务角色仅从工作描述中就能看出来。我们现在思

考的是与团队建设有关的角色，如有创新精神的角色或者喜欢积极进取的角色。不同的人可能习惯于担当不同的角色，也要鼓励团队成员积极承担不同的角色，唯有如此，团队才能实现各种各样的目标。

一个完全由“谋士”组成的团队，将十分擅长产生各种新的想法。但是，当对各种想法进行评估并具体实施时，这个团队或许就不会有什么出色的表现了。团队总是需要成员扮演各种相互补充的角色，唯有如此，团队才不是个体的简单叠加。

团队成员中至少需要包括两种角色：①执行任务的人员——保证团队任务的进度。②维护人员——维持团队的稳定与成员之间的和谐关系，其方式有处理冲突和人际关系、帮助团队解决问题并实现决策。

伊莱斯·怀特（Eales White）提出了“团队效力圈”的概念，分析了团队中各种不同的角色。团队效力圈如图10-4所示。

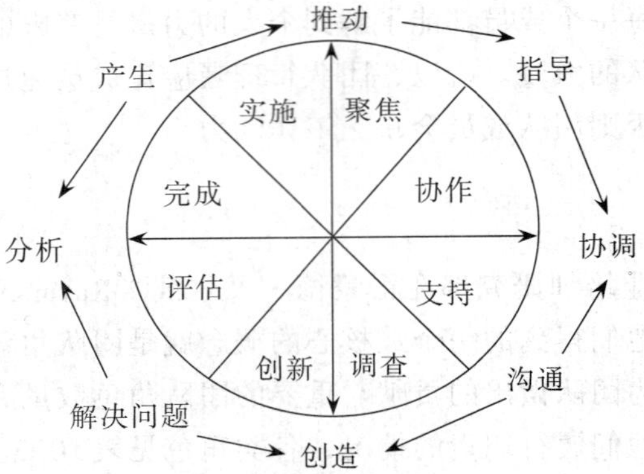

图10-4　团队效力圈

推动、创造、分析和协调是四大作用，它们分别建立在两两互补的基础上。除了四大作用外，在下一级水平，还有四种作用，分别是产生、指导、解决问题和沟通。这里的每种作用都与辅助作用相结合。例如，解决问题既需要创新（提出新思想），也需要评估（找到最好的思想）。

人们一般会根据自己的习惯和特点，倾向于承担一个或两个角色，也可能承担多个角色。如果发现自己的团队存在“漏洞”，即缺少某方面的角色，团队领导一定要仔细思考谁能填补这些“漏洞”。一般来说，角色的转换有一些要求，不能变化过于激烈。通常，可以让一个“挑战者”去承担“关心细节者”的角色，但让一个“挑战者”去承担“谋士”的角色就不太可能。

三、团队构建的任务和程序

（一）团队构建的任务

团队构建是一个使团队品质不断完善的长期过程。凡是能提高团队效能的事情都与团队构建有关。团队构建涉及团队许多方面的工作，大体来说，有三方面的基本任务：

1.创建团队

团队构建首先要创建团队，即把一些人员组合在一个群体中，为团队奠定队伍基础，这是团队构建的起点。组合人员必须要经历一个心理融合的过程，这是成员间相互了解、相互信任和实现凝聚力的过程。

2.培养团队品质

团队构建的核心任务是培养团队品质，把群体构建为一个真正的团队。其具体内容包括培养团队精神、发展团队工作能力、制定团队规范以及营造团队信任气氛，使之最终成为一个品质优秀的团队。一个真正意义上的团队，主要表现为：团队成员已经相互信任，彼此比较了解，开始分享共同的团队目标和团队的核心价值观，能够共同面对团队的任务和困难，凝聚力达到一定的强度。

3.保持和增强团队优秀品质

一个群体成为团队后，构建团队的工作开始转入新的阶段。这个新阶段的任务是不断适应内外部环境的变化进行“微调”，继续保持团队的品质和优势。

（二）团队构建的程序

团队构建的三项任务构成团队构建的系统工程。三项任务的完成呈现出一定的时间序列，形成团队构建完整过程的三个阶段：组建团队（创建阶段），培养团队品质（成长阶段），继续保持和发展团队的优秀品质与优势（成熟阶段）。在团队构建的过程中，贯穿始终的是团队沟通、团队管理和团队领导。从组成团队的第一天开始，团队构建便离不开良好的沟通、管理和领导。沟通、管理和领导的质量直接关系到团队构建的成效。团队构建的三个阶段的任务如图 10-5 所示。

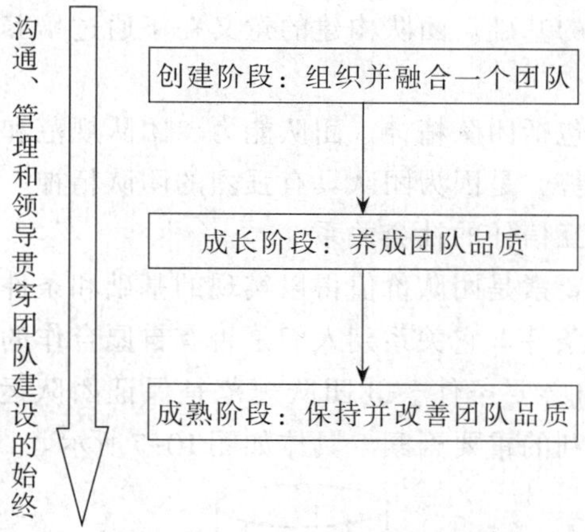

图 10-5　团队构建的三个阶段的任务

三个阶段各有其目标。团队创建阶段的目标是：将经过选择的一些人组合在一个将要成队的群体内，使人们经历初步的融合。团队成长阶段的目标是：培养团队优良品质，使群体最终发展成为团队。具体内容就是培养团队精神、发展团队工作能力、制定团队规范和营造团队信任气氛。团队成熟阶段的目标是：继续保持团队优良品质，为了适应变化的环境进行必要的调整，继续发扬团队的优势。

团队创建阶段一般要经过五个环节：确定团队目标、确定团队类型、分析团队角色、配置团队人员和融合团队成员。成长阶段是群体能否成长为团队的关键时期。该阶段的四大任务（培养团队精神、发展团队能力、制定团队规范、营造信任气氛）构成团队建设的主要内容，其实质是打造优秀的团队品质。在成熟阶段，群体已经成为真正意义上的团队，这时团队合作达到并维持一个高水准。团队成熟阶段可能很长，也可能很短。项目团队随着项目的结束将终止团队生命。但是一些常规性团队的生命周期与整个组织的生命周期一样长。团队构建的流程如图10-6所示。

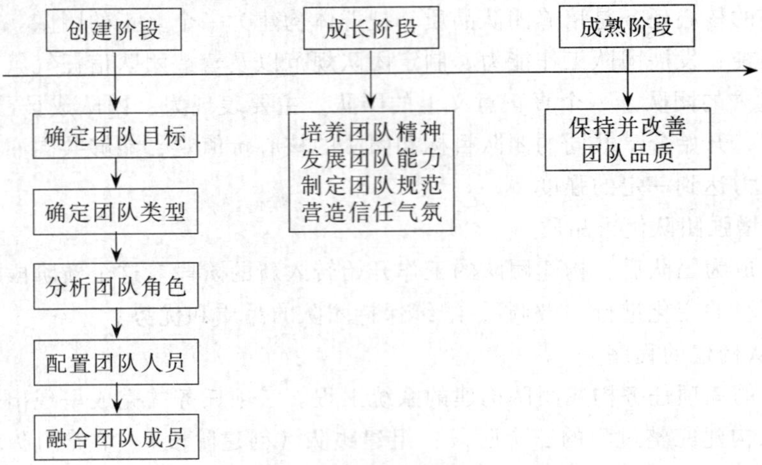

图10-6 团队构建的流程

在团队构建的整个过程中，贯穿始终、必不可少的是团队的沟通、管理和领导。

四、团队构建的意义

团队品质是团队价值的基础。团队构建的意义在于通过培养团队的优良品质，实现团队价值最大化。

团队品质的主要内容包括团队精神、团队能力、团队规范和团队信任。团队之所以比其他形态的群体更具有优势，是因为团队具有强烈的团队精神、高效率的工作能力、行之有效的团队行为规范和相互信任的社会关系。

构成团队品质的四个要素是团队价值得以实现的基础和条件：①团队精神是保证团队价值得以实现的必要心理条件。它关系到人们是否有自愿合作的动机、态度问题。②团队能力是团队效能和绩效的必要条件。③团队规范是保证团队运行稳定有效的重要因素。④团队信任是保证合作顺利的重要因素。具体如图10-7所示。

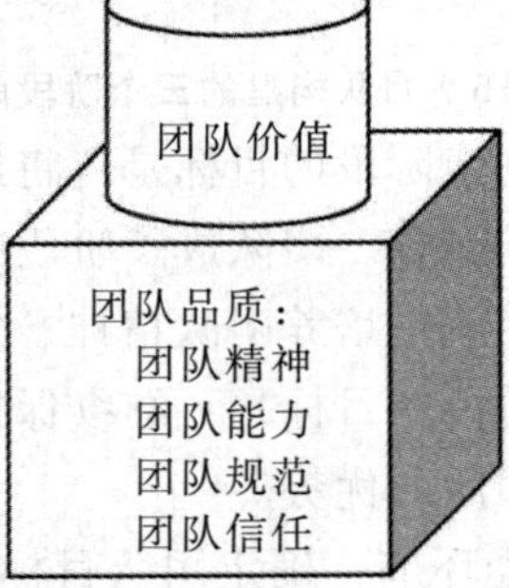

图10-7 团队品质是团队价值的基础

团队价值体现在如下三个方面：①对工作的价值：团队精神和团队工作协调方式能够提高工作效能并取得工作的高绩效。②对人际关系的价值：团队的信任气氛使成员之间的人际关系更加融洽。③对心理健康的价值：团队的合作气氛给团队成员较高的心理满意感，有利于成员的心理健康。团队的高凝聚力使得成员对团队和团队人际关系的气氛感到满意，心情愉快，心理健康度高。因为团队对组织发展和成功具有非常重要的积极意义，所以各类组织都非常看重具有团队合作意识的人。团队价值的三个维度如图10-8所示。

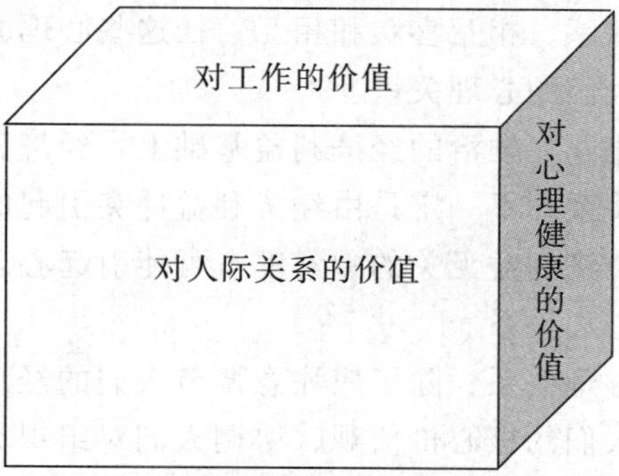

图10-8　团队价值的三个维度

【案例赏析10-1】世界领先企业选择人才的标准

IBM全球人力资源总裁对人才的标准提出了四点：第一是具有自豪感，第二是具有创新精神，第三是具有灵活性，第四是高绩效。IBM现在比较强调求职者的三大特征：必胜的决心、又快又好的执行能力和团队精神。有这三种特质的人就是所谓高绩效的人。

英特尔公司十分重视录用大学毕业生。对毕业生的要求，除了专业和语言的基本要求以外，"学习能力"和"团队精神"是英特尔公司非常看重的因素。美国微软公司招聘新人的面试是"一对一"进行的，即一个面试者对一个应聘者。但应聘者必须经过多位面试者的面谈和评估。

微软公司的面试者是各个方面的专家，每人都有一套问题，考题通常没有经过集体讨论，但有四个问题是共同的：是否足够聪明？是否有创新的激情？是否有团队精神？专业基础怎样？

全球著名的咨询公司麦肯锡重视人才四个方面的素质：①分析问题、解决问题的能力；②沟通、交往的能力；③领导的才能与潜力；④团队精神。

案例精析10-1

麦肯锡分散在全球的员工共享公司的信息资源并且相互支持。全球各分公司的每一个咨询人员都可通过麦肯锡知识管理系统访问这些专业知识和信息，使用全球知识库；同时，任何一位咨询人员都可向全球各地的同事寻求帮助。

五、团队构建的根本方法

人们的心理凝聚力是团队精神中最集中表现的心理要素。没有凝聚力，就没有团队精神，也就没有团队。有了强凝聚力的群体，就有了团队。从这个观点来看，团队构建的根本方法是通过调节团队成员间的社会关系，包括经济关系和心理关系，增强团队的凝聚力，从而培养团队精神并构建团队。

社会关系的基础是经济关系。调节团队成员间的经济利益关系是构建团队的物质利益基础。构建团队必须实行利益整合原则，即协调团队成员间的个人利益与团队利益。

除了调节人们的经济利益外，调节人们的心理关系也是构建团队一个必不可少的基础。

凝聚力体现为成员归属感、相互喜欢和相互信任这些心理关系的融洽。凝聚力包含的这三种心理状态均体现了人们的心理关系。

融洽的心理关系必须建立在融洽的经济利益基础上。经济利益冲突必然引起心理关系紧张。但是，人们的紧张关系却不一定是由经济利益冲突引起的。言语的不合、见解的不一致、人际沟通障碍等与经济利益无关的因素都有可能引起心理关系的紧张。因此，构建团队还要全面调节人们的心理关系。

为了全面协调人们的心理关系，除了应注意调节人们的经济利益以外，还应从组织传播和人际沟通入手，协调人们的核心价值观，协调人们对组织基本目标的认识，提高处理人际关系的技巧和沟通技巧，最终增强团队凝聚力。

任务四　团队管理

一、团队的核心要素

如果我们试图用一些简明的核心关键词来描述团队的基本性质，首先会想到"团结""合作""信任""共同目标"等词汇。我们还有可能进一步设想团队内部"气氛融洽"，人人"心情愉快"，"有活大家一起干，有难大家一起当"等。一个群体能够被称作团队，应该具有这些特点。简单来说，团队是由一群志同道合的个人组成的一个工作或活动群体。

团队具有七个核心要素：人员、目标、互动、信任、合作、自愿和能力。

（一）人员

人员是任何组织都具备的最根本的要素。

（二）目标

目标是将人们的努力聚合在一起的凝聚要素。没有一致的目标，人们就不会联合，也不会有共同努力的方向。

（三）互动

互动是人与人之间通过信息交流或以其他的交换方式（如情感或物质交换）相互作用的过程。在互动过程中，人们交换信息、物质、能量、情感，相互影响。互动可能是竞争性的，也可能是合作性的，还可能是既有竞争又有合作的。互动需要付出成本，互动也会产生收益。

人们的互动过程是社会关系形成的必要条件。人们经过一定方式的互动才能形成特定的社会关系。群体成员需经过一定时间的特定互动才能组成团队。此外，团队成员的互动是维持团队合作关系的必要条件。团队成员经过适当的互动才能形成信任和合作关系。

（四）信任

信任是合作的心理基础。没有信任，就不可能有合作。信任是合作的起点，任何两个人之间的合作都必须以一定的最低限度的信任为基础。而且，合作的成功将增强相互的信任。

（五）合作

合作是团队的根本活动方式。在一个群体中如果缺乏合作或合作得很糟糕，就不能构建好的团队。与其他群体的内部合作相比较，团队的合作程度比较高，也比较有效。缺乏有效合作，任何群体都难以称为理想团队。

（六）自愿

根据合作者是否自愿，合作可以分为两种形态：一种是被迫的，即其中一部分权力比较小的人被另一部分权力比较大的管理者压制，在压力下被迫与管理者合作，被迫型合作的合作程度很低。在被迫合作的情况下，人们被监督、控制的行为是合作的，但管理者不能监督的行为却是其不能控制的，因为被管理者在心理上是不合作的。因此，被迫型合作潜藏着人际冲突和矛盾。另一种是自愿的，即合作者是自愿参与合作过程的。被迫合作使人痛苦，而自愿合作使人满意。如果其他条件同等，则被迫的合作效率低，而自愿的合作效率高。

团队合作必须建立在成员个人自愿参与的基础上，成员加入团队是自愿的，成员参与团队活动是自愿的，团队成员在合作过程中会体验到满意感。成员若是被迫参与群体活动，这个群体也就不是一个团队。团队成员之所以自愿参与团队活动，是因为认同团队的目标和团队的价值。

（七）能力

团队核心要素中的能力是团队绩效的技术基础。如果缺少能力，很多事务难以开展。

总的来说，工作团队是为了解决某些困难的问题或实现某些比较重要的目标而组建的。单一的技能对完成团队任务是不够的。工作团队需要一批各具特长的人才，也需要一批能担任不同角色的人才。因此，团队中人才的技能和角色是相互补充的。

在团队构建的过程中，个人参与团队活动的意愿程度得到加强；在团队形成以后，每个成员参与团队活动的自愿程度会达到很高的水平。在团队构建和工作的各个时期，团队每位成员的技能也在发展。在团队发展的同时，个人的技能也得到提高，因为团队的效能是以个人的能力发展和贡献为基础的。

二、团队管理的原则

（一）激发员工创造性的工作原则

激发员工创造性的工作原则包括：第一，要让团队中的每一个人都参与决策过程，避免出现“决策只是管理者的事，与普通团队成员无关”的问题；第二，使每一个人都关注任务的完成情况，避免让团队成员产生“任务完成与否是管理者的事，我只是一个打工者”的想法；第三，使每一个人都关注任务的结果，避免“任务结果的好坏只与管理者有关”的团队管理误区；第四，让团队成员全体对团队的问题承担责任，明确团队不是一个人的，团队的问题不能由某一个人来解决；第五，让团队成员明白，团队的管理者是同事而不是老板，是指挥员而不是控制者。

（二）选择优秀的团队领导者的原则

团队管理者的基本素质直接决定了团队工作结果的好坏，因此选择一个优秀的团队管理者，对团队任务的完成具有非常重要的意义。作为团队管理者，必须具有鲜明的个人特点以显示其影响力和能力。这些品质有时是内在的，有时是外在的。一个团队管理者必须既是促进者，又是激励者。团队通常依靠管理者做出快速的反应以适应变化，并保证团队的不断发展。因此，一个团队的管理者应该具有健全的人格和优秀的工作能力。健全的人格是指团队管理者应该自信而不主观，守诺而有诚信，有勇气而不鲁莽；优秀的工作能力是指团队管理者应该有广阔的视野，能够总揽全局，有前瞻性的眼光而不是只局限于眼前，有想象力但符合实际，善于沟通而不猜忌，有合作精神。

由此，选择团队管理者的要点包括：①始终根据业绩来选择领导者，而不考虑其他方面；②根据管理者的能力构建一个有战斗力的团队；③管理者必须牢记，团队中每个成员都是以各自不同的方式思考问题的。

（三）协同工作原则

1.授予职责、共担责任

在团队成员协同工作的过程中，要求团队中的每个成员至少应该能够承担其他一位成员的工作职责，让他们明确其在团队内有责任主动工作；同时，成员应该知道他们的责任来自何处、止于何地，鼓励每个成员探索适合自己的最佳工作方式来完成团队的任务。

2.保证工作的最佳绩效

在团队中，应该确保每个成员都知道自己的责任所在，并接受挑战。鼓励成员为团队工作倾其所能，共同监督团队以确保其朝同一个方向前进。团队管理者应该注意将团队目标设定在一个恰当的水平上，以鼓舞成员的士气，在工作中确保团队成员之间责任的任何重叠不会导致任务分派的重复。

3.给予成员一定的灵活性

由于团队是由具有各种不同技能的人组成的，因此，在工作中必须给予他们所必需的权力，并在讨论问题时，给予他们分享某种决策权的权力。这样可以鼓励成员在团队内建立起工作伙伴关系，让成员站在管理者的助手的立场上接手一项新的任务。

（四）处理团队问题的原则

团队是由人组成的社会结构，再好的团队也会存在这样或者那样的问题，而有效地处理团队中的问题是团队健康发展的重要保证。

在处理团队问题时，要注意平等地对待每一个成员，避免互相之间产生怨恨，在得到确实证据之前，不要随意断定与团队有不同意见的成员是错误的，应该告诉团队中的每个成员，他们为团队做的工作都是有价值的。处理团队问题的要点在于成员之间的个人问题应该以一种建设性的方法来解决，而不是对抗；对于一些还不知道真相的问题，不要立即做出反应。要知道，团队总是在攀登新的“山头”，出现问题是难免的，所以必须避免出现“责难文化”，它会扼杀团队精神。

在处理有问题的团队成员时，应该以礼相待，哪怕是给你制造麻烦的成员，因为我们处理的是错误而不是人。在处理问题的过程中要避免情绪激动、与成员直接冲突，处理问题应该对事不对人。对于真正不合格的成员，应该让他退出，同时确保其他成员都能够从中吸取教训。

三、团队管理的方法

（一）厘清团队管理者的职责

团队管理的好坏，关键取决于团队成员集思广益程度的高低。团队管理者应该营造一种积极的氛围，这一氛围将刻板和嫉妒排除在外，使成员在这种氛围中用思想而不是用自尊心去进行竞争。团队管理者的主要任务是领导和激励成员不断地努力，使团队的目标得以实现。在工作过程中，团队管理者可以通过以下几种技巧帮助团队实现目标：①选择足够的和合适的人参与团队计划的制订；②召开团队会议，就团队的目标和价值等问题进行讨论；③在保证团队目标能够实现的基础上，体现每一个成员的个人价值；④随时与团队成员一起研究工作过程中的问题，及时修正错误；⑤无论对内还是对外都承担起代表团队的责任。

（二）注意团队的平衡

团队的平衡在团队工作中具有重要意义，这种平衡主要体现在每个成员的技能和个人素质两个方面。团队平衡可通过两个方面的技巧来实现：第一，寻求团队成员技能的正确平衡点，选择具备专业技能，具有解决问题的能力，尤其是在紧急情况下做出正确判断的能力，以及具有团队工作经验、善于处理人际关系的人加入团队。第二，维持团队平衡。可以通过让成员对团队发展所需要的技能有清醒的认识，鼓励成员不断学习，营造一种不断进取的团队氛围的方法来实现。

（三）建立团队内部的信任

团队最重要的特征之一就是信任，很难想象一个没有相互信任的团队能够完成自己的工作目标。信任包括五个方面的维度；正直（integrity），指一个人诚实和可以信赖；能力（competence），指一个人的业务技术能力和人际关系协调能力；一贯（consistency），指成员可靠、其行为可以预测、遇到问题时有较强的判断力；忠诚（faith），指忠于自己的团队、支持正确的创新思想和维护其他成员的利益；开放（openness），指能够坚持与他人分享信息和观点。

一般来说，建立团队内部信任的方法有以下两种：

1.团队管理者建立信任的方法

团队管理者如果要建立信任，第一，要提供有效的沟通渠道来解释团队的各项政策和决策，及时反馈团队工作进展情况，以及坦率地承认自己的缺点和不足，并在今后的工作中注意改正；第二，给团队成员以工作上的有力支持，在工作中应该平易近人，鼓励新的思想和新的建议，提高团队的创新能力；第三，尊重团队中的每一个成员，通过有效授权，让团队成员感受到信任，处理问题公正不偏袒，在对成员进行绩效评估时做到客观、公正，就事论事，工作中绝不吝啬对成员的表扬；第四，重承诺、守信用，对于自己的承诺必须做到言必行、行必果；第五，展示自己的工作能力，一个没有业务能力、管理能力和职业素养的管理者是不会被成员所信任的。

2.团队成员间如何建立信任

团队成员之间的相互信任是团队工作的核心，一个缺乏信任的团队对其自身和组织发展都是致命的。构建团队成员间的相互信任，通常需要遵循以下五项准则：第一，以共同利益作为信任的基础，让团队成员同心协力地完成具有共同利益的项目，在工作中确定那些适合团队成员合作的具体事项；第二，认真收集、提供和处理成员的需求信息是建立信任的前提，这包括仔细地收集同事、上司和下属人员的需求信息，正确、诚实地给团队成员提供需求信息，以及认真对待团队成员提出的有关其需求的信息等；第三，有效的沟通是建立信任的基本方法，通过沟通可以解决团队中存在的矛盾和人际关系问题，在解决分歧时应该注意要针对事而不针对人，在自己认为是正确的时，要坚定地、具有说服力地去进行交流；第四，在工作中灵活运用团队管理的基本原理是建立信任的基本条件，管理者应该认真学习管理方面的知识，将团队管理知识运用到具体的工作实践中，这有助于使全体成员了解团队信任的重要意义；第五，消除埋怨和背后非议是建立信任的重要手段，这就要求团队具有提倡成员公开进行交流的氛围，让每一位涉及某个问题、项目或行动方案的成员都清楚这一点，在工作中大家都应集中精力去解决问题、实现目标和完成计划，而不是集中在问题的本身上。

四、团队管理中应该注意的问题

在团队管理过程中，应该注意避免发生以下几方面的问题：

（一）避免局限性思考

每个人都应该从团队整体出发去思考问题，如果团队成员只专注于自身的工作责任，他们便不会对职务互动所产生的结果有责任感。

（二）避免归罪于外

归罪于外是人类回避危险的本能，但是，把团队问题归罪于外就会侵蚀团队本身，使团队成员处于不负责任的状态中。归罪于外不只限于团员之间、部门之间，而且也包括归罪于团队的外部环境。

（三）缺乏主动积极的前瞻性思考

团队工作中最大的问题之一就是人们只关注自己团队的工作业绩，在思考问题时，将团队独立于组织以外。过度考虑本团队的利益和状况，会导致团队成员对组织全局的判断失去方向。

（四）无视细小的问题存在

团队的任何问题都不是小问题，如同“温水煮青蛙”的故事那样，团队的失败往往是对缓缓而来的致命威胁习而不察。

（五）从经验中学习错误

随着组织的扩大，通常会不断地增加人员和设立机构去解决问题，而由于机构的设置和人员的不断增加，组织内部的结构层次也随之增加，这样就有可能导致各团队间产生无法跨越的鸿沟，如何消除团队间的鸿沟已成为每个组织迫切需要解决的问题。

（六）管理者的迷思

在团队管理中，目前许多团队负责人只奖励提出主张的人，而不奖励深入质疑复杂问题的人。这是因为大部分管理者害怕在团队中互相追根究底的质疑所带来的威胁。

（七）团队管理与项目管理相混淆

在团队工作中经常会遇到这样的情况：负责团队工作的管理者通常会感到自己无法将精力投入到管理工作中去，因为具体的项目管理和进展占用了大量的时间。没有正确地理解团队管理与项目管理之间的关系而导致的问题是许多团队管理者感到头疼的问题。因此，正确地理解并处理两者之间的关系，对提高团队管理水平也具有非常重要的意义。

任务五　团队关系

一、团队外部的联系

（一）团队联系的必要性

项目团队的工作只是组织整体工作的一部分，因此项目团队必须与其他团队紧密联系，必须在组织整体框架的要求下运作。如果只是忙于自己团队的事，对组织内的其他团队漠不关心，就可能犯一些错误，如重复其他团队的工作、不能充分利用资源等。除此之外，放眼全局，还有其他的必要性，如能够了解更多的人，能够得到更具有创造性的思想和解决问题的方案。

（二）团队外部联系人

既然与其他团队保持联系非常必要，那就应该与其他团队加强联系，与那些使团队不断获得“东西”的人保持联系。“东西”包括实物（像托架或计算机）、服务（像卫生或餐饮服务）、信息（像客户投诉的数量或行业趋势）等任何事物。例如，需要从他们那里获得“东西”的人以及需要从自己团队获得“东西”的人，就是团队应时常保持联系的对象。

（三）团队的支持者

团队的发展离不开一定的支持和帮助，一方面，所有团队都需要高阶层中的支持者。这些支持者可能包括：决策者——最高级行政管理人员；影响者——指导高级经理的人；顾问——能够给出意见的人；赞助者——能够影响其他高层的人。有效的支持会对团队有所帮助，这种帮助既可以在组织内部树立良好的形象，也可以确保团队的工作与组织的目标保持一致，并且可以通过提供资源，使团队工作得以完成。另一方面，每个团队要想正常行使其职责，离不开其他团队的支持。团队必须明确自己所需要的支持，并设法获得。

二、团队之间的作用

（一）团队之间的期望

当与其他团队一起工作的时候，人们总是期望从对方处有所收获；对方也期望从你的团队那里获得利益。例如，销售厨房设备的团队期望从库存团队那里收到实时信息，这样销售人员才能向客户提供实际的交货时间表。设计团队希望与销售团队讨论客户需求的变化问题，这样才能在设计新产品时与客户的需求相吻合。设计团队希望生产团队就生产新设备的可行性与涉及的时间向其提供建议。

团队与团队之间在工作中彼此都会有期望，在实际中，大多数的期望与以下几个方面的需要有关系：信息——提供实时信息，如存货量；建议——如何做以及具有什么效力，如生产新设备的时间；讨论并一起工作——改善服务，如一般客户投诉。

团队需要明确各自的期望，也需要知道对方的期望，这如同每个团队都需要非常清楚自己的目标一样。

（二）团队之间的展示

如同团队内部需要树立团队成员的模范一样，面对其他团队也同样要展示模范团队。外部世界对团队的印象取决于团队中每一个人的所作所为，正是这些言行树立了团队的整体形象。例如，团队是否能够表现出团结高效、是否热忱、是否受到尊重、是否看起来无足轻重，以及团队成员是否都比较浪费且懒惰。

在团队形成的早期，花些时间从其他团队和其他有影响力的人那里得到有用的信息至关重要。团队被接受的程度显示了团队的地位，团队地位的表现特征主要有团队存在的重要性、团队存在的有益性、团队内的合作程度、团队内重要人物的影响力、团队对组织内外主要事件的影响。这些都是团队面对其他团队时展示出来的自身形象，这些整体形象需要通过团队内部的管理才能够得到有效体现。关于这些已在本项目前面进行了阐述。

团队树立良好形象会在具体的工作中得到意想不到的好处，在面对其他团队时会具备相应的优势。比如，工作将在很大程度上不受干涉，因为团队“能够受到信任”，以及很容易获得资源等。因此，必须考虑自己团队在其他团队心目中的形象问题，并思考谁可以作为“大使”来与其他团队进行交流。

三、团队之间的关系

（一）团队融洽相处

团队不可能孤立运作，总是会出现与其他团队合作的情况。不管团队自身的有效性如何，它都必须与其他团队或个人建立起良好的关系，这样才能最终成为成功的团队。

团队的成功必须建立在与其他团队紧密合作的基础上。团队与团队的融洽相处正如帮助团队内部成员融洽相处一样，应从对方的观点出发，认真倾听，细致观察，并采取一定的方法。

下面列出了一些与其他团队融洽相处的建议：

（1）确定有哪些团队影响你的团队，派人直接与这些团队联系。

（2）确保其他团队知道：①你的团队的工作；②你的团队的主张；③你的团队的工作是如何影响其他团队的。

（3）分享目标和计划：①确保相互的目标得到沟通；②充分理解对方的观点。

（4）交流并彼此信任：①当与其他团队一起工作时，交换进度或业务信息；②派代表参加对方召开的一些会议；③提倡交流，以便团队成员之间相互了解；④举行联合团队培训会；⑤就双方关心的重大问题召开联合会议，以解决冲突。

有效的交流对防止团队双方可能产生的摩擦和冲突大有裨益。团队合作建立在和谐的人际关系基础上，为此团队需要付出一定的努力。

（二）处理紧张关系

有时候冲突并非不可避免，最好能够预先认识到冲突发生的征兆，这样才可以为解决冲突做好准备。团队与团队之间总是不可避免地发生某些摩擦。所以，需要注意产生摩擦的信号，以便及早处理，而不要等到这些信号上升为全面冲突时才去处理。

在大多数情况下，团队之间的冲突是由一定的原因引起的，并且在不断地积累中爆发。如果能够注意到引起冲突的原因，就能够及时采取措施以缓和或解决团队之间的紧张关系，避免冲突的发生。

这里列出了一些引起冲突的常见原因：团队之间相互误传消息；资源的竞争；竞争或侵犯；妒忌；实力不对等；目标、优先权或标准的冲突。

这些原因很容易导致敌对情绪。在敌对情绪的作用下，团队内部紧密团结，以对抗“敌人”，理解常常变成误解，很容易就会导致破坏性冲突。为了解决团队之间的冲突，团队领导的角色会有些变化。团队领导需要考虑更加广泛的关系，并能够站在全局的高度来思考和解决问题。

当团队之间已经形成了紧张关系时，为了避免形势升级，就要采取相应的措施来缓解团队之间的紧张状况。此时，团队领导的作用是非常重要的，在解决团队紧张关系时采取得当的处理方式往往会事半功倍。

解决团队之间的紧张关系，可参考以下几种建议：避免陈词滥调，如“他们真懒……”；避免一概而论，如“他们总是这么晚才把东西发过来……”；避免推卸责任，如“是他们的问题，不是我们的问题……”；尽快在萌芽状态解决问题；参照以前处理冲突的建议。

【案例赏析 10-2】如何打造团队“软”文化

我们知道，拳头之所以比手指或者巴掌更具威力，是因为当拳头攥紧时，整只手的力量都凝聚在拳心，使得拳头拥有了更大的能量。同样的道理，一个拥有强大凝聚力的团队，会比那些缺乏凝聚力的团队更容易进步和成功。

每个团队的领导者都希望自己的团队具有凝聚力，因为没有凝聚力的团队就像一盘散沙，很难把事情做好、做成。然而，把团队凝聚起来并不是一件容易的事。我们不禁要问，团队的凝聚力在哪里？团队靠什么凝聚？

管理学大师约翰·科特曾说：“只要你是成功者，你就会有一种企业文化，不管你是否想要。而没有企业文化的，只能是那些长期以来不断失败而且继续失败的公司。”

企业的成功依赖于企业文化，而企业里的团队想要形成凝聚力，更是有赖于团队成员对企业文化的认同。

请结合本项目的知识，谈谈假设你作为一个想有所发展的团队负责人，如何才能有效打造优秀的团队文化。

案例精析 10-2

随堂测 10

应知考核

一、单项选择题

1. 小冯所在的团队强调工作高于一切，要求成员能够迅速地应对变化，他所在组织的组织文化类型为（　　）。

A.权力文化　　　B.角色文化　　　C.任务文化　　　D.个人文化

2.在工作中会出现时间观念差的问题，解决这一问题的正确方法是（　　）。

A.不假思索地承诺做一件事

B.仔细考虑工作的内涵，思考可能出现的推迟和耽搁

C.一件事还未做完就去做另一件事情

D.安排尽可能多的工作，使自己一直忙碌

3.在敦煌文化公司的一个工作小组中，四个人关于确定事务优先级的看法不一样，正确的是（　　）。

A.小孟认为应该根据事务的轻重缓急确定

B.小陈认为应该根据组织的需要确定

C.小翟认为应该根据顾客的需要确定

D.小吕认为应该根据个人的喜好确定

4.团队成员具有共同的目标，一个团队能够完成的工作并不是团队成员各自工作的简单叠加，这体现了团队工作中（　　）的优势。

A.协作　　　B.相互信任　　　C.决策更合理　　　D.适应性强

5.小孙所在的团队中没有正式的领导，团队成员实行自我管理，这个团队属于（　　）。

A.自我管理型团队　　　B.有明确领导的团队

C.日常工作团队　　　D.特别工作团队

6.小新所在公司的车间里噪音很大，照明和通风条件也很差，员工们意见很大。公司派刘经理去解决这个问题，他应该从（　　）上着手解决这个问题。

A.工作条件　　　B.福利待遇　　　C.薪酬水平　　　D.组织文化

7.团队成员之间的相互信任能带来很多好处，包括团队成员主动承担风险。主动承担风险的表现是（　　）。

A.对于成员所犯错误，吸取教训并设法解决

B.成员之间互相珍惜、互相尊重

C.成员之间开诚布公，没有秘密，没有背后的议论

D.领导者信任自己的团队时，就会将任务的管理权交给团队成员，相信他们自己可以做出判断和决策

8.促进团队之间融洽相处的方法不正确的是（　　）。

A.公司组织全体团队的交流会　　　B.对本团队的工作和目标严格保密

C.互派代表参加对方召开的一些会议　　　D.相互协调目标和计划

9.邹总喜欢将具体的任务交给一个人或一个小组，授予他们充分的职权，让他们做出决定，解决问题，而他只在需要时提供帮助。邹总的领导方式属于（　　）。

A.授权　　　B.参与　　　C.说服　　　D.命令

10.孙总公司的员工对目前的工作条件很不满意，员工们决定集体罢工，要求公司改善工作条件，李经理被孙总紧急派去处理此事。在处理员工不满的过程中，最重要的是（　　）。

A.注意倾听　　　B.努力建立和谐的团队关系

C.惩办带头罢工者　　　D.及时向领导汇报情况

二、多项选择题

1.团队的性质包括（　　）。

A.团队的能力性质　　B.团队的组织性质

C.团队的建设性质　　D.团队的人际关系性质

2.根据团队成员地理分布的特征，可以将团队区分为（　　）。

A.定点团队　　B.虚拟团队　　C.自我管理团队　　D.业务式团队

3.正式团队的类型有（　　）。

A.高层管理团队　　B.交叉功能式团队　　C.业务式团队　　D.支持性团队

4.团队建设中，（　　）属于基本任务。

A.创建团队　　B.养成团队品质

C.保持和增强团队优秀品质　　D.完成组织的活动

5.团队的核心要素有（　　）。

A.人员　　B.目标　　C.互动　　D.信任

三、判断题

1.团队成员努力的结果可以使团队的绩效水平远大于个体成员绩效的总和。（　　）

2.组织形式是组织结构和活动过程的方式的综合表现。（　　）

3.团队是一种最有效的组织形式，它可以应用于各种比较复杂的工作任务。（　　）

4.非营利组织的理事会、董事会等属于交叉功能式团队。（　　）

5.真正意义上的团队本质上都是职能部门的团队。（　　）

四、简答题

1.谈谈你对团队和群体的理解。

2.团队中一般都有哪些角色？

3.构建团队有哪些阶段？每一个阶段的特点是什么？

4.团队管理的原则有哪些？

5.与其他团队融洽相处应该注意哪些方面？团队之间经常会出现一些冲突，导致这些冲突的原因有哪些？

应会考核

案例分析

【背景资料】

小周毕业于一所名牌大学，在公司里是一个非常聪明的员工。但是他非常骄傲，经常在公开场合顶撞团队领导老胡，不但让老胡感到很没面子，甚至其他成员有时也把小周作为榜样。小周通常根据自己的心情来工作，有时可以做得非常好，有时又做得乱七八糟。对此，老胡也感到头疼，他不知道该怎样对待小周。

【考核要求】

请结合你所学的知识，帮助老胡有效地实施团队管理工作，使每个员工都能具有较高的工作积极性。

项目实训

【实训项目】

团队的外部联系。

【实训目标】

思考自己的团队与外部人员及外部团队之间的关系。你需要花费时间研究双方的期望并采取行动改善团队成员之间的关系，保持不同团队间的紧密团结协作。

【实训内容】

召开一次团队会议，讨论与外部人员的联系情况。外部人员包括个人、其他团队和其他部门；联系内容包括组织内外的联系。

【实训要求】

根据讨论结果，填写下表：

团队与外部人员之间的联系

团队与外部人员之间的联系	能做些什么工作来改善这种联系

参考文献

［1］王俊峰. 现代企业管理：理论·实务·案例·实训［M］. 2版. 上海：上海财经大学出版社，2019.

［2］孙成志，刘明霞. 管理学［M］. 大连：东北财经大学出版社，2017.

［3］李品媛. 管理学原理［M］. 大连：东北财经大学出版社，2018.

［4］荣晓华. 管理学原理［M］. 大连：东北财经大学出版社，2016.

［5］王利平. 管理学原理［M］. 北京：中国人民大学出版社，2017.

［6］邢以群. 管理学［M］. 北京：高等教育出版社，2017.

［7］周三多. 管理学［M］. 北京：高等教育出版社，2018.

［8］单凤儒. 管理学基础［M］. 北京：高等教育出版社，2017.

［9］陈国海. 创业组织行为学［M］. 北京：清华大学出版社，2017.

［10］苗雨君，李亚民，邵仲岩，等. 管理学［M］. 北京：清华大学出版社，2017.